中国政府统计研究丛书

中国国民经济核算体系修订问题研究

Studies on the Revisions of China's System of National Accounts

许宪春 等 著

清华大学中国经济社会数据研究中心

北京大学出版社
PEKING UNIVERSITY PRESS

图书在版编目(CIP)数据

中国国民经济核算体系修订问题研究/许宪春等著.—北京:北京大学出版社,2019.6
(中国政府统计研究丛书)
ISBN 978-7-301-29896-1

Ⅰ.①中… Ⅱ.①许… Ⅲ.①国民经济计算体系—修订—研究—中国
Ⅳ.①F222.33

中国版本图书馆 CIP 数据核字(2018)第 212123 号

书　　　名	中国国民经济核算体系修订问题研究 ZHONGGUO GUOMINJINGJI HESUAN TIXI XIUDING WENTI YANJIU
著作责任者	许宪春　等著
责 任 编 辑	王　晶
标 准 书 号	ISBN 978-7-301-29896-1
出 版 发 行	北京大学出版社
地　　　址	北京市海淀区成府路 205 号　100871
网　　　址	http://www.pup.cn
电 子 信 箱	em@pup.cn　　QQ:552063295
新 浪 微 博	@北京大学出版社　@北京大学出版社经管图书
电　　　话	邮购部 010-62752015　发行部 010-62750672　编辑部 010-62752926
印 刷 者	涿州市星河印刷有限公司
经 销 者	新华书店
	730 毫米×1020 毫米　16 开本　13.5 印张　210 千字 2019 年 6 月第 1 版　2019 年 6 月第 1 次印刷
定　　　价	52.00 元

未经许可,不得以任何方式复制或抄袭本书之部分或全部内容。
版权所有,侵权必究
举报电话:010-62752024　电子信箱:fd@pup.pku.edu.cn
图书如有印装质量问题,请与出版部联系,电话:010-62756370

清华大学中国经济社会数据研究中心
学术指导委员会委员名单

宁吉喆　国家发展改革委副主任兼国家统计局局长、党组书记、联席主席

邱　勇　清华大学校长、联席主席

盛来运　国家统计局副局长、党组成员

许宪春　清华大学中国经济社会数据研究中心主任

程子林　国家统计局设管司司长

毛盛勇　国家统计局综合司司长

董礼华　国家统计局核算司司长

文兼武　国家统计局工业司司长

王益炬　国家统计局能源司副司长（主持工作）

赵培亚　国家统计局投资司巡视员（主持工作）

孟庆欣　国家统计局贸经司司长

李希如　国家统计局人口司司长

张仲梁　国家统计局社科文司司长

黄秉信　国家统计局农村司司长

王有捐　国家统计局住户办主任

许剑毅　国家统计局服务业司司长

蔺　涛　国家统计局普查中心副主任（主持工作）

赵建华　国家统计局数据管理中心副主任（主持工作）

许亦频　国家统计局统计教育培训中心主任

万东华　国家统计局统计科学研究所所长

钟守洋　国家统计局统计资料中心主任

钱颖一　清华大学经济管理学院教授

白重恩　清华大学经济管理学院院长

李　强　清华大学社会科学学院教授

刘涛雄　清华大学社会科学学院党委书记

薛　澜　清华大学苏世民书院院长

钱　易　清华大学环境学院教授、中国工程院院士

江　亿　清华大学建筑节能研究中心主任、中国工程院院士

毛其智　清华大学建筑学院教授

刘洪玉　清华大学土木水利学院教授

李　政　清华大学低碳能源实验室主任、气候变化与可持续
　　　　发展研究院常务副院长

崔保国　清华大学新闻与传播学院教授、传媒经济与管理研
　　　　究中心主任

史静寰　清华大学教育研究院常务副院长

苏　竣　清华大学智库中心主任

孟庆国　清华大学文科建设处处长

李家强　清华大学教育基金会秘书长

清华大学中国经济社会数据研究中心执行委员会委员名单

钱颖一　执行委员会联席主任，清华大学经济管理学院教授
李　强　执行委员会联席主任，清华大学社会科学学院教授
许宪春　委员，清华大学中国经济社会数据研究中心主任
程子林　委员，国家统计局设管司司长
董礼华　委员，国家统计局核算司司长
毛其智　委员，清华大学建筑学院教授
苏　竣　委员，清华大学智库中心主任
孟庆国　委员，清华大学文科建设处处长

前 言

　　本书是我主持的国家社科基金重点项目"我国国民经济核算体系修订的若干问题研究"(14ATJ001)的最终研究成果,也是清华大学中国经济社会数据研究中心"中国国民核算体系修订问题研究"项目的最终研究成果,得到"中华思源工程扶贫基金会闽善公益基金"的资助。自《中国国民经济核算体系(2002)》颁布实施以来,特别是党的十八大以来,我国的经济社会发展涌现出许多新情况。例如,在创新发展理念和创新发展战略的引领下,政府和企业不断加大研发投入力度,新的科研成果不断涌现,以新产业、新业态、新商业模式为核心的新兴经济迅速发展,经济发展的新动能不断积累;在绿色发展理念引领下,各地区各部门正在树立尊重自然、顺应自然、保护自然的理念,不断加大资源节约、环境治理和生态保护的力度;在以人民为中心的发展思想指导下,各级党委和政府在推动经济发展的同时更加注重改善民生,财政用于教育、文化、医疗卫生、社会保障等民生方面的支出不断增加;在全面深化改革思想的推动下,社会组织得到迅速发展,并且在提供公共服务、解决社会问题、推动经济社会发展方面发挥越来越重要的作用;农村土地承包经营权在公开市场上向专业大户、家庭农场、农民合作社、农业企业流转的情况越来越普遍,多种形式规模经营得到发展;越来越多的企业将雇员股票期权作为激励员工的一种重要方式,调动了企业管理人员和技术人员的积极性和创造性。作为描述中国国民经济运行状况重要工具的中国国民经济核算国家标准,需要适应和反映经济社会发展出现的一系列新情况。

　　针对经济社会发展出现的一系列新情况,经济社会管理产生了许多新的需求。例如,为了推动研究与开发在经济发展中发挥更大的驱动作用,需要了解研发支出在国内生产总值(GDP)中的表现,这就需要对传统的研发支出核算方法进行改革;为了推动新兴经济的发展,需要了解和把握新兴经济发展的规模、结构和速度,这就需要对新兴经济的概念、范围、分类、调查方法和核算方法进行界定和规范;为了推动各级党委和政府在改善民生、提高居民实际消费水平方面发挥更大的作用,需要了解各级财政在教育、文化、医疗卫生、社会保障等民生方面的支出及其对居民实际消费产生的影响,这就需要引进实物社会转移和实际最终消费的概念和核算方法;为了处理好政府和社会的关系,促进社会组织在提供公共服务、解决社会问题和推动经济社会发展方面发挥应有的作用,需要了解社会组织的发展变化情况,这就需要细化机构部门分类,将为住户服务的非营利机构单独作为一个部门来处理;为了加快构建新型农业经营体系,发展多种形式规模经营,需要了解农村土地经营权的流转情况,这就需要引进经济所有权的概念,按照经济所有权的概念处理农村土地经营权和相应的收益;为了推进生态文明建设,需要了解和把握土地、矿产、林木、水等自然资源的存量和变化情况,还需要了解污染物、废弃物产生和排放情况及其治理情况,这就需要开展资源环境核算。

为了适应世界经济社会的发展变化,反映国际国民经济核算理论和方法研究取得的新成果和各国国民经济核算实践获得的新经验,满足广大用户不断变化的需求,以及为了与国际收支统计、政府财政统计、货币金融统计等其他国际统计标准更加协调一致,联合国等国际组织在2008年制定了新的国际标准,即《2008年国民账户体系》(简称"2008年SNA"),最新的国际标准对原国际标准(1993年SNA)的基本概念、基本核算范围、基本分类、基本指标和基本计算方法等内容都进行了修订。例如,它引进了知识产权产品、经济所有权、雇员股票期权等一系列新的基本概念;拓展了生产范围和资产范围;调整和细化了机构部门、交易和其他流量、资产和负债分类;修订了财产收入、货币黄金等基本指标的定义;改进了金融中介服务、非寿险服务产出等基本指标的计算方法;等等。联合国统计委员会第四十届会议通过了这个新的国际标准,并鼓励所有国家尽快实施这一标准。2008年SNA颁布之后,发达国家率先实施这一新的国际标准。例如,美国、加拿大、澳大利亚、日本都已经结合本国的实际情况实施了2008年SNA;欧盟统计局以2008年SNA为依据,修订了本地区的国民经济核算体系——《欧洲账户体系2010》,并推动欧盟国家实施了2008年SNA。作为发展中国家,印度也于2015年实施了2008年SNA。

自《中国国民经济核算体系(2002)》颁布实施以来,特别是党的十八大以来,国家统计局认真贯彻落实党中央、国务院关于统计改革和发展的决策部署,积极推进中国政府统计改革与发展。例如,建立了经济普查制度,每十年开展两次全国经济普查;对企业调查表的设计、数据采集方式和数据报送方式进行了改革,建立了企业一套表联网直报统计调查制度;与有关服务业管理部门联合建立了部门服务业财务状况统计报表;实施了城乡住户调查一体化改革;建立了反映新兴经济发展情况的《新产业、新业态、新商业模式统计监测制度》。上述一系列改革为中国国民经济核算新标准的制定奠定了重要基础。

总之,自《中国国民经济核算体系(2002)》颁布实施以来,中国经济社会发展出现了许多新情况,经济社会管理产生了许多新需求,联合国等国际组织制定了新的国际标准,政府统计改革与发展取得了许多新进展,所以需要对该国家标准进行修订,制定新标准,使之适应新情况,满足新需求,反映新变化,体现新进展,以便更好地指导和规范当前和今后一定时期的中国国民经济核算工作。

《中国国民经济核算体系修订问题研究》就是为适应这种需要而开展的课题研究。这项研究的最终成果包括三大部分内容,其中导论部分是对中国国民经济核算体系修订的基本背景的研究,主要从国际标准的修订、中国经济社会发展、宏观管理需求和中国政府统计能力建设等方面探讨中国国民经济核算体系修订的必要性。第一部分是对国民经济核算国际标准的修订和国际经验的研究,主要是梳理2008年SNA修订的主要内容以及主要发达国家和地区实施2008年SNA的基本情况。前者主要包括2008年SNA整体框架的变化和部分主要内容的修订,包括统计单位、基本分类、生产范围、资产范围、部门分类、产出计算等方面内容的修订;后者主要包括美国、加拿大、澳大利亚、欧盟等主要发达国家和地区实施2008年SNA的做法和经验。第二部分是对中国国民经济核算体系修订问题的研究,这部分主要是针对中国经济社会发展出现的新情况、经济社会管理产生的新需求以及政府统计改革与发展取得的新进展,根据新的国民经济核算国际标准,借鉴主要发达国家和地区的做法和经验,对中国国民经济核算体系修订的主要内容和重点、难点领域核算方法改革进行较为深入的研究和探索。其中,修订的主要内容包括基本概念、基本分类、基本核算框架和部分指标计算方法等方面的修订;重点、难点领域核算方法改革包括研究与开发、城镇居民自有住房服务、农村土地经营权流转、雇员股票期权、实际最终消费、货币金融服务产出、保险业产出、社会保险、金融衍生产品、股权、土地和矿产资源等领域核算方法的改革。

我在主持这项国家社科基金重点项目研究的同时,也在主持中国国民经济核算新的国家标准,即《中国国民经济核算体系(2016)》的制定工作,而且参加这项课题的大部分研究人员也是这部新的国家标准的研究制定工作者,这使得这项课题研究与这部新的国家标准的制定紧密结合在一起,课题的研究过程也是新的国家标准的制定过程。因此课题研究的绝大部分成果都被这部新的国家标准所采纳,包括知识产权产品、经济所有权、雇员股票期权等若干新的基本概念的引进,生产范围、资产范围等基本核算范围的拓展,机构部门、产业部门、资产和负债等基本分类的修订,基本核算表、国民经济账户等基本核算框架的调整,财产收入、所得及财产税、固定资本形成总额等基本指标的定义和口径范围的修订,城镇居民自有住房服务价值、金融中介服务产出、非寿险服务产出等计算方法的改革等。

作为国民经济核算新的国家标准,《中国国民经济核算体系(2016)》对于一系列改革问题提出了方向性的要求,但是如何具体实施这些改革还需要做大量的研究探索工作,制定具体的实施措施和方法。如前所述,这项课题研究对其中许多重点、难点领域的核算方法改革问题都进行了较为深入的研究和探索,为新的国家标准的实施奠定了较好的基础。

参加本项课题的研究人员都是长期从事国民经济核算实际工作、理论研究和教学工作的官员和学者,他们具有扎实的理论功底和实践经验。为了圆满地完成研究任务,取得较好的研究成果,课题组成员进行了长期扎实的研究工作。国家社科基金重点项目立项之后,我与各位子课题负责人高敏雪、张冬佑、郑学工、赵同录、王益烜等认真制定研究提纲,明确研究任务,确定研究分工,提出研究要求。课题组对每个子课题的每个具体研究题目的写作提纲都进行了认真讨论,每个具体研究题目初稿完成后,先由子课题负责人进行修改,然后提交课题组集体讨论,撰写人员根据集体讨论的意见进行修改,再由子课题负责人修改,修改后的稿子再提交课题组讨论。因此,我多次主持课题组会议讨论研究提纲、修改初稿、核稿。最后,我对研究成果做了最终修改和定稿,对每一篇稿子都做了认真审改。在课题研究过程中,高敏雪老师贡献了许多智慧,张冬佑副司长和郑学工副司长做了大量的组织协调工作,每位子课题负责人和所有课题组成员都付出了很大的努力。在课题成果讨论修改过程中,国家统计局国民经济核算司董礼华司长也提出了一些有价值的意见和建议,借课题研究成果出版的机会,我向他们表示真诚的谢意!课题负责人、子课题负责人和课题组成员如下:

课题负责人:

许宪春　清华大学经济管理学院教授,清华大学中国经济社会数据研究中心主任,国家统计局原副局长

子课题负责人:

高敏雪　中国人民大学统计学院教授,中国人民大学国民经济核算研究所主任

张冬佑　国家统计局国民经济核算司副司长

郑学工　国家统计局国民经济核算司副司长

赵同录　国家统计局宁波调查队队长

王益烜　国家统计局能源统计司副司长(主持工作)

课题组成员:

李静萍　中国人民大学统计学院教授

金　红　国家统计局社会科技和文化产业统计司副司长

武　央　国家统计局吉林调查总队副总队长

周　济　国家外汇管理局国际收支司副司长

吴　优　国家统计局国民经济核算司GDP使用核算处原处长

陈　杰　国家统计局国民经济核算司GDP使用核算处处长

徐雄飞　国家统计局国民经济核算司资产负债核算处处长

施发启　国家统计局国民经济核算司资源环境核算处处长

吕　峰　国家统计局国民经济核算司服务业核算处处长

江永宏　国家互联网信息办公室秘书局统计处处长

魏媛媛　国家统计局国民经济核算司GDP生产核算处副处长

陈　希　国家统计局国民经济核算司社会资金核算处副处长
刘立青　国家统计局国民经济核算司 GDP 生产核算处主任科员
马　佳　国家统计局国民经济核算司社会资金核算处主任科员
陈亚宁　国家统计局国民经济核算司资产负债核算处主任科员
董　森　国家统计局办公室秘书室主任科员

北京大学出版社的林君秀女士和郝小楠女士积极支持本书的出版，并为本书的出版做了大量工作，借此机会向她们表示诚挚的谢意。

对于本研究成果的不足之处，敬请广大读者批评指正。

许宪春

2018 年 10 月

目　录

导论　中国国民经济核算体系修订的基本背景 …………………………（ 1 ）

第一篇　国民经济核算国际标准的修订与国际经验 ………………（ 16 ）
 一、2008 年 SNA 修订的背景和主要过程……………………………（ 16 ）
 二、2008 年 SNA 内容框架的主要变化………………………………（ 20 ）
 三、2008 年 SNA 中心框架的主要修订内容…………………………（ 23 ）
 四、主要发达国家和地区实施新国际标准的基本情况 ………………（ 35 ）

第二篇　中国国民经济核算体系修订问题研究 ……………………（ 60 ）
 一、修订的主要内容 ……………………………………………………（ 60 ）
 二、研究与开发核算方法研究 …………………………………………（ 72 ）
 三、城镇居民自有住房服务核算方法研究 ……………………………（ 93 ）
 四、农村土地经营权流转的相关交易核算方法研究 …………………（101）
 五、雇员股票期权核算方法研究 ………………………………………（107）
 六、实际最终消费核算方法研究 ………………………………………（113）
 七、货币金融服务产出核算方法研究 …………………………………（117）
 八、保险业产出核算方法研究 …………………………………………（125）
 九、社会保险核算方法研究 ……………………………………………（135）

十、金融衍生产品核算方法研究 …………………………………… (142)

十一、为住户服务的非营利机构分类问题研究 ………………… (150)

十二、资产负债表中的股权核算方法研究 ……………………… (155)

十三、资产负债表中的土地和矿产资源核算方法研究 ………… (163)

十四、投入产出核算方法研究 …………………………………… (169)

十五、国际收支核算方法研究 …………………………………… (177)

十六、旅游产业核算方法研究 …………………………………… (185)

参考文献 ………………………………………………………… (194)

导论　中国国民经济核算体系修订的基本背景

一个家庭要算账,一个企业要算账,一个国家也要算账。针对企业一定时期生产经营状况进行算账的工具是会计,而针对一国一定时期内的宏观经济状况进行算账的工具就是国民经济核算。所谓国民经济核算,就是基于宏观经济理论对一国经济总体宏观算大账,目的是使整个宏观经济运行过程及其结果得以量化,通过一套系统的指标和数据,为宏观经济分析、管理、规划、决策提供基础信息支撑。

如何进行国民经济核算?面对纷繁复杂的国民经济运行过程,需要有一套标准和规范为系统进行国民经济核算提供前提,这就是所谓的国民经济核算体系。国民经济核算体系就是要确定一系列与核算有关的基本概念、基本原则、基本分类,要给出基本核算框架,还要设计出一整套基本核算指标和对应的基本核算方法。有了这些标准和规范,国民经济核算才能最终得到一整套相互联系、一体化的数据,为认识一国经济整体运行状况、为进行宏观经济分析和管理决策提供依据。

为指导和规范世界各国国民经济核算工作,联合国等国际组织为其制定了国际标准,即国民账户体系(System of National Accounts,SNA)。伴随世界经济的不断发展变化,该国际标准也在不断修订。此前为各国所遵循的是1993年SNA,最新一次修订是发布于2009年的2008年SNA。世界各国(尤其是一些国民经济核算能力建设较强的发达国家)的政府统计部门一般会依据国际标准,针对本国实际情况和需要,制定并适时修订本国的国民经济核算体系,从而保证国民经济核算数据反映本国经济运行情况并且具有国际可比性。2008年SNA发布之后的数年间,美国、加拿大、澳大利亚、欧盟主要成员国等迅速跟进,更新本国(本区域)的国民核算体系(比如欧盟发布了《欧洲账户体系

(2010)》),同时依据更新后的标准来修订本国国民经济核算历史数据。

中国国民经济核算经历了更为复杂的历史过程,其所遵循的核算体系在最近三十余年发生了根本性变化。当前实行的《中国国民经济核算体系(2002)》自发布以来已经使用了 15 年。在此期间,中国经济经历了高速发展,经济社会架构和运行机制发生了比较大的变化,由此出现了许多新的特征,使得宏观管理对国民经济核算产生了许多新的需求,同时,面对国民经济核算国际标准更新(即 2008 年 SNA),中国国民经济核算体系需要做出反应,以保持国民经济核算数据的国际可比性。此外,中国基础统计能力在最近十余年间有了明显提升,国民经济核算所依赖的基础数据有了显著改善,相应的国民经济核算方法有了很大改进。凡此种种,构成了对中国国民经济核算体系进行系统修订的基本背景和理由。

以下首先对《中国国民经济核算体系(2002)》做简要评价,进而从不同角度论述对中国国民经济核算体系进行系统修订的必要性。

(一) 对《中国国民经济核算体系(2002)》的简要评价

伴随着中国经济体制从计划经济向市场经济的转变,政府所执行的国民经济核算体系也经历了从物质产品平衡表体系(MPS)向国民账户体系(SNA)的转变过程。这一过程经历了两个阶段,第一阶段是在实施 MPS 的同时引入 SNA 的核算内容,第二阶段才转向全面以 SNA 为基础。依据 SNA 建立的中国国民经济核算的第一个规范文本就是《中国国民经济核算体系(2002)》(以下简称"2002 年文本")。因此,2002 年文本的意义不仅在于为中国当时的国民经济核算工作提供规范,而且还是中国国民经济核算实现转型的一个重要标志。

历史地看,2002 年文本较为完整地表现了当时中国国民经济核算体系的整体面貌和此后一段时间的建设目标。

第一,与 SNA 国际规范具有基本一致性。其中,基本概念(如生产概念)、基本总量指标(如国内生产总值)、基本核算规则(如市场估价)和核算内容,都与 1993 年 SNA 基本一致。正是这些基本一致性,才标志着中国国民经济核算体系从原来的 MPS 转型为 SNA。

第二,体现了中国国民经济核算的特点。在核算内容组成方面,设置基本核算表,采用了国内生产总值、投入产出、资金流量、资产负债、国际收支等五大子核算体系的方式,同时设置国民经济账户,以此与1993年SNA相衔接;在核算方法方面,强调依据中国基础资料状况确定具体核算方法,比如GDP核算强调以分行业增加值核算方法为主。

第三,具有一定的前瞻性。其中包含一些以当时的核算能力尚无力实现,但为国民经济核算未来建设所必需的内容,一个例子是资产负债核算,另一个例子是资源环境核算,这些前瞻性的内容在此后十余年间都有不同程度的实现。

第四,在中国经济管理中发挥了重要作用。十余年来,依据2002年文本所进行的国民经济核算,已经成为我国经济管理不可或缺的重要工具,所发布的相关数据被各管理层面的用户和社会公众所应用,成为其决策的依据。

然而,现实地看,2002年文本也显示出其历史局限性。

一方面是核算内容的局限性,无法容纳此后中国经济社会发展产生的新事物和新现象。比如有关机构部门分类,缺失"为住户服务的非营利机构"这个独立的机构部门,因而难以为此后对那些非政府非企业性质的非营利机构进行独立核算提供前提;金融相关核算仍然囿于传统的金融交易方式,无法全面体现金融发展的新内容;有关非金融投资及资产负债核算的内容非常粗略,各种知识产权产品的出现和迅速发展、产权制度变革带来的资产类型变化等,都无法纳入核算范围;附属核算部分目的性不强,未能与中国经济社会发展的一些关键主题对接。

另一方面是文本体例的一些缺陷。比如文本的定位应该是一个框架式的文本还是一部技术手册,换句话说,有关核算内容和方法究竟应该写到何种深度。仔细比较可以发现,文本中不同部分的详略程度差别较大,比如,相比其他部分,GDP核算非常详细,不仅有现价核算还有不变价核算,不仅给出了基本方法思路,还就不同行业给出了具体方法。

(二)中国国民经济核算体系修订的必要性

国民经济核算体系要不断修订,修订的基本理由可以概括为两个方面。第一是经济体系——包括经济运行过程和经济组织方式——的不断演变,这是国民经济核算的对象,对象变了,核算体系必然要变。第二是基础统计能力——包括基础数据来源和数据处理能力——的不断改进,这是进行国民经济核算的原材料,会在很大程度上制约核算的实现程度以及如何核算。落实到《中国国民经济核算体系(2002)》修订,将以上理由具体化,重点关注以下四个方面在最近十余年间所发生的变化:第一,国民经济核算体系国际标准的变化,其中包含了核算体系对全球经济体系变化的"反应",这是中国国民经济核算体系需要遵循的基本规范;第二,中国经济发展和经济体制的变化,这是中国国民经济核算的对象,直接决定了中国国民经济核算的内容;第三,中国宏观经济管理对国民经济核算提出了新要求,这是国民经济核算改进的最大动力;第四,中国政府统计能力的变化,这直接决定了中国国民经济核算的实现程度和具体方法。

1. 国际标准进行了重大修订

国民经济核算是有国际标准的,国际标准为各国(包括中国)国民经济核算体系的形成提供了基本依据。如果国际标准发生了重大修订,各国具体实施的核算体系理应做出响应。当前国际标准已经从1993年SNA更新为2008年SNA,即由联合国等五大国际机构组织制定的《2008年国民账户体系》,与此对应,以1993年SNA为基础的《中国国民经济核算体系(2002)》应该参照2008年SNA做出相应修订调整。

总结从1993年SNA到2008年SNA的变化,大体可以将其分为两个层面。第一是中心框架的演变,第二是在中心框架灵活应用方面的进展。

国民经济核算国际标准的中心框架经过从1953年SNA、1968年SNA到1993年SNA的演进,已经臻于成熟,2008年SNA没有做出显著改进,其主要变化体现在各种具体问题的研究和改进上:① 将现实发展过程中产业的新现象和新特征纳入其中;② 吸收各专业统计开发的新的数据来源和计量方法;③ 对各种具体核算方法加以改进,以保证"SNA在一个经济和制度急剧变迁的时代具有意义"。比如,引入知识产权产品概念,将研究与开发支出作为固定资本形成处理;更新金融部门的定义,扩展金融资产的边界,将金融衍生工具和雇员股票期权包含其中,改进非寿险服务、间接计算的金融中介服务以及养老金权益的核算和记录方法;澄清并详细解释那些显示全球化特征的流量、存量的处理方法,在货物进出口核算方面严格执行所有权变更原则,为"特殊目的实体"的识别提供更好的指导;提出经济所有权概念,将其与法定所有权相区别。

关于中心框架的"灵活运用",2008年SNA在1993年SNA基础上有很大扩展,不仅对中心框架与灵活应用有了清晰区分,而且进一步结合这十余年来各相关领域的研究成果，更新了关于灵活应用的基本认识，显著扩展了灵活应用的范围。第一是基于中心框架本身的灵活应用，比如中心框架账户序列移植到季度、地区、物量等层面，引入了人口和劳动力作为补充变量，将功能分类引入中心框架，集中考察某些局部的宏观影响等。第二是将中心框架与其他基于公司、政府、非营利机构、住户、国外、金融等主题下的统计体系或分析框架联系起来，从而延伸了中心框架的内容。第三是编制卫星账户，在旅游、环境、卫生、住户活动等主题下形成新的分析框架和替代总量，满足特定分析目标。

面对国民经济核算国际标准的变化，中国国民经济核算体系必然会发生相应调整。基于2002年文本，从国际标准与中国国民经济核算体系之间关系角度所做的修订包含两个层面。第一是以1993年SNA为参照对中国国民经济核算体系进行修订，第二是立足2008年SNA的新变化对中国国民经济核算体系进行修订。

历史地看，2002年文本在有些方面并没有达到1993年SNA的水平。其中的原因可以概括为两点，一是当时中国经济社会发展特点所致，二是当时中国政府统计能力尚不具备相关条件。比如，在机构部门分类中，2002年文本只给出非金融企业、金融机构、政府、住户四个国内部门，没有单独设立为住户服务的非营利机构部门。经过十余年的发展，中国无论是在经济社会发展实践方面还是在政府统计能力建设方面均有了显著变化，在此前提下，中国国民经济核算体系的修订首先是要在基本架构方面予以补充和改进，相当于是向1993年SNA（同时也是2008年SNA）进一步靠拢。

另一方面，针对2008年SNA提出的新内容，中国国民经济核算体系要做出回应，但这些新变化也未必都在中国当下核算中具有现实意义，为此，需要对2008年SNA提出的新内容做研究甄别，结合最近十余年中国各方面情况的发展变化，确定纳入修订的内容以及具体纳入的方式方法。

2. 中国经济社会发展达到了新的阶段

国民经济核算的基本功能在于依据经济学及相关理论，通过一套由指标组成的数表系统来全面描述经济过程及其结果，为宏观经济分析和管理提供依据。因此如果现实经济过程发生了特征性变化，相应地国民经济核算体系就要随之修改。

从全球范围看，世界经济以及各国经济一直处于变化之中，经济活动发生的方式、范围以及经济运行的模式都在变化。这些变化的发生一方面是科技发展的推动,另一方面是制度变革的影响。特别需要指出的是,在经历了一轮全球性经济快速增长之后,以2008年国际金融危机为标志,全球经济社会发展进程开始呈现出明显不同以往的特征。这些都构成国民经济核算体系国际标准不断修订的基本背景。

在国家层次上也是如此。中国经济在最近三十年所发生的变化用"翻天覆地"来形容一点也不过分。尤其是最近十余年延续了改革开放前二十年的进程,中国经济无论是"量"的增长速度,还是"质"的结构变迁,都显得异常突出。这一阶段光大了此前累积的成果,将经济总规模推进到全球第二的地位,经济结构出现实质性变化,但同时也凸显出此前累积的矛盾,其中资源环境问题、人口问题、城乡以及更广泛的社会分配问题、全球化背景下的国际经济关系问题等越来越突出,导致中国经济开始从长期以来的高速增长进入中高速增长时期,并成为中国经济社会进一步发展的制约因素。以下拟对最近四十年中国经济社会发展特征变化做简要归纳,讨论其与国民经济核算的关联,以此显示中国国民经济核算体系修订的必要性。

(1) 经济持续高速增长,经济结构发生了深刻变化

中国经济保持了三十多年的高速增长,经济总规模跃居全球第二。伴随经济高速增长,经济结构已经发生重要改变,观察宏观经济的视角也开始发生变化。① 产业结构发生重大变化,服务业在GDP中的占比已经超过一半,在未来经济发展中具有越来越重要的地位;② 需求结构发生重大变化,投资和出口对经济增长拉动的作用在下降,消费成为从需求角度决定经济增长的主要源泉;③ 高增长和高投资形成了显著的存量效应,一方面导致国民财富的大幅度增加,另一方面则引起产能过剩等问题,宏观经济管理的视角开始从流量向流量和存量并重转换,从需求侧向供给侧转换。

以上种种都会对国民经济核算产生重要影响。第一,资产负债存量核算在国民经济核算体系中的重要性大幅度提高了,加强经济存量核算的方法研究并将之与经济流量核算整合为一体越来越具有紧迫性。第二,GDP核算一直以工业等传统行业为中心,在新格局之下,需要将关注重点逐步向服务业转移,尤其要针对那些拓展消费需求、服务民生的关键领域如旅游、卫生、居民住房服务等开发相应的核算方法。第三,为适应供给侧与需求侧结合起来进行宏观经济

管理的思路,满足其数据需求,行业增加值核算与支出法GDP核算之间的协调变得尤为重要。

(2) 以产权制度为特征的城乡改革,引起社会结构发生重要变化

经济发展和经济改革对社会结构变化产生了巨大的推动作用。一方面是政府与市场之间的边界逐步清晰,基于社会主义公有制的产权制度在逐步推进,城市住房制度改革、农村土地承包经营权改革、企业激励制度改革都在强有力地推进,不同所有制经济共同发展并以混合经济形式呈现出共融式发展,由此在法律框架下出现了各种新的无形资产形式;另一方面则是政府正在逐渐改变以往包揽全部社会管理功能的定位,出现了在企业和政府之外的第三股社会力量,即所谓非政府非企业组织,并在不断壮大。

中国国民经济核算需要直接面对这些问题,将它们在新的国民经济核算体系中予以准确客观地反映。① 与国际标准接轨,认可政府之外的非营利机构的地位,在机构部门分类中增加"为住户服务的非营利机构"部门,单独显示这些机构在经济生产、收入分配、消费和投资过程中的重要作用。② 引入经济所有权概念,识别土地使用权、土地及森林经营权、碳排权、雇员股票期权等各种新的资产形式及其交易过程,扩大资产负债核算的覆盖范围,充实投资核算以及投资收益分配核算的内容,更好地显示资产与产出之间的效率问题以及通过资产实现的资源配置和收益分配关系。

(3) 社会分配公平公正受到更高关注,保障全民共享发展成果

社会分配的合理性问题得到更广泛关注,通过消灭贫困、建立社会风险防范机制、提高公共服务水平等手段,将经济发展的成果落实到民生。在政府主导下,一方面是加强社会保障体系建设,覆盖全民的社会医疗保险制度和社会养老金制度已经大体成型,另一方面是提供越来越多的针对全民的公共服务,尤其集中于教育、医疗两个领域,对民生产生了越来越大的影响。

与此相关联,中国国民经济核算体系中需要特别加强以下内容:① 丰富收入分配核算内容,尤其是要充实和细化围绕社会保障形成的收入分配流量;② 扩展最终消费核算内容,在最终消费支出基础上引入实际最终消费概念,将通过实物社会转移实现的公共消费个人化效应通过个人实际消费明确显示出来。

(4) 金融发展成效显著,与实体经济相互渗透、融合,关系日益复杂

金融发展与实体经济发展应该相辅相成。中国经济长期受制于金融发展

不充分而产生的抑制，这种情况最近十年得到很大缓解。分层分类金融市场逐步建立；各种金融工具（包括一些新型金融工具）被开发出来；借助于信息技术，金融交易开始从线下向线上延伸。金融发展的最终结果是加快了资金流动，提高了资源配置效率，从而有利于实体经济发展；但与此相伴随，金融市场的结构变得日益复杂，受国际金融市场的影响在加大，如何避免金融脱离实体经济发展而"空转"、助推泡沫经济形成等问题越来越受到宏观管理层的关注。

在此背景下，中国国民经济核算体系修订有必要在以下方面做出回应：① 在GDP核算中改进金融活动产出的核算方法；② 充实资金流量表中金融交易部分的核算内容，将金融衍生工具纳入核算范围，将发生在不同金融市场上的金融交易分门别类予以详细展示，其中特别需要对金融工具加以细分、对金融机构部门加以细分；③ 将金融流量核算延伸到金融存量核算，使流量信息与存量信息有机结合起来，为全面评估金融风险及其与实体经济的联系创造条件，同时也为实现资产负债核算做出贡献。

（5）实施创新发展战略，为经济发展培育新动能

最近十余年，中国研发支出总规模在全球已经名列前茅。随着研发和创新活动成果的转化，经济体系中出现了以信息技术、人工智能为先导的各种新的产业形态和新的商业模式，各种以知识产权为载体的无形资产与传统生产要素结合起来，使资本（尤其是体现生产力的固定资本）和劳动的质量发生了很大变化，由此为中国经济持续增长、产业升级和结构转换提供新的动力。

针对这种情况，中国国民经济核算体系一方面要在研发支出的处理方面做出改变，要遵循2008年SNA的建议，实现研发支出资本化核算，显示由此形成的知识产权资产价值，为分析研发支出与经济增长之间关系提供数据支持；另一方面要在新兴经济的识别和测算方面有所突破，以此反映新兴经济培育的成就及其对经济发展的影响。

（6）拥抱全球化，加入全球产业分工链和全球金融市场，与全球经济的关联越来越密切，关系越来越复杂

在全球化不断加深的背景下，中国对外开放在最近十余年结出硕果。中国以出让部分国内市场来引入国外资本和技术，助力国内经济的高速增长，首先实现产品走出去，进而实现资本、企业走出去，最终将中国经济与全球经济紧密联系在一起，为世界经济做出了贡献。着眼未来发展，中国经济在影响世界经

济同时也受到世界经济的影响,在此过程中,如何分层次梳理清楚中国经济与世界经济之间的联系至关重要。

中国国民经济核算要为此承担责任,在此次核算体系修订中加强对外核算的内容。① 借鉴国际组织相关规范,对具有全球化特征的各种流量、存量形成统一的处理方法,比如关注"特殊目的实体"的识别以及相关交易的记录,以所有权变更为原则,厘清经常交易与金融交易、货物交易与服务交易之间的界限,更好地记录相关交易。② 实现对外核算内容与基于国内交易的核算内容之间的衔接,为将国内与国际两个系统整合起来进行分析决策提供更丰富的数据依据。

(7) 资源环境问题越来越突出,制约了未来发展的可持续性

伴随经济高速增长,中国资源环境问题越来越严峻。一方面是自然资源过快消耗,另一方面是环境质量加速下降,长此以往,结果就是发展的不可持续。基于此,当前以及未来经济增长方式转变的最基本特征就是要逐步破除资源环境与经济发展之间的高度耦合,在资源节约、环境保护前提下实现经济发展。

国民经济核算中心框架无法直接体现与资源环境有关的核算内容,为此,中国国民经济核算体系的修订应加强针对资源环境核算的卫星账户开发。要基于国民经济核算基础框架,一方面显示自然资源的存量及其开发状况,另一方面显示环境质量及其保护行动,为将资源环境要素与经济活动过程衔接起来实施宏观观察和管理决策提供前提。

3. 中国宏观经济管理对国民经济核算提出了新需求

国民经济核算用户广泛,但最重要的应用领域是宏观经济管理,它所提供的数据是观察宏观经济动态以及进行宏观经济分析、管理与决策的基本依据。伴随中国经济社会发展出现的新趋势新特征新问题,党的十八大以来,以习近平同志为核心的党中央围绕治国理政提出并形成了一系列新理念新思想新战略,宏观经济管理显示出一套全新的思路,由此对国民经济核算提出了新的要求,对国民经济核算的相应改革形成了极大推动。

从宏观经济管理的角度归纳,以习近平同志为核心的党中央提出的治国理政新理念新思想新战略,主要包括经济发展新常态、新发展理念和供给侧结构性改革三个相互联系的基本要点。

经济发展新常态涉及对中国经济发展现状和趋势的基本判断。中国经济

发展面临着速度换挡、结构优化、动能转换三个方面的重大转变。新常态的基本特征包括增长速度从高速向中高速转变,经济发展方式从规模速度型向质量效率型转变,经济结构从增量扩能为主向调整存量与做优增量并存的深度调整转变,发展动能从传统增长点向新增长点转变。中央明确提出,要将认识、把握、引领新常态作为当前和今后一个时期做好经济工作的大逻辑,可以说这是进行宏观经济管理的基本前提。

新发展理念以创新、协调、绿色、开放和共享为核心,是进行宏观经济管理的基本指导原则。其中,创新着眼于培养新常态下经济增长的新动力;协调关系到发展的健康性;绿色体现发展的永续性并顺应人民对美好生活的追求;开放要求用好国际国内两个市场、两种资源,实现内外发展联动;共享则旨在解决社会公平正义问题,体现了中国特色社会主义的本质要求和发展目的。

供给侧结构性改革指明了改革的方向和突破口。为适应经济发展新常态,落实发展新理念,要在适度扩大总需求的同时,着力加强供给侧结构性改革。可以说,供给侧结构性改革准确揭示了中国当前经济发展问题的原因、面临的挑战以及解决问题的根本路径,其近期任务是去产能、去库存、去杠杆,以及降成本、补短板,长期目标则是践行五大发展理念,从体制机制层面消除发展中的不平衡、不协调和不可持续因素。

在经济发展新常态、新发展理念之下,宏观经济管理的核心、重点、方式均发生了重大变化。如何改进国民经济核算方法、扩展国民经济核算内容以便满足宏观管理的需求,是核算工作者的重大责任。为此,需要对相关问题做出回答,并体现在中国国民经济核算体系的修订中。

首先是要改进国民经济核算的方法。① 关于 GDP 核算,要根据新情况和新资料来源继续改进和完善年度和季度 GDP 核算方法,改进地区生产总值核算制度,为真实、准确、及时地反映新常态下经济增长打下制度基础。② 为详细描述经济结构的变化,需要对国民经济核算进行优化和细化。比如,改进机构部门划分,将为住户服务的非营利机构独立显示,尝试在政府部门之下将社会保障计划独立显示;对金融机构等做进一步细分,以便对经济社会主体结构做出全面描述;加强服务业核算,细化分类,充分展示产业结构及其调整动态;细化收入分配、收入使用、金融交易等方面的核算项目,及时反映收入分配结构、需求结构、金融市场结构的变化。

进而是扩展国民经济核算的内容。① 推进全国和地方资产负债表的编制。提供资产负债存量数据,反映资产负债总量和结构状况,摸清家底,为从存量调整和增量优化两个方面进行宏观经济观察和管理决策提供依据。② 多层次扩展资源环境核算的内容。尝试编制自然资源资产负债表,描述自然资源存量及其变化情况;编制针对自然资源的供给和使用表,反映资源利用状况;进行环境保护相关内容的核算,一方面显示污染排放情况,另一方面反映环境保护情况。③ 建立核算机制,针对经济发展新动能有针对性地开展核算。一方面是针对从需求角度体现经济发展动能的领域开展专题核算,例如旅游、卫生,这些领域既关系到民生,又能够传导到供给侧经济增长;另一方面是针对新兴经济开展专题核算,反映在信息技术、人工智能技术等影响下形成的新业态、新模式,从而显示其规模及其对经济增长的影响程度。

4. 中国政府统计能力建设取得了重大进展

国民经济核算是政府统计的一部分,但又不同于一般政府统计,它不直接做调查,也不直接产生行政记录,而是以政府各种专业统计或行政记录提供的数据为基本材料,按照自身的一套理论原则和方法做进一步的数据加工。我们可以这样为国民经济核算定位:一方面,它是基于各种专业统计的进一步核算,构成其基础的是多种专业统计的统计调查结果;另一方面,作为一套理论原则和方法,国民经济核算具备超越一般专业统计规范的性质,是建立在多种专业统计规范之上的一套综合统计规范,在各种专业统计体系中处于中心地位。也就是说,国民经济核算是建立在非常广泛的政府统计基础之上的,两者具有互动关系。国民经济核算对政府各专业统计具有规范作用,同时各专业统计的变化发展也会引起国民经济核算的相应变化。

近十余年来,中国政府统计能力建设取得了突破性的进展,为国民经济核算提供了更加有力的支持。一方面是统计调查体系的改进和完善,促进了数据覆盖范围的扩展和数据质量的提升;另一方面是在信息技术支持下,数据获取、传输和存储方式的改变使得可以就调查数据开展广泛的开发应用,包括在国民经济核算领域的应用。事实上,十余年来中国国民经济核算所基于的基础数据在具体制度方法上一直在进行探索优化,并取得了很大进展,许多方面已经大大超出了2002年版本。可以说,系统总结中国国民经济核算制度方法改革经验,将其体现在新一版中国国民经济核算体系之中并向社会公布的时机已经成熟。以下对近十年来中国政府统计能力建设取得的进展做简要概述。

（1）建立了经济普查制度

自 2003 年起,中国建立了经济普查制度,之后每五年开展一次全国经济普查,在尾数逢 3、8 的年份实施。经济普查是整合了此前的工业普查、第三产业普查、基本单位普查后的综合性普查,覆盖了除农业之外的所有经济活动单位,调查内容丰富,属于重大国情国力调查项目。自从 2004 年实施第一次经济普查以来,在中国经济社会高速发展变化时期内,经济普查对于全面反映中国第二产业和第三产业发展规模及布局,摸清产业组织、产业结构、产业技术的现状以及各生产要素的构成,全面更新覆盖国民经济各行业的基本单位名录库、基础信息数据库和统计电子地理信息系统,发挥了重要作用。

经济普查为普查年份提供了详细的第二产业、第三产业数据,这些数据大大弥补了常规统计基础数据的不足,成为国民经济核算（尤其是 GDP 核算）的重要基础数据来源。第一次经济普查之后,中国形成了一套周期性 GDP 核算制度：在经济普查年份,依据普查获取的全面统计数据进行详细的 GDP 核算；在非普查年份,则依据常规数据来源、辅之以普查年份提供的基数和参数实施 GDP 核算；在下一个经济普查年份 GDP 核算之后,系统修订此前五年的 GDP 数据。未来可以预期,经济普查数据将在中国国民经济核算中得到更广泛的应用,比如资产负债核算方面的应用。

（2）建立了企业联网直报系统

企业联网直报系统是国家统计局近年着力推行的一项基础统计重大改革项目,其基本目标是在现有统计工作基础上,按照整合资源、统筹规划、协同运作的一体化理念,通过统一设计的、针对规模以上企业的一套表,将工业、建筑业、批发和零售业、住宿和餐饮业、房地产开发经营业等国民经济行业,以及科技、能源等主要专业的相关调查内容做一体化整合,同时辅之以统一的基本单位名录库管理、数据采集处理软件系统和联网直报系统,实现网上直接采集数据和网上各级共享统计数据。自 2012—2013 年全面实施以来,企业联网直报系统对实现政府统计数据一体化、从整体上提高统计数据质量提供了保证,从而产生了重要的影响。

企业统计调查是国民经济核算的重要基础数据来源。企业联网直报系统的实施,夯实了国民经济核算在各主要行业（包括工业、建筑业、批发和零售业、住宿和餐饮业、房地产开发经营业等)规模以上企业数据的基础,所提供的有关企业生产经营、财务状况、投资、劳动、研发投入、能源与水消耗等方面的调查数据,改善了国民经济核算中的 GDP 核算、投入产出核算、资金流量核算的数据基础,并可以为资产负债表核算以及扩展的资源核算提供基础数据。

(3) 实施了住户调查一体化改革

城乡住户调查一体化改革是近年国家统计局系统开展的一项重要改革,其基本目标是按照统一调查指标、统一抽样方法、统一调查过程、统一数据处理、统一数据发布的原则,将原来分别按城、乡进行的住户调查合为一体,使之能够提供全体居民统一的收入、支出和消费数据,能够提供城乡可比、地域可比的城乡居民以及分省、分市、分县居民的收入、支出和消费数据,同时还能提供家庭就业、住房、社区发展等有关信息,为国家推动经济发展和民生改善、科学制定收入分配和社会保障政策提供扎实的数据支撑。

住户部门是国民经济核算中的机构部门之一,住户调查资料涉及国民经济核算诸多方面的内容。对 GDP 核算而言,以住户为单位进行的个体生产经营活动是农业及其他产业增加值核算所不可忽略的组成部分;同时,以住户为单位实现的居民消费支出是支出法 GDP 核算中最终消费支出的主要部分,住户完成的固定资产投资也是固定资本形成核算的重要组成部分。对资金流量核算、资产负债核算而言,整个住户部门的收入分配、消费投资、金融交易、资产负债各项指标的核算,在很大程度上依赖于住户调查数据。显然,住户调查制度改革对于国民经济核算制度方法的改进意义重大。

(4) 政府各部门统计改革取得进展

政府统计中还包括大量来自各个政府职能部门的统计,它们在很广范围内为国民经济核算提供基础数据,其中最具综合意义的部门统计包括人民银行负责的金融统计,财政部负责的政府财政统计,外汇管理局负责的国际收支统计,海关、商务部等部门负责的国际货物贸易和服务贸易统计、外国直接投资统计等。一旦这些部门统计建设有了新举措,或者与国家统计局系统的数据交换得到提高,就会对国民经济核算产生积极影响。

特别值得一提的是政府财政统计。一方面,自 2009 年始,财政部向国家统计局提供了更加详细的财政收支数据,极大改善了资金流量核算的基础数据来源,从而改进了资金流量表的编制方法;另一方面,财政统计正在实施从收付实现制向权责发生制的改革,其结果将会对财政收支以及公共服务统计产生重大影响,可以预计,此举将会影响到国民经济核算中与政府有关的生产、收入分配、消费等指标的核算。

(5) 国民经济核算制度方法渐进式改革取得了丰富成果

正如 2008 年 SNA 序言中所说,尽管国民经济核算体系的全面修订是间断性的,每隔 15 到 20 年发布一个新版本,但事实上国民经济核算的更新却是一个连续的过程,常见的情形是伴随经济发展现实需要,国民经济核算理论和方法的改进是渐进性的、逐渐累积的,待这种累积达到一定分量时,就需要对整个核算体系进行系统总结、整合和修订。

中国国民经济核算体系的改进和发展也是如此。自从 2002 年文本发布以来,伴随中国经济社会的发展,伴随宏观管理提出的需求,伴随中国政府统计基础的加强,国民经济核算制度方法一直在改进,而且可以说具有非常显著的改进。从大的方面说,依据经济普查建立和完善了周期性的 GDP 核算制度;与政府财政统计实现了更好的衔接,改进了实物交易资金流量表的编制方法;伴随金融业的发展,细化了资金流量表中金融交易部分的工具分类;国际收支核算方面不仅完善了国际收支平衡表的编制,还进一步扩展到国际投资头寸表。除此之外,还有很多具体方法的改进,比如各类服务业增加值核算方法;一些专题性产业如文化产业增加值的核算方法;具有混合收入性质的个体经营净收入在收入分配核算中的具体处理方法;以市场租金法核算自有住房服务的探索,等等。所有这些改革和改进汇集起来,既对 2002 年文本修订提出了要求,又为 2002 年文本修订提供了前提。

(三) 中国国民经济核算体系修订的指导思想、目标和基本原则

2002 年文本修订的指导思想是,全面贯彻落实党的十八大和十八届三中、四中、五中、六中全会精神,深入贯彻落实习近平总书记系列重要讲话精神,紧紧围绕统筹推进"五位一体"总体布局和协调推进"四个全面"战略布局,牢固树立创新、协调、绿色、开放、共享的发展理念,按照党中央、国务院有关决策部署,立足中国社会主义初级阶段的基本国情和新的阶段性特征,以最新的国民经济核算国际标准为准绳,为开展中国国民经济核算新规范提供科学依据。

2002 年文本修订的目标是,经修订后的文本能够适应中国经济社会发展中出现的各种新情况,满足中国宏观经济管理对国民经济核算产生的各种新需求,基本反映国民经济核算国际标准发生的各种新变化,吸收中国国民经济核算制度方法改革研究取得的各种新成果。

2002年文本修订的基本原则包括以下几点。一是坚持总体设计,统筹兼顾。围绕修订目标,从总体上设计需要修订的内容。二是借鉴国际标准,立足中国实际。在深入研究中国国情的基础上,参照联合国等国际组织制定的2008年SNA,结合中国国民经济核算制度方法改革研究取得的成果,对2002年文本进行比较全面系统的修订。三是突出重点,兼顾前瞻性。文本修订不能眉毛胡子一把抓,必须突出修订重点,即重点修订2002年文本中不能适应中国经济社会出现的新情况和不能满足宏观经济管理产生的新需求的部分,同时需要有一定的超前性,即在修订中适当吸收那些目前做不到但未来几年通过努力可以做到的部分。

(作者:高敏雪、李静萍、施发启等)

第一篇 国民经济核算国际标准的修订与国际经验

联合国等国际组织制定的国民账户体系（System of National Accounts，SNA）自 20 世纪 50 年代以来就是国民经济核算领域的主要国际标准。在半个多世纪的历史进程中，SNA 根据经济社会发展客观情况的变化不断改进、修订和完善，先后发布了四个主要版本，即 1953 年 SNA、1968 年 SNA、1993 年 SNA 和 2008 年 SNA。2008 年 SNA 是目前国民经济核算最新国际标准，它是经过对 1993 年 SNA 修订形成的。本部分对 2008 年 SNA 修订的主要过程和修订的主要内容以及美国、加拿大、澳大利亚、欧盟等主要发达国家和地区实施 2008 年 SNA 的基本情况进行梳理。

一、2008 年 SNA 修订的背景和主要过程

1993 年 SNA 自问世以来，在规范世界各国国民经济核算工作、客观反映各国经济发展情况、保持各国主要宏观经济指标可比性等方面发挥了重要作用。但随着时间的推移，世界经济环境发生了显著的变化，为了能够使 SNA 及时反映经济发展中出现的一些新情况，保持与经济运行之间的一致性，联合国统计委员会在 1999 年 3 月 1—5 日召开的第 30 届统计大会上提出了对 1993 年 SNA 进行修订的要求。会议指出，修订采取渐进的局部性修订方式，即只进行渐进的、局部的修订，不进行综合性的全面修订。但实践证明，这种做法很难确保整个 SNA 体系的完整性和一致性，修订中组织工作的协调性也不好把握。有鉴于此，联合国统计委员会在 2003 年 3 月 4—7 日召开的第 34 届统计大会上提出，要对 1993 年 SNA 进行全面的、系统的综合性修订。经过 6 年的努力，

联合国统计委员在 2009 年 2 月 24—27 日召开的第 40 届统计大会上,审议通过了 2008 年 SNA,并向联合国经济及社会理事会建议,将其作为新的编制国民经济核算数据的国际标准使用。以此为标志,2008 年 SNA 修订工作正式结束。

(一) 修订的原则

2008 年 SNA 修订工作伊始,就确定了两个重要原则。一是不改变 SNA 现有的主要基本规则,不做颠覆性的修订。二是要与其他国际统计标准保持最大可能的协调性和一致性。值得一提的是,2008 年 SNA 的修订与《国际收支和国际投资头寸手册(第六版)》(BPM 6)的修订基本是同步进行的,双方的修订人员在修订过程中保持了紧密的沟通与合作,保证了修订后的 SNA 与 BPM6 基本上是协调一致的。此外,2008 年 SNA 的修订也特别注意了与《政府财政统计手册》(GFS)、《货币与金融统计手册》(MFSM)、《综合环境经济核算手册》(SEEA)、《国际标准产业分类》(ISIC)和联合国《主产品分类》(CPC)等内容之间的协调一致问题。

(二) 修订工作的组织模式

2008 年 SNA 修订工作涉及多个国际组织和政府统计机构,先后有数百名统计专家参与其中,为确保整个修订工作协调有序,修订工作搭建了多个层次不同、相互协调的组织机构。

1. 国际国民经济核算工作组

在这次修订过程中,国际国民经济核算工作组(Inter-secretariat Working Group on National Accounts,ISWGNA,以下简称"工作组")发挥了主导作用。工作组由联合国(UN)、国际货币基金组织(IMF)、世界银行、经济合作与发展组织(OECD)和欧盟委员会等五个国际组织组成,主要从技术方面负责管理与协调 2008 年 SNA 修订工作。

工作组的高级代表由联合国等五家国际组织统计部门的行政首脑担任,共计五人。这些统计部门所属的多名高级管理人员和统计专家参与到工作组的工作中,承担实际工作职责。联合国统计司经济统计处履行工作组秘书处职能,为工作组的工作开展提供行政支持。

在修订过程伊始,工作组即对 SNA 的修订范围、修订问题清单、修订过程中的协调、最终结果的发布等问题做出了系统而全面的规定,组建了国民经济核算顾问专家组(The Advisory Expert Group on National Accounts,AEG,以下简称"顾问组")和若干个专家小组。各专家小组对具体问题提出初步修订意见,提交给工作组。对于专家小组提出的初步修订建议,工作组要提交到顾问组做最终决定。对于一些争议较大的问题,工作组和顾问组的成员要在一起投票决定。工作组还负责每年在联合国统计大会期间向联合国统计委员会报告修订的进展情况。

2. 国民经济核算顾问专家组和专家小组

顾问组就修订过程中遇到的一些全局性问题和修订意见的决策向工作组提供咨询服务,并协助工作组开展管理与协调工作。顾问组成立于修订过程开始的 2003 年,由来自美国、加拿大、英国、法国、荷兰、丹麦、捷克、俄罗斯、澳大利亚、印度、马来西亚、菲律宾、约旦、南非、埃塞俄比亚、巴西、哥斯达黎加、特立尼达和多巴哥、立陶宛、欧洲中央银行等 20 个国家和国际组织的统计专家组成,每个国家或国际组织派 1 名代表,共计 20 名代表。

专家小组,或称为主题专家组,则主要负责具体技术问题的讨论,并提出初步的修订意见。这些专家小组有的是在修订工作开始前就已经存在的,有的是为此次修订工作特别成立的。专家小组的成员由来自国际组织和各国统计机构的统计专家担任,有时会有一到两家牵头单位。如金融服务专家小组由经济合作与发展组织负责牵头,雇主退休计划专家小组由国际货币基金组织和美国经济分析局(BEA)共同牵头。

对于待修订的问题,首先由各专家小组进行讨论,然后各专家小组就所承担的研究问题撰写技术报告,将大多数专家认可并在多数国家可行的意见和建议提交工作组,再由工作组提交顾问组进行讨论,顾问组在讨论后做出最终决定。每个问题都应该形成唯一的解决方案,并附相关说明,指出修订的原因以及所涉及的 1993 年 SNA 中的相关段落。顾问组应在最大程度上达成一致意见,达不成一致时由顾问组和工作组共同用投票方式进行表决。参与投票的人包括顾问组的 20 名代表和工作组的 5 名高级代表,共计 25 张表决票,采用少数服从多数原则。

3. 项目组

为更好地协调整个修订过程,修订工作还利用从各国募集的资金成立了一个项目组。项目组的主要职责是协助工作组管理整个修订过程,包括拟定日程、协调各专家小组之间的修订进展、与国际收支手册等其他国际标准修订组保持沟通协调等。项目组还有一个重要职能是对 2008 年 SNA 文本初稿进行校对修改,以保证整个体系的前后协调一致。项目组主要人员包括一名项目经理和一名编辑,由已经从其他机构退休的资深统计专家担任。不同于工作组、顾问组和专家小组的人员,项目组人员是在修订期间专职从事 2008 年 SNA 修订工作的。

4. 修订工作网站

为在最大程度上保证世界各国的广泛参与和修订工作的透明度,工作组在联合国统计司的网站上特设了一个关于 1993 年 SNA 修订的子网站,工作组和专家小组会议讨论的初步文件、会议纪要和相关结论等所有文件都可以在这个子网站上找到。另外,每次会议之后,有关变动的初步结论将散发给联合国各成员国听取意见,各成员国在 60 天的反馈期内可以就这些初步结论提出意见。

(三) 修订工作的主要阶段

整个修订过程正式启动于 2003 年(实际上 2002 年就已经基本确定了修订问题的清单),结束于 2009 年,可以大体分为六个主要阶段。

第一阶段(2002—2004 年):确定修订议题。在这个阶段,经过广泛的讨论,确立了 45 个待修订的议题,明确了修订工作的方向。

第二阶段(修订全过程):针对议题提出修订建议。在这个阶段,各专家小组和顾问组就 45 个修订议题展开了深入讨论和研究,提出修订建议。

第三阶段(2004—2006 年):顾问组就修订初步意见达成一致。针对已经讨论成熟的议题,顾问组在这个阶段就修订的初步意见达成一致。

第四阶段(2006 年):征求各国意见。在顾问组达成一致意见后,修订初步方案散发给各国统计机构,广泛征求意见。

第五阶段(2007 年):向联合国统计委员会提交修订建议。经吸收各国意见对初步修订方案做出修改后,将修订建议提交到联合国统计委员会进行讨论。

第六阶段(2008—2009年)：最终确定2008年SNA文本，并请联合国统计委员会予以批准。在这个阶段，2008年SNA的各个章节被最终敲定下来汇编成册，并分别于2008年和2009年的联合国统计大会通过了第一部分和第二部分。2008年SNA原本设计为两卷，分别称为第一卷和第二卷，其中第一卷主要是核心账户部分，第二卷主要是扩展核算部分。联合国统计委员会在2009年通过第二卷后，决定终止"第一卷"和"第二卷"的提法，将2008年SNA合并为一个整体文献。

二、2008年SNA内容框架的主要变化

与1993年SNA相比，2008年SNA在文本的内容框架上发生了一些比较显著的变化。这里分不同层次归纳这些变化。

(一)整体内容架构的变化

从1993年SNA开始，SNA整体内容框架大体可以分为两个部分：一是SNA中心框架，代表国民经济核算的核心内容；二是中心框架的灵活运用，主要是在国民账户基本原理基础上延伸、扩展或变通的内容。2008年SNA一方面沿用1993年"中心框架+灵活运用"的基本格局，另一方面大大扩展了灵活运用的内容分量。借助于2008年SNA全书的章节，可以看到，至少有11章与"灵活运用"有关，无论是从所涉主题的广泛性还是篇幅，均大大超过1993年SNA。

(二)中心框架部分的变化

与1993年SNA一样，中心框架仍然是2008年SNA的核心内容。从中心框架所涉及的主要内容来看，2008年SNA没有发生根本性改变，在中心框架的账户设置上，两者是完全一致的，都包括生产账户、收入初次分配账户、收入再分配账户、收入使用账户、资本账户、金融账户、资产其他变化账户、资产负债表等账户序列。说到变化，主要体现在以下方面：更加突出了供给使用表，更加重视账户体系的综合，同时对重点问题做了更详细的解析。

1. 更加突出供给使用表

在 2008 年 SNA 中,供给使用表单独成为一个章节(第 14 章"供给使用表及货物服务账户"),排在第 13 章"资产负债表"之后,第 15 章"价格和物量核算"之前,处在一个非常重要的位置。

从内容上来说,2008 年 SNA 中的供给使用表一章,包括了 1993 年 SNA 中第 15 章"供给使用表及投入产出"中的部分内容,但做了较大幅度的扩充和调整,更详细地解释了如何在供给使用表中记录运输费用,以及其记录方法会对生产者价格和购买者价格带来何种影响。2008 年 SNA 还修改了海外加工货物的核算方法,这种变动对供给使用表中的相关内容有重大影响。此外,2008 年 SNA 还给出了供给使用表的价格缩减方法,这是 1993 年 SNA 中没有的内容。

2. 更加重视账户体系的综合

2008 年 SNA 有两章用于账户的综合和展示,分别是第 16 章"账户综述和整合"和第 18 章"账户的扩展和展示"。

第 16 章对 SNA 中心框架的账户序列进行综述,并说明 SNA 最常见的总量指标,包括 GDP、GNI 等,是如何与各账户中的平衡项联系在一起的,同时用公式和数据实例的方式给出了重要总量指标之间的逻辑关系。通过本章,用户可以对 SNA 的全貌有一个整体的把握,能够更加清楚地看到各个账户之间相互关联的关系。

第 18 章类似于第 16 章的作用,也是对账户的综述,但重点介绍的是国民经济核算的实践问题,即如何对国民经济核算的一般形式进行推广应用,包括季度账户、地区账户、物量账户、时间序列数据、数据的修订等方面的内容。

3. 对一些具有交叉性质的重点问题进行了详细解析

第 17 章"账户的交叉和其他特殊问题"是一个复杂的组合,一部分涉及保险、社会保险计划和标准化担保,另一部分涉及合约、租约和许可等无形资产,此外一部分涉及与金融资产负债有关的流量。正如标题所示,之所以将这些问题做专门讨论,是因为这些主题比较复杂,可能会在中心框架的不同账户中出现,为此要将其作为一个专门的问题做整体性分析,以便于它们能够在国民经济核算中得到更好的理解和处理。

(三) 灵活运用部分的扩展

与 1993 年 SNA 相比,2008 年 SNA 关于灵活运用的内容被大大丰富了。2008 年 SNA 的贡献第一是对中心框架与灵活应用做出了清晰区分,对 1993 年 SNA 中涉及灵活应用的内容做了拆分和归纳;第二,也是更重要的,是结合这十余年来各个领域的研究成果,更新了关于灵活应用的基本认识,显著扩展了灵活应用的范围。经过整合扩展之后,灵活运用部分一方面更详细阐述了卫星账户的应用方式,给出有关旅游、环境、卫生、未付酬住户活动四个卫星账户应用案例;另一方面新增了多项扩展核算的内容,包括资本服务和国民账户、公司活动核算、一般政府部门和公共部门、非营利机构部门、住户部门、非正规经济等。

第 20 章"资本服务和国民账户"为资本服务主题提供了一个综合性的介绍。资本服务核算的目的是揭示生产中所使用的资产的价值与其所创造的营业盈余之间的关系。另外,通过对资本服务核算的研究,还可以改进资本的存量测算。2008 年 SNA 建议,如果有条件的话,可以为资本服务编制一张表,作为标准账户的补充,以显示非金融资产提供的隐性服务。

第 21 章"公司活动核算"主要讨论公司部门(既包括金融公司,也包括非金融公司)所面临的一些特殊问题,包括公司的生命周期、公司的子部门、公司兼并与收购、全球化、财务困境的后果及其与企业会计之间的联系等。考虑到公司部门(包括金融公司部门和非金融部门)在经济整体中的重要作用,本章的设立对于准确核算公司部门的活动具有重要意义。

第 22 章"一般政府和公共部门"旨在构建一个包含所有政府单位和公共企业的部门,将政府财政统计、收入、债务和运行结余联系起来,以全面分析政府对经济体的影响。本章对如何确定政府在何种情形下控制公司和非营利机构做了专门说明,对"有显著经济意义的价格"这一概念进行了讨论并加以定义,展示了 SNA 与政府财政统计的联系,明确了税收抵免的核算,讨论了政府担保的记录方法,讨论了在发生财务困境的情况下应如何记录政府与公司之间的关系,还讨论了公私合伙问题。

第 23 章"非营利机构"主要介绍 SNA 与非营利机构部门卫星账户手册之间的联系。鉴于非营利机构在经济研究和政策制定中有着较高的关注度,很多研究着眼于非营利机构对经济的贡献,联合国于2003年开发了针对非营利机构部门的卫星账户手册——《SNA中的非营利机构手册》。本章对这一手册做了概括性的介绍,同时也讨论了在卫星账户以外应该予以关注和探索的问题。

第24章"住户部门"的主要目的是根据SNA提供的住户部门信息,并结合其他数据来源,对住户行为进行详细考察。重点是研究不同住户子部门的收入结构与收入使用情况有何不同,以及收入和财富之间有何联系。同时还讨论住户生产的一些问题。

第25章"非正规经济"旨在讨论未观测经济、非正规部门等问题。未观测经济和非正规部门的核算对于政策制定具有重要的分析意义,特别是对于发展中国家来说,因为一般来说在这些国家非正规经济在经济整体中所占比重比发达国家要大。本章分别讨论了未观测经济、非正规部门这两个互有交叉重叠但又有区别的概念,同时给出了一些如何针对这些活动搜集数据的建议。

三、2008年SNA中心框架的主要修订内容

(一) 与统计单位有关的修订内容

1. 明确了哪些情况下生产单位可被确认为独立的机构单位

这主要包括两方面的内容。一是2008年SNA规定,如果一个辅助单位的活动是统计可观测的,或其所处地点独立于主要单位,则应被视为一个独立的机构单位,并按成本计算其总产出,这与1993年SNA规定辅助单位总是被视为主要单位的组成部分不同。二是2008年SNA规定一个由非常住机构单位所拥有的非法人企业在满足一定条件前提下应被确认为独立的机构单位,而1993年SNA只说应将其视为所在国的一个名义常住单位。

2. 确认了特殊目的实体(SPEs)

对于各种既无雇员也无非金融资产、被称为特殊目的实体的单位,2008年SNA规定除三种特殊情况(专属金融机构、公司的虚拟子公司、政府的特殊目的实体)外,都应被确认为机构单位,并按照主要活动将其归入机构部门或产业部门。1993年SNA对此没有明确指导。

（二）与基本分类有关的修订内容

1. 修订了机构部门分类

（1）金融公司部门的子部门分类的修订

在1993年SNA中，金融公司部门被划分为五个子部门，包括中央银行、其他存款公司、保险公司和养老基金以外的其他金融中介机构、金融辅助机构、保险公司和养老基金。2008年SNA对金融公司部门的子部门分类进行了修订，将其细化为九个子部门，分别是中央银行、中央银行以外的存款性公司、货币市场基金、非货币市场投资基金、保险公司和养老基金以外的其他金融中介机构、金融辅助机构、专属金融机构和贷款人、保险公司、养老基金，如表1所示。可以看出，2008年SNA对货币市场基金、非货币市场投资基金、专属金融机构和贷款人给予了更多关注，并且将保险公司和养老基金分列开来。这种修订反映了近年来金融服务、金融市场和金融工具的新发展，同时新的分类也能更好地适应国际货币基金组织、欧洲中央银行等机构制定的货币和金融统计体系。

表1 金融公司部门（S12）的子部门分类对比

2008年SNA	1993年SNA
中央银行（S121）	中央银行（S.121）
中央银行以外的存款性公司（S122）	其他存款公司（S.122）
货币市场基金（S123）	保险公司和养老基金以外的其他金融中介机构（S.123）
非货币市场投资基金（S124）	金融辅助机构（S.124）
保险公司和养老基金以外的其他金融中介机构（S125）	保险公司和养老基金（S.125）
金融辅助机构（S126）	
专属金融机构和贷款人（S127）	
保险公司（S128）	
养老基金（S129）	

（2）引入了非营利机构部门的子部门

在非营利机构部门的整体处理上，2008年SNA同1993年SNA一样，仍旧只是将为住户服务的非营利机构单列，而将其他非营利机构归于不同的机构部门。但现在越来越多的人倾向于把所有的非营利机构作为公民社会的标志。为呼应这样的需求，2008年SNA建议把公司和政府中的非营利机构划分出来，作为相应机构部门中一个独立的子部门。这样就可以在需要时，直接推导出一个可以描述非营利机构部门总体情况的补充表。

（3）公司总部和控股公司所属机构部门的修订

公司总部的活动包括对企业其他单位进行指导和管理，对企业战略发展进行计划和决策，对其他有关单位的日常运营进行管理和控制。2008 年 SNA 规定按照子公司的生产性质对公司总部进行机构部门划分，1993 年 SNA 对此则没有明确指导。对于只持有子公司资产而不提供任何服务的控股公司，由于其只生产金融服务，2008 年 SNA 规定将其划分为金融公司部门，1993 年 SNA 则建议按其所持有的子公司的主要活动对控股公司进行行业和机构部门划分。

2. 修订了资产分类

（1）非金融资产分类的修订

2008 年 SNA 仍将非金融资产划分为生产性非金融资产和非生产性非金融资产两个大类，生产性非金融资产仍旧划分为固定资产、存货和贵重物品三个类别，但对固定资产和非生产性非金融资产的细分类进行了较大幅度的修订。修订主要包括三个方面：一是对资产范围的扩展，二是对原有资产分类的调整，三是对原有资产的更名。

首先，2008 年 SNA 对资产范围进行了扩展，将 1993 年 SNA 未作为资产处理的一些内容纳入了资产范围，主要包括研究与开发、武器系统、无线电频谱等，这些新增设的资产都在一定层次上做了单列。

其次，2008 年 SNA 对原有的一些资产分类进行了调整。比如，在固定资产方面，2008 年 SNA 不再区分有形固定资产和无形固定资产，而是将其分为住宅、其他建筑和构筑物、机器和设备、武器系统、培育性生物资源、非生产资产所有权转移费用、知识产权产品七个类别。其中，住宅、其他建筑和构筑物、机器和设备、武器系统、培育性生物资源等类别相当于 1993 年 SNA 中的有形固定资产，知识产权产品相当于 1993 年 SNA 中的无形固定资产。在非生产性非金融资产方面，2008 年 SNA 也不再区分有形非生产资产和无形非生产资产，而是将其分为自然资源，合约、租约和许可，商誉与营销资产三个类别，其中自然资源相当于 1993 年 SNA 中的有形非生产性非金融资产，合约、租约和许可以及商誉与营销资产相当于 1993 年 SNA 中的无形非生产性非金融资产。

最后，2008 年 SNA 将原有的一些资产进行了更名。比如，将 1993 年 SNA 中固定资产下的"培育资产"更名为"培育性生物资源"，将 1993 年 SNA 中非生产资产下的"地下资产"更名为"矿物与能源储备"。更多信息可参见表 2 和表 3。

表 2　生产性非金融资产(AN1)的分类对比

2008 年 SNA	1993 年 SNA
固定资产(AN11)	**固定资产(AN.11)**
住宅(AN111)	有形固定资产(AN.111)
其他建筑和构筑物(AN112)	住宅(AN.1111)
非住宅建筑(AN1121)	其他建筑和构筑物(AN.1112)
其他构筑物(AN1122)	非住宅建筑(AN.11121)
土地改良(AN1123)	其他构筑物(AN.11122)
机器和设备(AN113)	机器和设备(AN.1113)
运输设备(AN1131)	运输设备(AN.11131)
信息与通信设备(AN1132)	其他机器设备(AN.11132)
其他机器设备(AN1133)	培育资产(AN.1114)
武器系统(AN114)	种畜、奶畜和役畜等(AN.11141)
培育性生物资源(AN115)	葡萄园、果园和其他重复产果的
重复提供产品的动物资源(AN1151)	林(AN.11142)
重复提供产品的林木、庄稼和植物资	(非生产资产所有权转移费用)
源(AN1152)	无形固定资产(AN.112)
(非生产资产所有权转移费用(AN116))	矿藏勘探(AN.1121)
知识产权产品(AN117)	计算机软件(AN.1122)
研究与开发(AN1171)	娱乐、文学和艺术品原件(AN.1123)
矿藏勘探与评估(AN1172)	其他无形固定资产(AN.1124)
计算机软件与数据库(AN1173)	
计算机软件(AN11731)	
数据库(AN11732)	
娱乐、文学和艺术品原件(AN1174)	
其他知识产权产品(AN1179)	
存货(AN12)	**存货(AN.12)**
材料和用品(AN121)	材料和用品(AN.121)
在制品(AN122)	在制品(AN.122)
培育性生物资源在制品(AN1221)	培育资产在制品(AN.1221)
其他在制品(AN11222)	其他在制品(AN.11222)
制成品(AN123)	制成品(AN.123)
军事存货(AN124)	供转售的货物(AN.124)
供转售的货物(AN125)	
贵重物品(AN13)	**贵重物品(AN.13)**
贵金属和宝石(AN131)	贵金属和宝石(AN.131)
古董和其他艺术品(AN132)	古董和其他艺术品(AN.132)
其他贵重物品(AN133)	其他贵重物品(AN.133)

注:非生产资产所有权转移费用是个例外。该流量是存在的,并且被作为固定资本形成总额的一部分,即固定资产的获得。但当单独记录资产的存量时,所有权转移费用包括在相应的非生产资产中,并不单独表现为固定资产的一部分。在非金融资产分类中出现只是出于说明的需要。

表 3　非生产性非金融资产(AN2)的分类对比

2008 年 SNA	1993 年 SNA
自然资源(AN21)	**有形非生产资产(AN.21)**
土地(AN211)	土地(AN.211)
矿物与能源储备(AN212)	地下资产(AN.212)
非培育性生物资源(AN213)	非培育性生物资源(AN.213)
水资源(AN214)	水资源(AN.214)
其他自然资源(AN215)	
无线电频谱(AN2151)	
其他(AN2159)	
合约、租约和许可(AN22)	**无形非生产资产(AN.22)**
可交易的经营租赁(AN221)	专利性实体(AN.221)
自然资源使用许可(AN222)	租约和其他可转让合同(AN.222)
从事特定活动的许可(AN223)	购买的商誉(AN.223)
货物与服务的未来排他性权利(AN224)	其他无形非生产资产(AN.224)
商誉与营销资产(AN23)	

（2）金融资产分类的修订

2008 年 SNA 对金融资产的分类也进行了修订。一是扩展了金融资产范围，将金融衍生工具和雇员股票期权包括在金融资产范围内，并设立了一个新的类别"金融衍生工具和雇员股票期权"；二是对原有的一些金融资产进行了更名，主要包括将原"股票以外证券"更名为"债务性证券"；将原"股票和其他股权"更名为"股权和投资基金份额"；将原"保险专门准备金"更名为"保险、养老金和标准化担保计划"，如表 4 所示。

表 4　金融资产(AF)的分类对比

2008 年 SNA	1993 年 SNA
货币黄金与特别提款权(AF1)	货币黄金与特别提款权(AF.1)
通货与存款(AF2)	通货与存款(AF.2)
债务性证券(AF3)	股票以外证券(AF.3)
贷款(AF4)	贷款(AF.4)
股权和投资基金份额/单位(AF5)	股票和其他股权(AF.5)
保险、养老金和标准化担保计划(AF6)	保险专门准备金(AF.6)
金融衍生工具和雇员股票期权(AF7)	
其他应收/应付款(AF8)	其他应收/应付款(AF.7)

3. 修订了交易分类

(1) 固定资本形成总额分类的修订

2008年SNA扩展了资产范围,修订了资产分类,相应地也修订了固定资本形成总额的分类。如表5所示,在2008年SNA中,不再按照"有形"和"无形"对资产进行分类,因此1993年SNA中的"有形固定资产的获得减处置"和"无形固定资产的获得减处置"被合并为"固定资产的获得减处置"。2008年SNA未再像1993年SNA那样将"非生产非金融资产的重大改善"作为一个单独的类别列示在"非生产非金融资产价值的增加"项目下,因为2008年SNA已经将非生产非金融资产的重大改善中的主要内容——土地改良视为一类单独的固定资产,并把相应内容包括在了上述的"固定资产的获得减处置"项目内。

表5 固定资本形成总额(P51)的分类对比

2008年SNA	1993年SNA
固定资产的获得减处置(P511)	有形固定资产的获得减处置(P.511)
	无形固定资产的获得减处置(P.512)
	非生产非金融资产价值的增加(P.513)
	非生产非金融资产的重大改善(P.5131)
非生产资产所有权转移费用(P512)	非生产非金融资产所有权转移费用(P.5132)

(2) 财产收入分类的修订

如表6所示,在2008年SNA中,为了与BPM 6的分类保持一致,财产收入增加了一个新的子类——其他投资收入。该子类包括的是除利息、公司已分配收入和外国直接投资的再投资收益等投资收入以外的投资收入。其他投资收入又进一步划分为属于投保人的投资收入、养老金权益的应付投资收入和属于投资基金股东集体的投资收入三个类别,其中属于投保人的投资收入和养老金权益的应付投资收入对应于1993年SNA中的属于投保人的财产收入,属于投资基金股东集体的投资收入在1993年SNA中没有明确定义。

表 6 财产收入(D4)的分类对比

2008 年 SNA	1993 年 SNA
利息(D41) 公司已分配收入(D42) 　　红利(D421) 　　准公司收入提取(D422) 外国直接投资的再投资收益(D43) 其他投资收入(D44) 　　属于投保人的投资收入(D441) 　　养老金权益的应付投资收入(D422) 　　属于投资基金股东集体的投资收入(D443) 地租(D45)	利息(D.41) 公司已分配收入(D.42) 　　红利(D.421) 　　准公司收入提取(D.422) 外国直接投资的再投资收益(D.43) 属于投保人的财产收入(D.44) 地租(D.45)

(3) 社会缴款和社会福利分类的修订

在 2008 年 SNA 中,社会缴款和社会福利更加关注按养老金和非养老金进行分类,不再关注按强制缴款和自愿缴款对社会缴款进行分类,也不再关注按是否备有基金对社会福利进行分类,具体可见表 7 和表 8。

表 7 社会缴款(D61)的分类对比

2008 年 SNA	1993 年 SNA
雇主实际社会缴款(D611) 　　雇主实际养老金缴款(D6111) 　　雇主实际非养老金缴款(D6112) 雇主虚拟社会缴款(D612) 　　雇主虚拟养老金缴款(D6121) 　　雇主虚拟非养老金缴款(D6122) 住户实际社会缴款(D613) 　　住户实际养老金缴款(D6131) 　　住户实际非养老金缴款(D6132) 住户追加社会缴款(D614) 　　住户追加养老金缴款(D6141) 　　住户追加非养老金缴款(D6142)	实际社会缴款(D.611) 　　雇主实际社会缴款(D.6111) 　　　　雇主强制实际社会缴款(D.61111) 　　　　雇主自愿实际社会缴款(D.61112) 　　雇员实际社会缴款(D.6112) 　　　　雇员强制实际社会缴款(D.61121) 　　　　雇员自愿实际社会缴款(D.61122) 　　自雇及非受雇者社会缴款(D.6113) 　　　　自雇及非受雇者强制社会缴款(D.61131) 　　　　自雇及非受雇者自愿社会缴款(D.61132) 虚拟社会缴款(D.612)

表8 实物社会转移以外的社会福利(D62)的分类对比

2008年SNA	1993年SNA
现金形式的社会保障福利(D621)	现金形式的社会保障福利(D.621)
社会保障养老金福利(D6211)	
社会保障非养老金福利(D6212)	
其他社会保险福利(D622)	私营基金的社会福利(D.622)
其他社会保险养老金福利(D6221)	未备基金的雇员社会福利(D.623)
其他社会保险非养老金福利(D6222)	
现金形式的社会救济福利(D623)	现金形式的社会援助福利(D.624)

(三) 与生产边界确定和产出计算有关的修订内容

1. 研究与开发(R&D)被视为生产活动并计算产出

2008年SNA将研究与开发视为生产活动,并建议如果研发被购买(外包),则按市场价格估价产出;如果是自给性生产,则按成本法计算产出。2008年SNA还建议,如果可能的话,应当为研发活动单独设置一个基层单位。相应地,研发支出在2008年SNA中被作为固定资本形成处理。1993年SNA虽然承认研究与开发活动可以为未来带来收益,不是一种仅用于当期生产的投入,但鉴于研究与开发支出不易识别、测算和估价,因此把其作为中间消耗处理,不计入GDP。近年来,研究与开发支出的测算方法获得了长足发展,研究与开发成果在现代经济发展中的资产属性也越来越明显,因此2008年SNA把研究与开发视为生产活动并计算产出,相应地,研发支出作为资本形成的一部分计入GDP中。

2. 改进了金融中介服务的间接测算方法

金融中介机构(主要是各类商业银行)提供的金融中介活动(主要是存款和贷款活动)为存款人和贷款人提供了便利,但这种服务活动的产出很难直接观测到,因为银行采用了隐含的收费方式。以存款活动为例,从表面看,存款人不但不用支付服务费,反而还能按照存款利率从银行收取利息,而实际上,如果不存在银行这类金融中介机构,存款人直接把钱借给贷款人,会比从银行得到更高的利息收入,这种利息收入对应的是一个理论上的、高于实际存款利率的利率,SNA将之称为"参考利率"。从这个意义上讲,银行不是没有收取服务费,而是自己把服务费先扣掉了,其数值等于存款额乘以参考利率与存款利率的差值。贷款活动的情况类似。银行在存贷款活动中提供的这种服务称为"间接计算的金融中介服务"(Financial Intermediation Service Indirectly Measured, FISIM)。

在1993年SNA中,FISIM等于应收财产收入(不包括自有资金投资的应收财产收入)和应付利息之差。2008年SNA中改为用更贴近其定义的参考利率法,对所有的存款和贷款(包括自有资金)计算FISIM。

另外,1993年SNA还建议,在无法恰当地在不同用户之间分摊FISIM时,可以继续沿用1968年SNA的传统方法,即将所有的服务全部作为一个名义产业的中间消耗。2008年SNA则不再建议采用这种处理方式。

3. 澄清了中央银行的产出

在2008年SNA中,中央银行产出被分为三类,即货币政策服务、金融中介服务和一些临界情形,如金融监管服务等。货币政策服务代表非市场服务,按成本法计算产出;金融中介服务代表市场服务,其产出分为直接收费的金融中介服务产出和间接计算的金融中介服务产出(FISIM)两部分,其间接计算的金融中介服务产出按参考利率法计算;对于金融监管服务等临界情形,应根据收费是否可充分弥补成本来决定是按市场产出计算还是按非市场产出计算。2008年SNA建议,在可能的情形下,应该分别为三种不同类型的活动确认独立的产业活动单位,并分别计算产出。在1993年SNA中,中央银行产出主要考虑的是金融中介服务产出,按照收费、佣金和间接计算的金融中介服务之和计算,并未过多考虑货币政策服务和金融监管服务等,但由于中央银行的利率有时会根据政策需要远高于或远低于市场利率,因此用这种方法计算的产出有时会异常地大或异常地小,甚至会出现负数。

4. 改进了保险服务产出核算

这主要包括两方面的内容。一是在计算非寿险服务产出时,2008年SNA建议应使用调整后的理赔和调整后的追加保费来代替1993年SNA建议的实际理赔和实际追加保费。采用调整后的理赔和追加保费计算非寿险服务总产出可避免在发生巨灾的情况下保险业产出出现巨大波动。二是对于再保险和直接保险服务,2008年SNA建议应对两者分别独立记录,并按照计算直接保险服务产出的方法来计算再保险服务产出,1993年SNA则建议将再保险交易和直接保险交易合并记录来计算总产出。

5. 住户与公司自给性产出的估价

2008年SNA建议,在利用成本法计算住户和公司的自给性产出时,应将资本回报作为总成本的一部分,即自给性产出不仅要包括中间消耗、劳动者报酬、生产税净额和固定资本消耗,还要包括按照一定的资本回报率计算的营业盈余。在1993年SNA的处理建议中,自给性产出的计算不包含资本回报部分。

(四)与资产和资本形成有关的改进

1. 扩展了资产边界

相对于1993年SNA,2008年SNA在三个方面扩展了资产的边界。一是将研究与开发纳入资产范围,作为生产资产处理,包括在"知识产权产品"类别下,而在1993年SNA中,与研发对应的专利权实体被列为非生产资产之一。二是将武器系统纳入资产范围,作为生产资产处理,形成了生产资产中的一个新的类别,在1993年SNA中,只有那些可用作民用生产目的的军事固定资产才被作为生产资产处理,并记录相应的固定资本形成,而只能用于军事目的的武器系统的开支被作为中间消耗处理。三是将所有在一年以上有效期内储存数据的数据库确认为固定资产,而1993年SNA只把"大型"数据库确认为资产。

2. 引入了法定所有权和经济所有权的概念

2008年SNA将所有权区分为两类:法定所有者的法定所有权和经济所有者的经济所有权。其中,法定所有者是指在法律上有权持续获得相关实体(包括货物和服务、自然资源、金融资产和负债等)经济利益的机构单位,经济所有者是指由于承担了有关风险而有权享有相关实体在经济活动期间内运作带来的经济利益的机构单位。每个实体都具有法定所有者和经济所有者,虽然在很多情形下实体的法定所有者和经济所有者是相同的。同时当实体的法定所有者与经济所有者不同时,2008年SNA建议将资产记录在经济所有者、而非法定所有者的资产负债表上,交易记录的时点取决于经济所有权变更的时点。1993年SNA没有明确定义所有权。

3. 引入了资本服务的概念

2008年SNA新增了一章,引入了资本服务的概念。资本服务概念的基本思想是根据资本在整个生产过程中提供的服务的流量价值来确定资本的存量价值。引入该概念可以揭示如何在生产中所使用的资产的价值与所创造的总营业盈余之间建立联系，改进固定资本消耗和资本存量价值的测算。同时，资本服务有助于满足生产率研究领域的分析需求。1993年SNA没有明确提出资本服务的概念。

4. 引入了针对自然资源的资源租赁概念

2008年SNA引入了资源租赁的概念，该概念指自然资源仍然出现在其法定所有者的资产负债表中，但是承租人是在生产中使用该资产的单位，因此是实质上的经济所有者。作为回报，承租人需要对资产所有者进行定期支付，该支付被记录为法定所有者的财产收入，称为地租。1993年SNA没有讨论对应于自然资源的资源租赁概念。

(五) 与金融工具和金融资产有关的改进

1. 引入了雇员股票期权核算

雇员股票期权是公司用来激励其雇员的常用手段。雇员股票期权是在某一个特定日期（授权日）订立的一个协议，按照该协议，雇员可以在一个规定的日期（含权日）或者在紧随含权日的一段时间内（行权期）按照约定价格（执行价）购买特定份额的雇主股票。2008年SNA建议在金融账户中记录雇员股票期权的交易，并且在收入形成账户中记录雇员股票期权对应的雇员报酬。1993年SNA中没有给出雇员股票期权的概念。

2. 对货币黄金的定义进行了修改

为了与BPM 6保持一致，2008年SNA对货币黄金的定义进行了修改，货币黄金被定义为货币当局所拥有的并作为储备资产持有的金块和对非常住单位的未分配黄金账户，其中金块是指实体黄金，而未分配黄金账户则指以黄金计价的存款。在1993年SNA对货币黄金的定义中，没有讨论未分配的黄金账户。

3. 确认了特别提款权负债

2008年SNA建议将由国际货币基金组织发行的特别提款权（SDRs）视为特别提款权持有国的资产以及对计划参与者的集体求偿权，即同时也被记录为负债。在1993年SNA中，特别提款权被视为没有对应负债的资产。

4. 详细阐述了某些金融工具的处理方式

2008年SNA详细阐述了对担保、不良贷款、指数关联型债务证券、外币关联型债务证券等金融工具的处理方式。1993年SNA对此没有特别明确的规定。

(六) 与政府和公共部门有关的改进

1. 澄清了政府和公共部门与其他部门的界限

为了明确政府和公共部门与经济中其他部门的界限,2008年SNA给出了一个决策树,以帮助国民核算人员将机构单位划分到合适的机构部门中去,同时,这个决策树还有助于在政府单位和其他公共单位之间划清界限。

2. 澄清了有关政府发放的许可的处理方法

2008年SNA建议,如果政府发放的许可不涉及对政府自有资产的使用,则对该许可的支付就是一种税。如果许可是可转移给第三方的,则可视为资产(合约、租约与许可)处理;如果许可是对政府自有资产的使用,则可处理为资产获得或租金支付。

3. 公营公司和公营准公司与政府之间的异常支付

2008年SNA对于公营公司和公营准公司与政府之间的异常支付做了统一规定。公营公司对政府的异常支付记录为权益提取,政府对公营公司的异常支付记录为资本转移。1993年SNA对公营公司和公营准公司则有不同的处理建议:公营公司对政府的异常支付被记录为红利的定期支付,而公营准公司对政府的异常支付则被记录为权益提取;政府对公营公司的异常支付被记录为资本转移,而政府对公营准公司的异常支付则被记录为权益增加。

(七) 与全球化有关的改进

1. 运送到海外进行加工的货物的处理

对于运送到海外进行加工的货物的处理,2008年SNA建议应严格按照所有权变更原则来记录进口和出口,对于所有权没有发生变更的来料加工的加工贸易,不按货物的总额记录为货物的进口和出口,而只记录加工费,作为服务的进口和出口处理。对于上述情形,1993年SNA是按采用总额记录的原则,作为货物的进口和出口处理。2008年SNA严格按所有权变更原则来记录进出口,使得 SNA 在处理对外贸易和国内贸易时遵循的原则更加一致,同时新的处理方法与 BPM 6 保持了一致,有利于更客观地反映各国对外贸易的实际状况。

2. 转口贸易

转口贸易,也称三角贸易,是近些年来发展较快的一种贸易形式,指 X 经济体的常住单位从 Y 经济体购买货物然后向 Z 经济体出售的过程,在此过程中,虽然货物从法律上来说改变了所有权,但却没有实际进入 X 经济体内。2008年 SNA 建议,当货物在 Y 经济体被购买时,记录为 X 的负出口,当货物向 Z 经济体出售时,记录为 X 的正出口,货物的差价最终被记录为 X 的出口,记录在货物项下。1993 年 SNA 对转口贸易没有给出指导意见。

3. 澄清了跨国企业的常住性

对于在一个以上经济领土内无缝作业的跨领土运营企业,2008 年 SNA 给出了一些确定其常住性的原则。如果一个跨国企业在两个或两个以上经济领土上有实质性运营活动和实际的物理存在,应该尽量通过拆分在每个经济领土内形成单独的机构单位。但在某些情况下,跨国企业在某些经济体内可能几乎没有或完全没有物理存在,仅凭企业的物理场所不足以确认其常住性,此时其常住性的确定原则是企业是在哪个经济领土上法律登记或注册成立的,它就是哪个经济领土上的常住单位。同时,2008 年 SNA 还规定,当无法辨识跨国企业具体属于哪个经济体时,应按一定比例在各经济领土内分劈其总营业额。1993 年 SNA 对此没有明确指导。

四、主要发达国家和地区实施新国际标准的基本情况

2008 年 SNA 颁布后,世界主要国家纷纷响应,按照 2008 年 SNA 的要求,修订本国的国民经济核算体系及主要国民经济核算数据。据联合国统计司统计,截至 2015 年 8 月,有 62 个国家已经实施或部分实施了 2008 年 SNA,其中包括大多数 OECD 国家和全部欧盟国家。[①] 其中,澳大利亚在 2009 年率先实

---

① 资料来源:Report of the Inter-Secretariat Working Group on National Accounts(E/CN. 3/2016/7), http://unstats.un.org/unsd/statcom/47th－session/documents/.

施2008年SNA,加拿大于2012年开始实施2008年SNA,美国、以色列、墨西哥等国家于2013年开始实施2008年SNA,2014年,越来越多的国家加入了实施新核算体系的行列,包括欧盟28个成员国、韩国、冰岛、瑞士、挪威、新西兰等国家,印度于2015年开始实施2008年SNA。本部分对澳大利亚、加拿大、美国、欧盟等主要发达国家和地区实施2008年SNA的情况进行梳理。

(一) 美国实施2008年SNA的情况

1. 基本情况

2013年7月,美国经济分析局(BEA)发布了国民收入和生产账户(NIPAs)的第14次综合修订结果。NIPAs的综合修订通常每五年实施一次,本次修订主要涉及实施2008年SNA带来的概念、分类和核算方法的变化,以及基准投入产出账户数据更新带来的数据来源变化等。实施2008年SNA后,核算中的主要变化包括研发支出的资本化,娱乐、文学和艺术品原件的资本化,以及养老金权益按权责发生制计量。除此之外,美国在2008年SNA实施之前,已经将军事武器系统纳入固定资产的核算范围;NIPAs中金融和保险服务的核算方法也与2008年SNA的建议基本一致,在本次综合修订时,进一步采纳了2008年SNA的建议,缩小了需要间接计算金融中介服务的资产和负债范围。[①]

2. 主要修订内容

根据2008年SNA对NIPAs实施的综合修订主要涉及定义、分类和方法的变化,具体包括以下几个方面。

(1) 将研发支出作为固定资本形成处理

在最新的综合修订中,企业、为住户服务的非营利机构(NPISH)和广义政府部门的研发支出被记录为固定资本形成,并与软件、娱乐、文学及艺术品原件投资一起列入新的资产类别,叫作"知识产权产品"。

具体来看,企业研发资本形成等于企业自研自用研发资本形成加上从政府

---

① 在实施综合修订之后,NIPAs与2008年SNA在诸多方面仍存在较明显的差异,具体包括:1. 部门分类;2. 主要总量指标的专用术语;3. 账户序列的呈现方式;4. 社会福利、自有住房贷款利息、培育资产和政府收费的处理;5. 非法活动和贵重物品的处理等。限于篇幅,没有对具体差异情况进行详细介绍,有兴趣的读者请参阅 Stephanie H. McCulla, Karin E. Moses, and Brent R. Moulton, The National Income and Product Accounts and the System of National Accounts 2008。

和 NPISH 购买的以及进口的研发资产价值。其中，企业自研自用研发资本形成的核算方法是，使用研发总生产成本，加上销售研发产品的利润加价得到研发产品的市场价值，最后扣除销售给政府和 NPISH 的以及出口的研发产品价值。企业研发生产总成本等于经常性支出和固定资本消耗之和，数据取自美国国家科学基金（NSF）调查。美国国家科学基金调查得到的研发支出数据仅包括生产成本，没有研发产品的市场价格数据。BEA 利用其他专业、科学和技术服务业的净营业盈余数据计算销售研发产品的利润加价，加上生产成本，即得到研发产品的市场价值。BEA 根据研发活动的投资者（购买者）确认研发资产的所有者，因此销售给政府和 NPISH 以及出口的研发产品被视为这些部门，而不是企业的固定资本形成。其他部门研发资本形成的估算方法与企业部门类似。

新的处理方式将企业、NPISH 和广义政府部门购买和自研自用的研发活动支出确认为固定资本形成，并将这些资产的折旧作为固定资本消耗。与有形资产的自然衰退或损耗不同，企业研发资产的折旧是由于价值的下降或失效所导致的对企业利润贡献的下降。因此，美国经济分析局首先利用企业和产业活动单位层面的微观数据，建立利润预测模型，分析研发资本形成与未来利润的关系。假定每一期研发资本形成对后续的利润都有贡献，但以与折旧率相同的速度下降，据此估计研发密集行业的折旧率。NPISH 的研发折旧根据企业研发折旧率的估计值推算。与企业部门不同，广义政府部门研发资产的价值不能根据对未来利润的贡献估算。因此，美国经济分析局根据研发资产的功能分类和可以观测到的使用效果估计其价值，按国防、健康、空间和能源等四类政府职能分别估计研发资产的使用年限，据此得到相应的折旧率。

从支出的角度看，企业和为住户服务的非营利机构（NPISH）研发支出的资本化导致私人部门（企业和 NPISH）的国内固定资本形成总额增加；NPISH 的研发支出从私人消费支出计入私人固定资本形成的金额高于相应增加的固定资本消耗，导致私人消费支出减少；政府研发支出从消费支出计入固定资本形成的金额低于相应增加并计入政府消费支出的固定资本消耗，从而导致政府消费支出和固定资本形成总额增加。因此，企业研发固定资本形成的增加以及与 NPISH 和政府固定资本形成相关的固定资本消耗的增加，导致 GDP 增加。

从收入的角度看，国民总收入增加的数量与 GDP 相同。固定资本消耗增加的数量等于企业、NIPISH和广义政府部门新确认的研发资产的折旧。净营业盈余增加的数量等于企业研发固定资本形成减去企业研发资产的固定资本消耗。

(2) 娱乐、文学和其他艺术品原件方面的支出作为固定资本形成处理

一些娱乐、文学和其他艺术品原件使用期限超过了一年,并用于生产大量的可向公众销售的复制品。因此,在最新的综合修订中,美国经济分析局扩展了NIPAs中无形资产的核算范围,将剧场电影、长期播出的电视节目、书籍、音乐和"其他"杂项娱乐品等项目资本化。① 在新的处理方式下,美国经济分析局在测算GDP时将企业和为住户服务的非营利机构生产或购买上述项目的支出记录为固定资本形成。娱乐、文学和其他艺术品原件的生产可能会持续若干年,理论上,这些成本应当在发生时记录为固定资本形成,然而,由于实际操作的困难,美国经济分析局仅在资产向公众开放的那年记录资本形成的价值。

娱乐、文学和其他艺术品原件很少在公开市场上出售,因此很难观测到这些原件的市场价格。在这种情况下,主要利用净现值法进行估价。由于大部分娱乐、文学和其他艺术品原件的生产成本信息都不够详细,美国经济分析局根据预期的版税或能从这些资产获得的其他收入的净现值,减去所有相关的销售成本,来估计这些资产的价值。具体的估计方法和步骤为① 估计相关行业的牌照费、商品销售收入、门票收入以及其他当期收入的总额;② 从当期总收入中扣除广告、复制品制造和其他销售成本,得到无形资产的收益;③ 利用美国经济分析局测算的比率调整无形资产的收益,得到原创资产的收益;④ 利用净现值法调整因子对原创资产的收益进行调整,得到原创资产未来收益的现值。②

与研发资产类似,娱乐、文学和其他艺术品原件资产的折旧被视为固定资本消耗。美国经济分析局分别估计了不同类别资产的使用年限和折旧率,并假定现存资本每年按固定的比率折旧。

(3) 在权责发生制基础上,记录定额福利养老金计划的交易

雇主赞助的养老金计划一般有两种组织形式:一是定额缴款计划,根据雇员账户内累积的金额在退休期间提供福利;二是定额福利计划,根据雇员的服

---

① 长期播出的电视节目包括情景喜剧和电视剧。播出时间较短因而没有被资本化的电视节目包括新闻节目、体育赛事、竞赛节目、肥皂剧和真人秀等。"其他"杂项娱乐品包括戏剧剧本、贺卡设计和商业图片库等。

② 2007年以前的剧场电影资本形成则根据电影预算数据采用生产成本法估算。

务年限和平均工资及其他因素建立公式计算退休期间的福利。为了筹措向退休人员承诺的福利,定额福利计划主要依赖于两类主要的收入来源:一是雇员和雇主的缴款;二是该计划持有金融资产所产生的利息和红利收入。

根据 2008 年 SNA 的建议,美国经济分析局在最新的综合修订中将定额福利养老金计划的记录方式由收付实现制改为权责发生制。另外,美国经济分析局在 NIPAs 中单独确认了养老金计划子部门,尽可能详细地提供此子部门的经常收入、经常支出以及现金流的估计值。养老金计划子部门的引入将提高 NIPAs 和联邦储备委员会的资金流量账户间的一致性,并与 SNA 的建议更为接近。

在权责发生制原则下,与养老金计划有关的雇员报酬记录的是雇主的养老金承诺,包括实际缴款和虚拟缴款,因而会减少雇员报酬数据的波动。企业和政府的利息支出以及个人利息收入中将包含无资金准备的养老金负债产生的虚拟利息。由于美国大部分养老金计划都存在资金缺口,上述变化将导致私人储蓄增加,政府储蓄减少。

(4) 商业银行间接计算的金融中介服务核算方法的调整

间接计算的金融中介服务的核算方法有三个方面的主要变化:一是对隐性服务所包括的资产和负债的边界进行了修改;二是引进了处理不良贷款损失的新方法;三是为避免贷款人和存款人消费的隐性服务估计值的不必要的波动,改进了参考利率的计算方法。其中,仅第一个变化与 2008 年 SNA 的修订内容有关。

根据 2008 年 SNA 的建议,与利息相关的间接收费仅适用于金融机构提供的存贷款业务,美国经济分析局进一步认为间接金融服务只限于与顾客直接接洽产生,因此 NIPAs 缩小了需要间接计算的金融中介服务的资产和负债的范围,仅包括了与顾客直接接洽产生的资产和负债。间接计算的金融中介服务的核算范围主要包括贷款、存款、证券回购协议以及商业银行与客户直接接洽产生的交易性资产和负债。① 证券和银行借款等不直接与客户接洽,而是通过中介机构产生的资产被排除在外。平均来看,由于上述被排除在外的资产负债表项目的利率与参考利率非常接近,这项变化对银行产出的影响较小。

3. 主要数据变化情况

2013 年综合修订实施后,美国 1929—2012 年期间所有年份的 GDP 现价总

---

① 不与客户直接接洽产生的交易性资产和负债未包括在内。

量数据都有明显的增加,2012 年增加 5 598 亿美元,调整幅度达到 3.6%。在所有修订项目中,研发支出资本化的影响最大,从 1959 年开始占到历年调整幅度的一半以上,并在 2012 年导致 GDP 总量增加 3 967 亿美元,占修订前 GDP 的 2.5%。娱乐、文学和艺术品原件的资本化,以及养老金权益按权责发生制计量也对 GDP 等主要国民经济核算数据有显著影响(见表 1)。

表 1　2013 年综合修订后美国 GDP 变化情况　　(单位:亿美元)

项目名称	1959 年	1997 年	2002 年	2007 年	2010 年	2011 年	2012 年
GDP 的变化	159	2 761	3 379	4 516	4 594	4 581	5 598
实施 2008 年 SNA	158	2 624	3 397	4 310	4 665	4 752	4 836
研发支出资本化	87	2 070	2 444	3 309	3 625	3 806	3 967
娱乐、文学和艺术品原件资本化	22	461	576	704	722	738	743
养老金权益按权责发生制计量	49	93	377	297	318	208	126
其他改进	1	137	−18	206	−71	−171	762

注:商业银行隐性服务核算范围的调整对 GDP 影响较小,且在数据上难以和其他改进区分,因此没有单独列示。

资料来源:美国经济分析局网站。

(1) 研发支出资本化的影响

研发支出资本化导致 2012 年 GDP 增加 3 967 亿美元,占修订前 GDP 的 2.5%;其中,企业固定资本形成增加 2 487 亿美元;政府和非营利机构研发资产的固定资本消耗增加 1 480 亿美元。2012 年研发固定资本形成总额为 4 177 亿美元,占修订后 GDP 的 2.6%;其中,企业研发固定资本形成为 2 487 亿美元;政府和非营利机构的研发固定资本形成为 1 690 亿美元。

(2) 娱乐、文学和艺术品原件资本化的影响

以上项目全部属于私人部门。从支出角度看,私人部门国内固定资本形成总额增加,导致 2012 年 GDP 提高 0.5%,共增加 743 亿美元。从收入角度看,国民总收入增加的数量与 GDP 相同。固定资本消耗增加的数量等于私人企业新确认的娱乐、文学和艺术品原件资产的折旧。净营业盈余增加的数量等于娱乐、文学和艺术品原件固定资本形成减去相关的固定资本消耗。

(3) 养老金权益按权责发生制计量的影响

在 2012 年,雇主虚拟的养老金缴款约占 GDP 的 0.4%,私人和联邦政府计划为负值,州和地方政府计划为正值。在向赞助人索赔得到的虚拟财产收入

中,私人计划占 GDP 的 0.1%,州和地方政府计划占 GDP 的 0.5%,联邦政府计划占 0.6%。向赞助人的索赔(未备基金的养老金权益)中,私人计划为 2.7%,州和地方政府计划为 9.1%,联邦政府计划为 11.0%。

(二) 加拿大实施 2008 年 SNA 的情况

1. 基本情况

2012 年 10 月,加拿大统计局根据 2008 年 SNA 对加拿大 1997 年国民经济核算体系进行修订,加拿大 1997 年国民经济核算体系是以 1993 年 SNA 为标准制定的。加拿大实施 2008 年 SNA 分三个步骤:第一步是制定了加拿大 2012 年国民经济核算体系,对研发支出、军事武器系统、固定资产折旧、金融衍生工具的核算方法,资产和负债估价方法,以及机构部门划分等方面的内容进行了修订,并将历史数据修订到 1981 年;第二步是制定了加拿大 2014 年国民经济核算体系,计划对资本账户、FISIM、养老金计划、雇员股票期权等核算内容进行修订,并继续修订历史数据,初步设想将季度数据修订到 1947 年,年度数据修订到 1926 年;第三步是设立专门研究小组对部分议题进行研究,对有关问题进行修订。加拿大统计局计划在未来的 10—15 年内全面实施 2008 年 SNA。

2. 主要修订内容

2012 年,加拿大统计局制定了加拿大 2012 年国民经济核算体系,并修订了历史数据,经过本次修订,GDP 总量有所增加。加拿大 2012 年国民经济核算体系的主要修订内容如下。

(1) 将研发支出作为固定资本形成处理

在大多数经济体中,研发活动发挥着重要作用。研发机构将研发活动作为推动知识进步、开发新产品、改进现有产品和生产工艺的一种重要手段,研发成功后,研发成果的使用周期较长,研发支出与购买固定资产(例如机器设备等)的属性类似,且在生产中能够为所有者带来经济利益。加拿大 1997 年国民经济核算体系遵循 1993 年 SNA 将研发支出视为中间消耗而不是固定资本形成,研发支出对经济的贡献被严重低估。在加拿大 2012 年国民经济核算体系中,制定了研发支出的核算方法,将研发支出作为固定资本形成处理,并将研发资产的折旧作为固定资本消耗。研发支出的资本化将导致企业和政府部门投资水平的提高,也能更清晰地体现研发活动在提高生产率中所起到的重要作用。

加拿大 2012 年国民经济核算体系将研发支出从中间投入调整为固定资本形成。从生产法看,总产出和增加值均有所增加,中间投入有所减少;从收入法看,固定资产折旧和营业盈余均有所增加;从支出法看,资本形成总额有所增加,政府消费有所减少。

此外,根据 2008 年 SNA,加拿大 2012 年国民经济核算体系引入了知识产权产品概念,扩展了资产边界,将软件、矿藏勘探和研发支出归入同一类别"知识产权产品"。而在加拿大 1997 年国民经济核算体系中,将软件支出归入机器设备投资类,将矿藏勘探支出归入非住户类建筑类。

(2) 军事武器系统资本化

2008 年 SNA 认为军事武器系统应该被资本化,并推荐将在生产过程中被重复或连续使用一年以上的军事武器系统视为固定资产进行资本化,将一次性的武器(导弹、子弹、炸药等)视为存货处理。在加拿大 1997 年国民经济核算体系中,只将用作非民用建筑和工程(如军事基地、军用机场)的军事支出记录为固定资本形成,而将军事武器系统,包括军车和其他设备,例如军舰、潜艇、军用飞机、坦克、导弹及其发射装备等均视为经常性支出计入政府消费支出。加拿大 2012 年国民经济核算体系自 2012 年开始将军事武器系统资本化,对于一次性武器支出,由于缺乏基础数据,并没有记为存货,仍旧作为经常性支出计入政府消费支出。

军事武器系统资本化的具体处理方法就是将武器系统的支出从政府消费支出调整为固定资本形成,由此使得政府部门的固定资本形成提高,政府消费支出减少,两者存在相互抵消的关系。同时,军事武器系统资本化会使得固定资本消耗提高,并计入政府消费支出中,导致 GDP 总额的增加。

此外,加拿大 2012 年国民经济核算体系将与军事防御有关的投资,包括用于非民用和民用的建筑及工程军事支出组合为同一种投资类别,称为"防御",这一变化将改善核算数据的国际比较性。

(3) 改革固定资产折旧方法

1993 年 SNA 和 2008 年 SNA 均建议在国民账户体系中使用重置成本法计算固定资产折旧,而不是使用历史成本法进行计算。同时推荐使用几何折旧法而不是直线折旧法,因为几何折旧法能够更好地反映固定资产使用时间越长、价格损耗就越快的实际情况。在2012年国民经济核算体系实施之前，加拿大对于固定资产折旧核算部分使用历史成本法，部分使用重置成本法。企业部门使用历史成本直线折旧的方法，政府部门使用重置成本直线折旧的方法，住宅和农场使用重置成本几何折旧的方法，租赁设备采用历史成本直线折旧的方法。

加拿大2012年国民经济核算体系改进了所有机构部门固定资产折旧的核算方法：均基于重置成本采用几何折旧法核算。由此对GDP的影响，按部门来说：企业部门折旧方法的改变对GDP总量没有影响，因为企业部门固定资产折旧变化的部分将会被营业盈余的变化所抵消，两者属于此消彼长的关系；政府部门折旧方法的改变会增加GDP总量，因为政府部门没有营业盈余，其折旧方法的改变导致固定资产折旧增加，从而增加了政府部门的产出、增加值和GDP总量，但对GDP增速的影响有限。

（4）改变资产和负债的估值方法

2008年SNA建议资产和负债应以市场价记录，但是目前所有者权益在资产负债表和国际投资头寸表中是以市场价值和账面价值混合记录的。例如，在上市公司间作为证券投资而进行交易的股权是以市场价值记录，然而在资产负债表中，它们是以账面价值估值的。在加拿大2012年国民经济核算体系中，所有者权益将都以市场价值记录在资产负债表和国际投资头寸表中。对全部的所有者权益按市场价估值将会提高资产负债表和国际投资头寸表中资产和负债价值的准确性，并使得住户部门的净值提高，因为大部分的所有者权益是被住户部门持有的。

（5）明确划分出金融衍生工具

2008年SNA引入了金融衍生工具这一类别。金融衍生工具是与某种特定金融工具或特定指标或特定商品挂钩的金融工具，通过金融衍生工具，特定的金融风险本身就可以在金融市场上交易。金融衍生工具可分为两大类：期权合约（期权）和远期类合约（远期）。在1997年国民经济核算体系中，加拿大统计局编制的资产负债表和资金流量表并未明确划分出金融衍生工具这一类别，而是将它们隐含在其他资产和负债项目中。加拿大2012年国民经济核算体系则开始利用可得数据，在机构部门中估算金融衍生工具的价值。这一改变，不但会提高其GDP数据的国际可比性，同时也填补了加拿大核算体系的重大数据缺口。

除了以上概念和方法上的变化,加拿大 2012 年国民经济核算体系还采用了新行业分类标准和产品分类标准,扩大了生产性服务业和与服务相关的产品范围,细化了分类,这种变化更好地反映了服务业在加拿大经济中的重要性。同时,加拿大 2012 年国民经济核算体系还调整了机构部门的划分。以前,加拿大的机构部门分为三类:住户、企业和政府部门。2008 年 SNA 推荐国民账户中应划分五个部门:非金融公司、金融公司、广义政府、住户和为住户服务的非营利机构。在 2012 年国民经济核算体系中,加拿大统计局已采用 2008 年 SNA 推荐的基本分类。

3. 主要数据变化情况

加拿大实施 2012 年国民经济核算体系后,对 GDP 现价总量和不变价历史数据进行了修订。2007—2011 年 GDP 数据修订情况如表 2 所示。

表 2 加拿大的数据修订情况　　　　　　　　　(单位:百万加元)

年份		2007	2008	2009	2010	2011
GDP 现价总量	修订前	1 529 589	1 603 418	1 528 985	1 624 608	1 720 748
	修订后	1 566 015	1 645 875	1 564 790	1 664 762	1 762 432
	修订值	36 426	42 457	35 805	40 154	41 684
	修订幅度(%)	2.4	2.6	2.3	2.5	2.4
研发支出资本化	修订值	19 390	21 269	20 562	20 559	21 342
	修订幅度(%)	1.3	1.3	1.3	1.3	1.2
武器支出资本化	修订值	890	1 076	1 348	1 446	1 527
	修订幅度(%)	0.1	0.1	0.1	0.1	0.1
固定资产折旧方法的修订	修订值	5 061	5 936	6 111	5 957	6 782
	修订幅度(%)	0.3	0.4	0.4	0.4	0.4
其他统计数据修订	修订值	11 085	14 176	7 784	12 192	12 033
	修订幅度(%)	0.7	0.9	0.5	0.8	0.7

从上表可以看出,经过修订,2007 年加拿大的 GDP 总量上调了 364.3 亿加元,提高了 2.4%,其中研发支出资本化导致 GDP 总量提高 1.3 个百分点,是导致 GDP 总量变化的最主要因素。

实施 2012 年国民经济核算体系后,加拿大 GDP 总量修订对名义增速的影响非常有限。1981 年至 2012 年,年度 GDP 名义增速的平均修订幅度为 0.15

个百分点。由于 GDP 的构成项目（最终消费支出、资本形成总额和净出口）占比不同，以及对 GDP 缩减指数的影响不同，实际 GDP 增速与名义 GDP 增速的修订方向和修订幅度不完全一致，1981 年至 2012 年，GDP 年度不变价增速的平均修订幅度为 0.14 个百分点。

(三) 澳大利亚实施 2008 年 SNA 的情况

1. 基本情况

澳大利亚从 2009 年 9 月开始实施 2008 年 SNA，是最早完成向 2008 年 SNA 过渡的国家。为了避免实施 2008 年 SNA 的时间跨度较大影响宏观数据序列的可比性，澳大利亚统计局采用了一种"一次性""一刀切"的实施方式，即自 2009 年第三季度起，实施新的国际标准，据此对历史数据进行修订，并于 2009 年 12 月公布了有关修订数据。

2. 主要修订内容

澳大利亚统计局实施 2008 年 SNA 并未影响其原有的整体账户结构，只是使澳大利亚国民经济核算中的某些结果发生了变化，修订内容主要体现在以下几个方面。

(1) 研发支出的资本化

与 1993 年 SNA 相比，2008 年 SNA 的一个比较重要的变化就是研发支出的资本化。前者建议将研发支出作为中间消耗处理，理由是"研发不会导致可辨认、可计量资产的增加"；后者认为研发支出能够为所有者带来经济利益，且使用周期一般较长，建议将研发支出作为资本形成的一部分。澳大利亚根据研发支出调查数据，采用专利局的各类专利加权平均寿命计算出研发资产的存量，记录在资产负债表固定资产项下的知识产权产品类别中。

① 基础数据来源

研发支出核算的基础数据来源于两个方面：一是澳大利亚统计局开展的研究和试验发展调查，包括企业研发支出年度调查（占研发支出总额的 60% 以上），一年两次的私人非营利机构、政府和高等教育机构研发支出调查；二是澳大利亚统计局国际贸易服务季度调查的研发活动进出口数据。

② 基础数据调整

研发支出调查数据与国民经济核算的要求存在一定差距，需要进行数据调整。首先,研发支出调查可以提供按机构部门、支出类型、经济目的和研究领域分类的数据,而国民经济核算需要分行业数据,因此需要将研发支出调查数据调整为分行业数据。

其次,研发支出调查的口径大于2008年SNA中进行资本化的研发支出的口径。为避免重复计算,需扣除用于研发活动的建筑物、机器设备及其他固定资产,因为这部分已经计入固定资产;扣除研发使用的计算机软件,这部分已经同其他计算机软件一并作为固定资产处理;扣除"土地",购买土地的支出不作为研发活动的资本性支出。

③ 研发资产的折旧

研发资产是无形的,其折旧很难计量。澳大利亚统计局将专利局的各类专利寿命数据进行加权平均,得出所有研发资产的平均寿命为11年,这个估计值和其他国家基本一致。科技的飞速发展可能导致研发资产的折旧快于其他资产的折旧,用加速折旧函数来核算更为合理,但是由于缺乏基础数据并未采用。

④ 对国民经济账户的影响

在支出法GDP核算中,政府消费支出减少,固定资本形成总额增加;在生产法GDP核算中,总产出和增加值均有增加;在国家资产负债表中,资产总额增加。

(2) 军事武器系统支出资本化

军事武器系统包括运载工具和其他设备,如军舰、潜水艇、军用飞机、坦克、导弹承载与发射装置等。在1993年SNA中,除了同时具有民用性质的军事资本支出,国防支出均作为政府消费支出。2008年SNA认为"武器系统在国防服务中被连续使用,在和平时期提供威慑服务,应当作为固定资产处理"。对军事武器系统支出进行资本化处理时需要解决以下三个问题:一是核算固定资本形成总额,即新获得的军事武器系统支出,包括进口的和国内生产的;二是估计该项资产提供的后续服务,计入固定资本消耗;三是核算其在资产负债表中体现的价值。

军事武器系统支出的核算采用政府财政统计资料。对于折旧和存量核算,澳大利亚统计局研究了每种类型的军事武器资产(海、陆、空)使用年限及报废机制,估算出平均寿命,但该数据有待评估。在完成评估之前,军事武器系统价值尽管纳入了国家资产负债表,但并不单独列示。

在支出法 GDP 核算中，军事武器系统支出的资本化会引起政府消费支出减少，固定资本形成总额增加，两者相抵之后表现为增加；在生产法 GDP 核算中，总产出和增加值均有增加；在国家资产负债表中，由于增加了军事武器系统这一项，资产总量增加。

(3) 外商直接投资的再投资收益

外商直接投资的再投资收益是留存在公司中没有进行分配的那部分收益。1993 年 SNA 认为，由于直接投资者是公司的直接控制者，能决定如何分配留存收益，因此外商直接投资的留存收益被视为在公司内部进行分配和再投资。2008 年 SNA 认为，投资者有权决定对投资实体再投资还是撤资，因此再投资收益应当包括国内外投资者的未分配直接投资收益，推荐做法是"先假定留存收益已按投资者所拥有的企业权益比例分配并汇给外国直接投资者，然后，这些投资者再以在金融账户中增加权益的方式，进行再投资"。外商直接投资的再投资收益的计算方法如下：

再投资收益＝收益（不包括资本收益和损失）－已分配的收益

在资产负债表中国外部门也要进行相应处理。对国外部门的资产的处理方法是，首先用一些主要国家的股票收益率乘以相关部门的股票证券投资组合的资金得出投资收益，再减去股利即为再投资收益。对国外部门负债，首先用澳大利亚的股票收益率指标乘以相关部门的股票证券投资组合的资金得出投资收益，再减去股利即为再投资收益。

(4) 果园支出的资本化

根据 2008 年 SNA 的推荐做法，果园、葡萄园等重复提供产品的林木、作物和植物资源，其自然生长和繁殖都在机构单位的直接控制、负责和管理之下，应视为生产性资产。澳大利亚统计局采用永续盘存法对果园、葡萄园进行资本化，包括核算每年固定资本形成总额，对其进行折旧、重估价，得出存量数据。果园、葡萄园资本化后，引起固定资本形成总额增加，GDP 增加，资产负债表中固定资产项下的培育性生物资源增加。

(5) 所有权转移成本

1993 年 SNA 建议将所有权转移成本资本化，并在相关资产的寿命期间进行分摊。当资产被意外出售时，1993 年 SNA 推荐的处理方法会引起收入和资产价值的高估。因此澳大利亚统计局并未采用此方法,而是在发生所有权转移时,直接将转移成本计入同期的固定资本消耗。2008年SNA关于所有权转移成本的处理方法发生了变化,所有权转移成本应当在资产所有者持有该资产的期间内进行摊销,在该资产再出售时,所有权转移成本应当全部摊销完,解决了1993年SNA方法中存在的高估问题。因此,在这次修订中,澳大利亚统计局改用了2008年SNA的推荐做法。这一修订不会影响固定资本形成总额,但是会影响资产负债表中资本存量的价值。

(6) 矿藏勘探和评估

2008年SNA认为矿藏勘探和评估是一种生产性资产,并进一步提出了指导性的估价方法,还要求将矿藏勘探和评估在资产负债表中单独列示在知识产权产品下。澳大利亚统计局根据最新标准核算矿藏勘探和评估,但并没有在资产负债表中单独列示。这一修订将会引起资产负债表中知识产权产品价值增加,不会影响GDP。

(7) 金融附属活动

在2008年SNA的生产和收入账户中,金融辅助公司是主要从事与金融中介高度相关的活动,但其自身并不承担金融中介职责的公司,如证券经纪人、贷款经纪人、保险经纪人和基金经理等。澳大利亚之前并未按照1993年SNA的要求将金融辅助公司从非金融企业部门划入金融机构部门,这次修订将金融辅助公司纳入了金融机构部门。

(8) 计算机软件原件与复制品

1993年SNA将计算机软件作为固定资本形成处理,但并未对原件和复制品分开进行说明。2008年SNA对此作了阐释:"对于需要使用许可才可获得的复制品,如果它被用于生产的周期会超过一年,且许可证持有者承担与所有权相关的一切风险和报酬,可将其视作固定资产。"由于缺乏相关基础资料,澳大利亚统计局假定所有的计算机软件被用于生产的周期都会超过一年,将其进行了资本化。

3. 主要数据变化情况

(1) GDP现价总量与不变价增速的变化

2009年12月澳大利亚发布了当年第三季度数据,并对历史数据进行了修订。实施2008年SNA后,GDP现价总量与不变价增速均有所变化(见表3)。

表 3 澳大利亚 GDP 现价总量与不变价增速的修订情况

年份	GDP 现价总量			GDP 不变价增速		
	修订前 (百万澳元)	修订后 (百万澳元)	修订幅度 (相对数,%)	修订前 (%)	修订后 (%)	修订幅度 (绝对数,%)
1994—1995	486 607	499 785	2.7	—	—	—
1995—1996	518 144	532 025	2.7	4.1	4.2	0.1
1996—1997	545 698	559 260	2.5	3.9	3.9	—
1997—1998	577 373	591 514	2.4	4.5	4.4	−0.1
1998—1999	607 759	622 695	2.5	5.2	5.2	—
1999—2000	645 058	663 867	2.9	4.0	4.0	—
2000—2001	689 262	708 889	2.8	1.9	2.0	0.1
2001—2002	735 714	759 204	3.2	3.8	3.8	—
2002—2003	781 675	804 361	2.9	3.2	3.2	—
2003—2004	841 351	864 955	2.8	4.0	4.1	0.1
2004—2005	897 642	925 864	3.1	2.8	2.8	—
2005—2006	967 454	1 000 787	3.4	3.0	3.1	0.1
2006—2007	1 045 674	1 091 327	4.4	3.3	3.8	0.5
2007—2008	1 132 172	1 181 750	4.4	3.6	3.7	0.1

资料来源:澳大利亚统计局。

(2) 收入法 GDP 构成变化

从收入法 GDP 核算角度来看,实施 2008 年 SNA 后,GDP 构成项目发生了以下变化:研发支出和军事武器系统的资本化使一般政府固定资本消耗增加;企业研发支出的资本化和果园、葡萄园的资本化引起营业盈余增加(见表 4)。

表 4 收入法 GDP 构成项现价总量的修订情况

年份	修订前 GDP 现价总量 (百万澳元)	对收入法 GDP 主要构成项 现价总量的修订(百万澳元)			修订后 GDP 现价总量 (百万澳元)	GDP 现价 总量修订 幅度(%)
		劳动者报酬	营业盈余	生产税净额		
1994—1995	486 607	8 596	4 584	−1	499 785	2.7
1995—1996	518 144	9 373	4 506	1	532 025	2.7
1996—1997	545 698	10 424	3 135	−1	559 260	2.5
1997—1998	577 373	11 466	2 673	1	591 514	2.4
1998—1999	607 759	12 413	2 477	45	622 695	2.5
1999—2000	645 058	13 299	5 578	−68	663 867	2.9
2000—2001	689 262	14 265	5 467	−99	708 889	2.8
2001—2002	735 714	15 038	8 464	−19	759 204	3.2
2002—2003	781 675	16 464	6 421	−205	804 361	2.9

(续表)

年份	修订前GDP现价总量（百万澳元）	对收入法GDP主要构成项现价总量的修订（百万澳元）			修订后GDP现价总量（百万澳元）	GDP现价总量修订幅度（%）
		劳动者报酬	营业盈余	生产税净额		
2003—2004	841 351	18 014	5 978	−385	864 955	2.8
2004—2005	897 642	19 965	8 848	−588	925 864	3.1
2005—2006	967 454	22 642	11 479	−786	1 000 787	3.4
2006—2007	1 045 674	32 725	11 810	1 118	1 091 327	4.4
2007—2008	1 132 172	36 389	12 271	918	1 181 750	4.4

资料来源：澳大利亚统计局。

(3) 支出法GDP构成变化

从支出法GDP核算角度来看，实施2008年SNA后，政府消费支出和固定资本形成总额等GDP构成项目发生了以下变化：研发支出和军事武器系统的资本化使政府消费支出减少，其他修订引起的固定资本消耗增加使政府消费支出增加；研发支出和军事武器系统以及果园、葡萄园的资本化引起固定资本形成总额增加（见表5）。

表5 支出法GDP构成项现价总量的修订情况

年份	修订前GDP现价总量（百万澳元）	对支出法GDP主要构成项现价总量的修订（百万澳元）			修订后GDP现价总量（百万澳元）	GDP现价总量修订幅度（%）
		一般政府消费支出	固定资本形成总额	其他		
1994—1995	486 607	−1 161	7 814	6 525	499 785	2.7
1995—1996	518 144	−1 253	8 859	6 275	532 025	2.7
1996—1997	545 698	−1 538	8 838	6 262	559 260	2.5
1997—1998	577 373	−1 272	9 064	6 349	591 514	2.4
1998—1999	607 759	−1 270	9 804	6 402	622 695	2.5
1999—2000	645 058	−547	10 009	9 347	663 867	2.9
2000—2001	689 262	−984	11 424	9 187	708 889	2.8
2001—2002	735 714	−437	12 664	11 263	759 204	3.2
2002—2003	781 675	−890	13 996	9 580	804 361	2.9
2003—2004	841 351	−1 112	14 452	10 264	864 955	2.8
2004—2005	897 642	−1 608	16 517	13 313	925 864	3.1
2005—2006	967 454	−1 498	18 592	16 239	1 000 787	3.4
2006—2007	1 045 674	−246	19 642	26 257	1 091 327	4.4
2007—2008	1 132 172	−1 242	23 202	25 134	1 181 750	4.4

资料来源：澳大利亚统计局。

(四) 欧盟国家实施 2008 年 SNA 的情况

1. 基本情况

欧盟各国在进行国民经济核算时,依据的是欧盟统计局制定的欧洲账户体系(European System of Accounts, ESA)。近年来,随着 2008 年 SNA 的修订,欧盟统计局也对 1995 年 ESA 进行了修订,于 2013 年发布了 2010 年 ESA,并要求欧盟各成员国从 2014 年 9 月开始向欧盟统计局报送基于 2010 年 ESA 的国民经济核算数据。2010 年 ESA 是基于 2008 年 SNA 制定的,同时考虑到了欧盟国家经济社会发展的特点。以下对 2010 年 ESA 相对于 1995 年 ESA 的主要变化进行概括总结,并介绍欧盟国家实施 2010 年 ESA 后主要国民经济核算数据的变化情况。

2. 主要修订内容

2010 年 ESA 相对于 1995 年 ESA 的主要变化与 2008 年 SNA 相对于 1993 年 SNA 的修订大体一致,此外,还考虑到了欧盟国家经济发展的特殊情况。主要修订内容如下。

(1) 将研发支出作为固定资本形成处理

研发成果的使用周期较长,且在生产中能够为所有者带来经济利益,具备了固定资产的属性。因此,2010 年 ESA 改变了 1995 年 ESA 中对研发支出的处理方法,将研发支出从过去作为中间消耗处理改作固定资本形成处理,并将研发资产的折旧作为固定资本消耗。与此对应,2010 年 ESA 扩展了资产边界,引入了知识产权产品概念,将研究与开发作为知识产权产品的一个类别。由于研究与开发已经作为知识产权产品在固定资产中,所以专利权实体不再单独作为一类非生产资产处理。

对于研发活动产出的测算,2010 年 ESA 建议,专门的商业性研究室或研究机构进行的研究和开发,应该按销售收入、合同收入、佣金收入、服务费等进行估计;市场生产者为自身利益从事的研究与开发,原则上应按其如被商业转包所应支付的基本价格进行估价,但实际中这个价格很难得到,因此可能需要以生产总成本(包括生产中使用的固定资产成本)来估价;政府单位、大学和非营利研究机构等进行的研究与开发属于非市场生产活动,应以发生的总成本估价。

关于研发支出资本化对 GDP 的影响，欧盟统计局在其编制的《2010 年 ESA 中的研究与开发核算手册》中，分几种情况进行了详细分析：一是对于自研自用的市场生产者，所形成的研发资产价值作为总产出的一部分，导致总产出增加，从而使 GDP 增加；二是对于外购研发活动产品用于生产活动的市场生产者，研发活动产品的购买从中间消耗转为固定资本形成，从而导致 GDP 的增加；三是对于非市场生产者（政府和为住户服务的非营利机构），研发支出资本化将研发支出从政府消费支出调整为固定资本形成，GDP 不会产生影响，但是同时应将研发资产的消耗计入政府消费支出中，这部分固定资本消耗的计算将导致 GDP 增加。

（2）将军事武器系统支出作为固定资本形成处理

1995 年 ESA 规定，只有可作于民用生产目的的军事固定资产的支出才被记录为固定资本形成，例如军用机场、码头、道路、医院等方面的支出。2010 年 ESA 扩展了军事资产的边界，将所有符合固定资产的分类标准，即在生产过程中被重复或连续使用一年以上的军事武器系统都归入固定资产类下，由武器或武器系统运送的单一用途的产品，例如炸药、导弹、火箭、炸弹等被视为军事存货。

将军事武器系统纳入固定资产后，军事武器系统的支出将从政府消费支出调整为固定资本形成，这对 GDP 不会产生影响，但同时应将对军事武器系统资产的消耗计入政府消费支出中，这部分固定资本消耗的计算将导致 GDP 增加。

（3）对于大型资产终期费用的处理

对于一些大型的资产，如油井钻探设备和核电站，在资产使用寿命结束后，需要对其进行处置，以避免其对环境和安全可能产生的破坏，这个处置费用称为终期费用。2010 年 ESA 指出，应将终期费用作为所有权转移费用，记录在固定资本形成总额中。1995 年 ESA 中没有明确终期费用的处理方法。

（4）小工具支出处理方法的修订

对于小工具支出在国民账户中的处理，1995 年 ESA 设定了一个标准，即按 1995 年价格计算，价值在 500 欧元以上的小工具的支出才作为固定资本形成处理，价值在 500 欧元以下的小工具的支出作为中间消耗处理。2010 年 ESA 取消了这个价值标准，将所有在生产中使用一年以上的小工具的支出都作为固定资本形成，这一标准的变化将对固定资本形成总额数据产生一定的影响，从而对 GDP 数据产生一定的影响。

（5）与总产出相关的修订

一是改变了市场生产者自给性产出的计算方法。对于市场生产者的自给性产出价值，1995 年 ESA 指出，在无法获得同类产品市场价格时，应该按生产成本来测算，2010 年 ESA 则建议，应在生产成本的基础上，加上资本回报。

二是改变了非寿险服务产出计算方法。在 1995 年 ESA 中，非寿险服务产出等于实收保费加上追加保费再减去实际赔付。2010 年 ESA 修订了非寿险服务产出的计算方法，用调整后已生索赔代替实际赔付，这样可以避免在发生巨大灾难的年份由于实际赔付金额巨大造成非寿险服务产出的波动。

（6）引入了雇员股票期权概念

2010 年 ESA 引入了雇员股票期权概念。雇员股票期权是指雇主与雇员在特定日期（授权日）签订的一种协议，根据协议，在未来约定时间（含权日）或紧接着的一段时间（行权期）内，雇员能以约定价格（执行价格）购买约定数量的雇主股票。2010 年 ESA 建议将雇员股票期权作为一种实物报酬处理，在收入形成账户中记录雇员股票期权对应的劳动者报酬，并在金融账户中记录雇员股票期权的交易。1995 年 ESA 中没有给出雇员股票期权的概念。

（7）根据所有权变更原则记录运送到海外加工的货物

2010 年 ESA 规定，应严格按照所有权变更原则来记录进口和出口，对于运送到海外加工、加工后又返回出口国的货物，如果所有权没有发生变更，则只记录加工费，作为拥有货物的国家的服务进口，以及提供加工服务的国家的服务出口。对加工贸易，1995 年 ESA 采取的则是总额记录原则，按货物的总额记录为货物的出口和进口。

2010 年 ESA 相对于 1995 年 ESA 的其他主要变化还包括进一步明确了政府部门、公营公司部门和私营公司部门之间的界限；对公司总部和控股公司重新进行了界定；细化了金融公司部门的子分类；界定了特殊目的实体（SPEs）；确认了特别提款权（SDRs）负债；详细阐述了对担保以及指数关联型债务证券的处理；将土地改良单独作为一类生产资产；确定了转口贸易的记录方法；对养老金权益核算方法做了调整等。

3. 主要数据变化情况

在 2010 年 ESA 发布后，欧盟各国按 2010 年 ESA 规定的方法，测算并修订了本国 GDP 等国民经济核算数据。此外,各国在修订历史数据时还结合了其他统计改进因素,如由于实施普查而引起的核算基础资料的更新等。从总体修订结果来看,实施 2010 年 ESA 后,1997—2013 年欧元区国家和欧盟国家 GDP 现价总量均比修订前平均增长了 3.4%,而不变价增长速度修订幅度则十分有限,1997—2013 年每年的增速修订都在正负 0.1 个百分点之间。各个国家 2010 年 GDP 现价总量的详细修订情况见表 6。

表 6 核算方法变化和其他统计改进对欧盟国家 2010 年 GDP 的影响　　(单位:%)

	GDP	核算方法变化 (2010 年 ESA 的实施)		其他统计改进
	合计	合计	其中:研发	合计
欧元区国家(18 国)	**3.5**	**2.2**	**1.9**	**1.3**
欧盟国家(28 国)	**3.7**	**2.3**	**1.9**	**1.4**
比利时	2.8	2.5	2.4	0.3
保加利亚	2.0	0.4	0.3	1.6
捷克共和国	4.3	3.1	1.2	1.2
丹麦	2.5	2.7	2.6	−0.2
德国	3.3	2.7	2.3	0.6
爱沙尼亚	1.2	1.4	0.9	−0.2
爱尔兰	4.2	3.6	3.5	0.6
希腊	1.8	1.3	0.6	0.6
西班牙	3.3	1.6	1.2	1.7
法国	3.2	2.4	2.2	0.8
克罗地亚	1.3	0.5	0.4	0.8
意大利	3.4	1.5	1.3	1.9
塞浦路斯	9.5	1.1	0.2	8.4
拉脱维亚	−0.1	1.1	0.5	−1.2
立陶宛	1.1	0.8	0.4	0.2
卢森堡	0.2	1.6	0.5	−1.4
匈牙利	1.6	1.6	1.2	0.0
马耳他	2.2	0.5	0.5	1.7
荷兰	7.6	1.7	1.8	5.9

(续表)

	GDP	核算方法变化 (2010 年 ESA 的实施)		其他统计改进
	合计	合计	其中:研发	合计
奥地利	3.2	3.7	2.3	−0.6
波兰	1.5	1.2	0.5	0.2
葡萄牙	4.1	2.1	1.3	2.0
罗马尼亚	1.9	0.6	0.5	1.3
斯洛文尼亚	2.1	2.0	1.9	0.1
斯洛伐克	1.9	1.8	0.6	0.1
芬兰	4.7	4.2	4.0	0.5
瑞典	5.5	4.4	4.0	1.1
英国	4.9	2.3	1.6	2.6

注:1. 欧元区国家(18 国)包括比利时、德国、爱沙尼亚、爱尔兰、希腊、西班牙、法国、意大利、塞浦路斯、拉脱维亚、卢森堡、马耳他、荷兰、奥地利、葡萄牙、斯洛文尼亚、斯洛伐克、芬兰。欧盟国家(28 国)包括表中所列 28 国。

2. 丹麦为 2008 年数据。

资料来源:欧盟统计局。

从上表可以看出,对 GDP 数据进行修订后,2010 年欧元区国家 GDP 现价总量平均增加 3.5%,欧盟国家 GDP 总量平均增加 3.7%。修订包括两个方面的因素,一是由于实施 2010 年 ESA 有关规定而引起的核算方法变化因素,二是其他统计改进因素。核算方法变化使 2010 年欧元区国家 GDP 总量平均增加 2.2%,欧盟国家 GDP 总量平均增加 2.3%。在核算方法变化中,研发支出资本化带来的影响最大,使欧元区国家和欧盟国家 GDP 总量都增加了 1.9%,其次是军事武器系统支出资本化,使欧盟国家 GDP 总量平均增加 0.2%。其他统计改进使 2010 年欧元区国家 GDP 总量平均增加 1.3%,欧盟国家 GDP 总量平均增加 1.4%。

对于欧盟各成员国来说,从核算方法变化对 GDP 的影响来看,影响最大的国家是瑞典(4.4%)和芬兰(4.2%),其中两个国家的研发支出资本化都使 GDP 增加 4.0%;影响最小的国家是保加利亚(0.4%)、克罗地亚(0.5%)和马耳他(0.5%),其中研发支出资本化的影响程度分别是 0.3%、0.4% 和 0.5%。从其他统计改进对GDP的影响来看,影响最大的国家是塞浦路斯(8.4%)和荷兰(5.9%),以下几个国家的影响则是负的,影响程度分别是卢森堡(-1.4%)、拉脱维亚(-1.2%)、奥地利(-0.6%)、丹麦(-0.2%)和爱沙尼亚(-0.2%)。

4. 部分欧盟国家实施2010年ESA的具体情况

本文选择了德国和英国两个欧盟代表性国家,分析了它们实施2010年ESA的具体情况及数据修订结果。

(1)德国

德国大致每五年对GDP等数据进行一次全面修订(最近实施全面修订的年份分别是1999年、2005年和2011年)。2014年修订的目的主要是根据欧盟统计局的要求实施2010年ESA,包括将研发支出和军事武器系统支出作为固定资本形成处理以及扩展小工具资本形成范围等,同时修订中还考虑到其他如基础资料来源改进等因素,如根据2011年普查结果对住房服务进行了重新测算,对部分非法经济活动进行了测算等。修订涉及1991年以来的各年GDP有关数据,总体修订情况如表7所示。

表7 德国GDP修订总体情况

年份	GDP现价总量(十亿欧元)			GDP实际增速(%)		
	修订后	修订前	修订幅度(%)	修订后	修订前	修订幅度
各年平均	—	—	3.1	1.27	1.30	-0.03
1991	1 579.8	1 534.6	2.9	—	—	—
1992	1 695.3	1 648.4	2.8	1.9	1.9	0.0
1993	1 748.6	1 696.9	3.0	-1.0	-1.0	0.0
1994	1 830.3	1 782.2	2.7	2.5	2.5	0.0
1995	1 898.1	1 848.5	2.7	1.7	1.7	0.0
1996	1 924.7	1 875.0	2.7	0.8	0.8	0.0
1997	1 964.7	1 912.6	2.7	1.8	1.7	0.1
1998	2 015.3	1 959.7	2.8	2.0	1.9	0.1
1999	2 061.8	2 000.2	3.1	2.0	1.9	0.1
2000	2 113.5	2 047.5	3.2	3.0	3.1	-0.1
2001	2 176.8	2 101.9	3.6	1.7	1.5	0.2
2002	2 206.3	2 132.2	3.5	0.0	0.0	0.0

(续表)

年份	GDP 现价总量(十亿欧元)			GDP 实际增速(%)		
	修订后	修订前	修订幅度(%)	修订后	修订前	修订幅度
2003	2 217.1	2 147.5	3.2	−0.7	−0.4	−0.3
2004	2 267.6	2 195.7	3.3	1.2	1.2	0.0
2005	2 297.8	2 224.4	3.3	0.7	0.7	0.0
2006	2 390.2	2 313.9	3.3	3.7	3.7	0.0
2007	2 510.1	2 428.5	3.4	3.3	3.3	0.0
2008	2 558.0	2 473.8	3.4	1.1	1.1	0.0
2009	2 456.7	2 374.2	3.5	−5.6	−5.1	−0.5
2010	2 576.2	2 495.0	3.3	4.1	4.0	0.1
2011	2 699.1	2 609.9	3.4	3.6	3.3	0.3
2012	2 749.9	2 666.4	3.1	0.4	0.7	−0.3
2013	2 809.5	2 737.6	2.6	0.1	0.4	−0.3

资料来源:德国联邦统计办公室。

从表7可以看出,数据修订后,德国1991—2013年GDP现价总量平均比修订前增加3.1%,其中修订幅度最大的为2001年(3.6%),修订幅度最小的为2013年(2.6%)。修订后,1991—2013年GDP实际年均增速为1.27%,比修订前降低了0.03个百分点,影响非常有限,其中最近两年(2012年和2013年)增速的修订主要是由于采用了新的或改进的基础资料来源。

从修订内容看,在德国GDP现价总量的修订中,由于实施2010年ESA规定而引起的核算方法变化是修订的主要影响因素。以2010年为例,在GDP现价总量3.3%的修订幅度中,2.7个百分点是由核算方法变化因素引起的,其余0.6个百分点则是由核算方法以外的因素引起的。核算方法变化因素中,研发支出资本化对GDP修订的影响最大,使GDP现价总量增加了2.3%,其次是小工具资本形成范围的扩展和军事武器系统支出资本化因素,这两项因素分别使GDP现价总量增加了0.2%和0.1%。核算方法以外的因素主要包括根据2011年普查结果对住房服务的重新测算(0.2%),对部分非法经济活动的测算(低于0.1%)等。

(2) 英国

英国于2014年对1997—2012年的GDP数据进行了全面修订。本次修订的目的主要是实施 2010 年 ESA,包括将研发支出和军事武器系统支出作为固定资本形成处理,调整养老金权益核算方法,将大型资产终期费用作为所有权转移费用记录在固定资本形成总额中,以及将小工具纳入资本形成范围等,同时修订中还考虑到与 2010 年 ESA 无关的其他一些方法和基础资料来源改进因素,如对部分非法经济活动进行了测算等。总体修订情况如表 8 所示。

表 8 英国 GDP 修订总体情况

年份	GDP 现价总量(十亿英镑)			GDP 实际增速(%)		
	修订后	修订前	修订幅度(%)	修订后	修订前	修订幅度
各年平均	—	—	4.0	2.00	1.91	0.09
1997	878.8	845.4	3.9	—	—	—
1998	923.3	892.3	3.5	3.5	3.6	−0.1
1999	963.2	938.4	2.6	3.2	2.9	0.2
2000	1 023.5	987.1	3.7	3.8	4.4	−0.6
2001	1 062.3	1 031.7	3.0	2.7	2.2	0.5
2002	1 117.2	1 081.5	3.3	2.5	2.3	0.2
2003	1 190.5	1 148.5	3.7	4.3	3.9	0.4
2004	1 255.2	1 213.0	3.5	2.5	3.2	−0.7
2005	1 326.7	1 276.7	3.9	2.8	3.2	−0.4
2006	1 403.7	1 349.5	4.0	3.0	2.8	0.3
2007	1 481.0	1 427.9	3.7	2.6	3.4	−0.9
2008	1 518.7	1 462.1	3.9	−0.3	−0.8	0.4
2009	1 482.1	1 417.4	4.6	−4.3	−5.2	0.9
2010	1 558.4	1 485.6	4.9	1.9	1.7	0.3
2011	1 617.7	1 536.9	5.3	1.6	1.1	0.5
2012	1 655.4	1 558.4	6.2	0.7	0.3	0.4

资料来源:英国国家统计办公室。

可以看出,数据修订后,英国 1997—2012 年 GDP 现价总量平均比修订前增加了 4.0%,其中修订幅度最大的为 2012 年(6.2%),修订幅度最小的为 1999 年(2.6%)。修订后,1998—2012 年 GDP 实际年均增速为 2%,比修订前提高了 0.09 个百分点。

从修订内容看,在英国1997—2012年GDP现价总量年均4.0%的修订幅度中,2.1%的修订是由于实施2010年ESA引起的,其余1.9%的修订则和2010年ESA的实施无关。由于实施2010年ESA而进行的修订中,研发支出资本化使GDP现价总量年均增加了1.5%,军事武器系统支出资本化使GDP现价总量年均增加了0.2%,两项因素合计使GDP现价总量年均增加了1.7%。

(作者:高敏雪、吕峰、魏媛媛、董森、刘立青、陈亚宁)

第二篇 中国国民经济核算体系修订问题研究

《中国国民经济核算体系(2002)》(以下简称"2002年文本")发布实施已经有十几年。十几年来,随着社会主义市场经济的发展,中国经济社会出现了许多新情况,宏观经济管理对国民经济核算产生了许多新需求,与此同时,国民经济核算国际标准发生了新变化,中国国民经济核算制度方法改革研究也取得许多新成果。为了适应新情况,满足新需求,反映新变化,吸收新成果,需要对2002年文本进行系统修订(以下简称"文本修订")。

一、修订的主要内容

(一) 基本概念和定义的修订

1. 引入"经济所有权"概念

"经济所有权"概念是2008年SNA新引入的一个非常重要的概念。所有权分为法定所有权和经济所有权,法定所有权所有者指在法律上拥有相关实体(如货物和服务、自然资源、金融资产和负债),从而获得相应经济利益的机构单位;经济所有权所有者指经营相关实体,承担有关风险,从而享有相应经济利益的机构单位。大多数实体的法定所有者和经济所有者是一致的,当两者不一致时,应作为经济所有者的实体予以记录,交易记录的时点为经济所有权变更的时点。

2002年文本中没有引入"经济所有权"的概念,为了与2008年SNA保持一致,建议新文本引入该概念。经济所有权这一概念的引入,将改变国民经济核算中一些交易的记录方式,从而对中国国民经济核算体系中一些重要指标产生较大影响。例如,对于农村的土地,根据宪法规定,除法律规定属于国家所有外,属于集体所有。引入经济所有权概念后,享有土地承包经营权的农民成为土地的经济所有者。农民将土地承包经营权流转给其他个人或单位使用所获得的收入属于居民财产收入,并成为居民收入的重要组成部分。

2. 引入"知识产权产品"概念

知识产权产品是2008年SNA新引入的一个重要概念,并将其作为一类重要的生产资产纳入GDP核算,同时取消了原有的"无形生产资产"的概念。知识产权产品是研究、开发、调查或者创新等活动的成果,开发者通过销售这些成果或者在生产中使用这些成果而获得经济利益。知识产权产品是生产资产中一类重要的固定资产,主要包括研究与开发,矿藏勘探与评估,计算机软件与数据库,娱乐、文学和艺术品原件,以及其他知识产权产品。

2002年文本没有知识产权产品的概念,在核算中只将矿藏勘探与评估支出、计算机软件支出作为固定资本形成计入GDP,没有将研究与开发支出,数据库,娱乐、文学和艺术品原件支出等知识产权产品支出计入固定资本形成总额。为了实施2008年SNA,建议新文本引入"知识产权产品"概念。知识产权产品包括的项目与2008年SNA相同。

3. 引入"雇员股票期权"概念

2008年SNA引入了雇员股票期权概念,将雇员股票期权作为雇员报酬处理。雇员股票期权是企业向其雇员提供的一种购买企业股权的期权,即雇主与雇员在某日(授权日)签订的一种协议,根据协议,在未来约定时间(含权日)或紧接着的一段时间(行权期)内,雇员能以约定价格(执行价格)购买约定数量的雇主股票。

2002年文本未考虑雇员股票期权,中国也没有建立起雇员股票期权统计制度。近年来,作为激励员工的重要方式,雇员股票期权制度正被中国越来越多的企业所接受和实施。因此,建议新文本引入雇员股票期权的概念,并将其作为劳动者报酬处理。

4. 引入"投资基金份额"和"金融衍生工具"概念

2008年SNA将金融工具划分为货币黄金和特别提款权,通货和存货,债务性证券,贷款,股权和投资基金份额,保险,养老金和标准化担保计划,金融衍生工具和雇员股票期权,其他应收或应付款。

2002年文本中的金融资产没有包括近年来新出现的金融工具如投资基金份额和金融衍生工具等。建议按照2008年SNA的推荐,在金融资产中引入投资基金份额和金融衍生工具等概念。投资基金份额是将投资者的资金集中起来投资于金融或非金融资产的集体投资时,证明投资人持有的基金单位数量的受益凭证。金融衍生工具是指以货币、债券、股票等传统金融产品为基础,以杠杆性的信用交易为特征的金融产品,通常与某种特定金融产品、特定指标或特定商品挂钩,对特定的金融风险本身进行交易。

5. 修订生产范围

2008年SNA引入知识产权产品概念后,明确将生产者(不包括住户部门)为了自身最终消费或固定资本形成而进行的知识载体产品的自给性生产纳入生产范围。

2002年文本中的生产范围不包括生产者(不包括住户部门)为了自身最终消费或固定资本形成而进行的知识载体产品的自给性生产。为了增强国际可比性,建议新文本参照2008年SNA的标准修订生产范围,即将知识产权产品的自给性生产,特别是自给性研究与开发活动纳入生产范围。

6. 扩展资产范围

2008年SNA对非金融资产的边界进行了扩展,主要表现为将研究与开发、数据库等知识产权产品纳入非金融资产。

在2002年文本中,固定资产没有包括研究与开发、数据库以及娱乐、文学和艺术品原件等,其他非金融资产未包含合约、租约和许可等非生产非金融资产;此外,随着中国金融创新的不断出现,很多金融衍生工具未被纳入金融资产的范围。为此,建议新文本参照2008年SNA,将知识产权产品以及合约、租约和许可等非生产非金融资产纳入非金融资产的核算范围,将金融衍生工具和雇员股票期权等纳入金融资产的核算范围。

7. 修订"生产者价格"概念

1993年SNA和2008年SNA都引入了"生产者价格"概念。生产者价格等于基本价格加上除增值税之外的产品税,再减去产品补贴。基本价格是生产者将自己生产的货物或服务出售给购买者时获得的单位产品价值,包括其他生产税和获得的生产补贴,但不包括货物或服务生产或销售时应付的产品税,也不包括商业毛利和货物离开生产单位后发生的运输费用。

在2002年文本中,GDP核算采用的是生产者价格,但与SNA中的生产者价格存在区别:SNA中的生产者价格不包含所有的增值税;而中国的生产者价格包含了应交增值税(销项税减去进项税),即不可抵扣的增值税。这一差别可能会导致中国分行业增加值等数据缺乏国际可比性。因此,建议在新文本中按照SNA定义修订中国的生产者价格概念。

8. 修订"劳动者报酬"概念

1993年SNA和2008年SNA中都只有"雇员报酬"的概念,没有"劳动者报酬"的概念。所谓雇员报酬是指企业或单位因雇员在核算期内所做工作而应付给雇员的现金或实物报酬总额,主要包括应付工资或薪金以及雇主应付的社会缴款。

2002年文本中劳动者报酬的口径与1993年SNA和2008年SNA中雇员报酬的口径存在一定差异,主要表现在2008年SNA将自营职业者的劳动报酬和收益统一作为混合收入处理,因此,雇员报酬不包括自营职业者的劳动报酬;而中国国民经济核算中的劳动者报酬则包括所有劳动者的劳动报酬。在2002年文本中,由于不易区分,将个体经营户的劳动报酬和经营利润全部作为劳动者报酬处理。此外,2002年文本中劳动者报酬也不含雇员股票期权,而2008年SNA中雇员报酬则包含它。因此,为了增强劳动者报酬数据的国际可比性,建议新文本中,一是明确提出将个体经营户的混合收入按一定比例区分为劳动者报酬和营业盈余;二是按照2008年SNA的建议,将雇员股票期权纳入劳动者报酬。

另外,建议将2002年文本中劳动者报酬的定义"指劳动者因从事生产活动所获得的全部报酬。包括劳动者获得的各种形式的工资、资金和津贴,既有货币形式的,也有实物形式的,还包括劳动者所享受的公费医疗和医药卫生费、上下班交通补贴、单位支付的社会保险费、住房公积金等"修订为"指劳动者从事生产活动应获得的全部报酬。包括劳动者应获得的工资、奖金、津贴和补贴、单位为职工交纳的社会保险费、补充社会保险费和住房公积金、行政事业单位职工的离休金、单位为职工提供的雇员股票期权及其他各种形式的福利和报酬等,既包括货币形式的报酬,也包括实物形式报酬"。理由是,一是机关事业单位养老保险改革后,行政事业单位职工应按规定参加基本养老保险,退休人员不再领取退休金,改由养老保险基金支付其基本养老金。二是根据国家规定,机关事业单位及其工作人员应参加职业年金,有条件的企业也可以参加企业年金制度。职业年金和企业年金是补充社会保险的一部分,相应的单位缴费也应列入劳动者报酬。三是按规定行政事业单位职工都应参加基本医疗保险,符合条件的还可享受公务员医疗补助,公费医疗将不再存在。

9. 明确"生产税净额"范围

1993 年 SNA 和 2008 年 SNA 都引入了"生产税"和"生产补贴"的概念。生产税指政府对生产单位从事生产、销售和经营活动,以及因从事生产活动使用某些生产要素(如固定资产和土地等)所征收的各种税收、附加费和其他规费。生产税分为产品税和其他生产税,属于产品税的主要有增值税、消费税、营业税、进口关税等;属于其他生产税的主要有房产税、车船使用税、城镇土地使用税等。生产补贴则相反,它是政府为影响生产单位的生产、销售及定价等生产活动而对其提供的无偿支付,包括农业生产补贴、政策亏损补贴、进口补贴等。生产税净额指生产税减生产补贴后的差额。

2002 年文本未明确将进口税(包括进口关税)和出口税纳入生产税,也未明确将进口补贴和出口补贴纳入生产补贴。建议新文本按照 2008 年 SNA 定义,明确将进口税(包括进口关税)和出口税纳入生产税,将进口补贴和出口补贴纳入生产补贴。如此处理,才能确保生产税净额的范围与 2008 年 SNA 保持一致。

10. 修订"财产收入"范围

2008 年 SNA 中定义的财产收入指金融资产或自然资源所有者在约定时间内将其交由其他机构单位支配使用而获得的收入。财产收入包括利息、红利、准公司的收入提取、养老金权益的应付投资收入、属于投资基金股东集体的投资收入、地租等。

2002 年文本中的财产收入只包括利息、红利、土地租金和其他财产收入,没有包括准公司的收入提取、养老金权益的应付投资收入、属于投资基金股东集体的投资收入等。建议新文本按照 SNA 的建议,将 2002 年文本中未包括的上列各项纳入财产收入。

11. 修订"社会保险缴款"和"社会保险福利"范围

1993 年 SNA 和 2008 年 SNA 都引入了"社会缴款"和"社会福利"的概念。

社会缴款指对社会保险计划的实际或虚拟支付;社会福利指由社会保险计划向住户提供的满足其养老、失业、医疗、生育和工伤保险等特定需求的经常转移。

在2002年文本中,社会保险缴款仅包括向社会保障计划的缴款,没有包括向其他社会保险计划的缴款,同时,社会保险福利中也没有包括其他社会保险福利。随着中国社会保障体系的不断完善,这些指标已无法全面、准确地反映其发展变化情况。因此,建议新文本按照2008年SNA的定义,重新规定上述两个指标的范围口径,即将个人和单位缴款的年金纳入社会保险缴款,将其他社会保险福利纳入社会保险福利中。

12. 修订"收入税"范围

1993年SNA和2008年SNA都引入了"所得税、财产税等经常税"的概念。所得税、财产税等经常税主要包括对住户收入或公司利润所征收的税,每个纳税期定期应征收的财产税(它不同于非定期征收的资本税)。

在2002年文本中,收入(或所得)税仅限于对住户收入或企业利润或资本收益所征收的税,没有包括财产税等经常税。鉴于中国目前正在部分地区开展房产税征收试点工作,为了与SNA的定义保持一致,建议在新文本中将"收入税"修订为"所得税及财产税",包括收入(或所得)税和每年定期征收的财产税如房产税,但不包括对企业拥有并用于生产的土地、房屋或其他资产所征收的税(应视为生产税)。

13. 修订"资本形成总额"范围

2008年SNA中的"资本形成总额"包括固定资本形成总额、存货变动和贵重物品获得减处置,其中固定资本形成总额还包括研究和开发、计算机软件、数据库以及娱乐、文学和艺术品原件等知识产权产品。

在2002年文本中,资本形成总额只包括固定资本形成总额和存货变动,不包括贵重物品获得减处置,另外固定资本形成总额主要是围绕固定资产投资统计的指标进行核算和分类的,没有包括许多知识产权产品支出。为了保持中国"资本形成总额"数据的国际可比性,建议在新文本按照2008年SNA的建议,一是将资本形成总额范围扩大到包括贵重物品获得减处置;二是重新修订固定资本形成总额的核算范围,即将资本化的研究与开发、计算机软件、数据库以及娱乐、文学和艺术品原件等知识产权产品纳入固定资本形成总额范围。

14. 明确"实际最终消费"概念

1993年SNA和2008年SNA都引入了"实际最终消费"概念。实际最终消费是指实际获得的货物和服务的最终消费,分为居民实际最终消费、政府实际最终消费和为住户服务的非营利机构实际最终消费。从经济总体看,实际最终消费与最终消费支出是完全一致的,但在居民、政府和为住户服务的非营利机构部门层面,二者则有所不同,差别在于实物社会转移。实际最终消费是反映居民、政府和为住户服务的非营利机构真实消费水平的指标,也是全面分析研究收入分配状况的重要依据。

2002年文本没有明确区分最终消费支出和实际最终消费概念。实际上,中国政府提供了大量的实物社会转移,例如,政府以实物转移形式对住户提供了大量的教育、医疗服务,这些服务的真正享受者是居民个人,因而它们属于居民实际最终消费。因此,为了客观反映中国居民的真实消费水平以及中国政府在改善民生方面发挥的作用,进一步提高居民最终消费数据的国际可比性,建议新文本中按照SNA的建议明确提出实际最终消费概念,并增加与实际最终消费相关的"实物社会转移""调整后的可支配收入"等核算指标。

15. 修订"存款"和"贷款"范围

2008年SNA将存款定义为存款结清时债务人根据契约规定应偿还给债权人的数额,包括应付但未付的利息和服务费用(SNA利息与银行利息之差)。2002年文本将存款定义为"金融机构接受客户存入的货币款项,存款人可随时或按约定时间支取款项的信用业务。包括活期存款、定期存款、住户储蓄存款、财政存款、外汇存款和其他存款等"。建议参考2008年SNA的建议,将存款范围修订为"活期存款、定期存款、财政存款、外汇存款、委托存款、信托存款、证券公司客户保证金、其他存款和金融机构往来,其中金融机构往来包括中央银行与商业银行、商业银行之间的资金往来,如存款准备金、库存现金等"。

2008年SNA将贷款定义为债务人对债权人未偿付本金的数额,还包括应付但未付的利息和服务费用(银行利息与SNA利息之差)。2002年文本将贷款定义为"金融机构将其所吸收的资金,按一定的利率贷放给客户并约期归还的信用业务,主要包括短期贷款、中长期贷款、财政贷款、外汇贷款、委托贷款和其他贷款"。建议参考2008年SNA的建议,将贷款范围修订为"短期贷款及票据融资、中长期贷款、外汇贷款、委托贷款和其他贷款"。

(二) 基本分类的修订

1. 设置"为住户服务的非营利机构"部门

2008年SNA将一个经济体的常住机构单位划分为非金融公司部门、金融公司部门、广义政府部门、为住户服务的非营利机构、住户部门。其中,为住户服务的非营利机构是指那些不受政府控制的且为住户提供服务的非市场非营利机构。它们免费或以没有显著经济意义的价格向住户提供货物或服务,后者大部分由住户消费。

2002年文本将为住户服务的非营利机构划入政府部门,没有单独列出。主要原因是,在当时多数非营利机构为政府管理的事业单位。近年来,中国民间非营利组织发展较快,出现了很多从事非市场生产但又不隶属于政府部门的非营利机构,例如教会组织、寺庙机构,各种社交、文化、娱乐和体育俱乐部,以及公众、企业、政府机构、非常住单位等以现金或实物提供资助的慈善、救济和援助组织等,它们在促进经济发展、维护社会和谐等方面发挥着重要作用。因此,建议在新文本中将这类非营利机构从政府部门划分出来,单独设置为住户服务的非营利机构部门。

2. 增加产品分类

2008年SNA建议,根据货物的物理特征或服务的本质特点,采用《主产品分类》第二版(CPC2)对产品进行分类。

2002年文本没有涉及产品分类,建议新文本根据《统计用产品分类目录》对社会经济活动中的实物类产品和服务类产品进行的统一分类和编码,以用于以实物类产品和服务类产品为对象的所有统计调查活动。

3. 修订产业部门分类

2008年SNA建议,根据货物的物理特征或服务的本质特点,并考虑生产过程中的投入和使用的工艺技术,采用《全部经济活动的国际标准产业分类》第四版(ISIC,Rev.4)对生产活动进行分类。

2002年文本根据《国民经济行业分类标准》(GB/T 4754-2002)进行产业部门分类。国家统计局和国家标准管理部门根据经济发展需要,对《国民经济行业分类标准》(GB/T 4754-2002)进行了修订,并于2011年公布了新的行业分类标准《国民经济行业分类标准》(GB/T 4754-2011)。国家统计局于2012年又制定发布了《三次产业划分规定》。建议新文本根据《国民经济行业分类标准》(GB/T 4754-2011)和《三次产业划分规定》进行产业部门分类。

4. 修订 GDP 支出项目分类

2008 年 SNA 建议,对于住户部门最终消费支出,可利用《主产品分类》(CPC)按货物或服务种类细分,也可利用"按目的划分的个人消费分类"(COICOP)按目的或功能细分;对于广义政府部门最终消费支出,可根据"政府职能分类"(COFOG)的职能或目的进行分类,也可根据"主产品分类"的货物或服务种类进行分类;对于固定资本形成总额,可分为住宅、非住宅建筑、机器和设备、武器系统、培育性生物资源、非生产资产所有权转移费用、知识产权产品;对于存货变动,可分为材料和用品、在制品、制成品、军事存货、供转售的货物;对于贵重物品获得减处置,可分为贵金属和宝石、古董和其他艺术品、其他贵重物品。

2002 年文本关于 GDP 支出构成项目的分类较粗,只列示了居民消费分类和固定资本形成总额分类,越来越不能满足宏观经济分析和宏观经济管理的需要。建议新文本根据 2008 年 SNA 的建议,结合中国现行分类标准及统计制度的变化,对 GDP 的支出项目分类进行细化。具体来说,一是将固定资本形成分类由过去的"建筑安装工程、设备工器具购置、土地改良、其他"修订为"住宅、其他建筑和构筑物、机器和设备、培育性生物资源、知识产权产品、非生产资产所有权转移费用、其他";二是将存货由过去的单项细化为燃料原材料、在制品和制成品;三是将出口由过去的单项细分为货物出口和服务出口,将进口由过去的单项细分为货物进口和服务进口。

5. 修订非金融资产分类

2008 年 SNA 将非金融资产划分为生产资产和非生产资产,并对非金融资产分类的具体内容进行了修订,同时取消了有形资产和无形资产分类。

在 2002 年文本中,非金融资产分为固定资产、存货、其他非金融资产三个类别,没有划分生产资产和非生产资产,与 2008 年 SNA 差距较大。因此,建议新文本按照 2008 年 SNA 的非金融资产分类建议,将中国非金融资产分为生产资产和非生产资产,前者又可细分为固定资产、存货和贵重物品,其中固定资产还可以进一步细分为住宅、其他建筑和构筑物、机器和设备、培育性生物资源、知识产权产品和其他。

6. 修订金融资产分类

为了反映近年来金融市场出现的各种金融创新，2008年SNA修订了金融资产分类，其中最主要的一个变化是引入了金融衍生工具和雇员股票期权。

2002年文本的金融资产分类与2008年SNA的差别较大。因此，建议新文本按照2008年SNA的金融资产分类建议，修订中国金融资产分类，以便反映中国金融工具的不断创新和金融市场的快速发展。具体来说，一是将资金流量表（金融交易）中资金来源分类由过去"通货、存款、贷款、证券、保险准备金、结算资金、金融机构往来、准备金、库存现金、中央银行贷款、其他（净）、国外直接投资、其他对外债权债务、储备资产、国际收支净误差与遗漏"修订为"通货和存款、贷款、股权和投资基金份额、债务性证券、保险准备金和社会保险基金权益、金融衍生品和雇员股票期权、国际储备、其他"，二是将资产负债表中金融资产分类由过去的"通货、存款、贷款、证券、股票及其他股权、保险准备金、其他"修订为"通货和存款、贷款、股权和投资基金份额、债务性证券、保险准备金和社会保险基金权益、金融衍生品和雇员股票期权、国际储备、其他"。

（三）核算框架的修订

1. 修订基本核算框架

国民经济账户是反映经济循环过程中各环节及其有机联系的基本工具。按照国民经济账户间相互关系的内在逻辑进行整合，形成基本核算表。而基本核算表又通过账户连接成一个有机的整体。经过二十多年的发展和改进，中国五大核算表的范围越来越全、分类越来越细，主要国民经济账户的内容均已体现在这些基本核算表中。同时，在基本核算表的基础上可以派生出相应的账户。为此，建议新文本修订基本框架，即将基本框架由过去包括基本核算表、国民经济账户和附属表三部分修订为仅包括基本核算和扩展核算两部分，不再单独设置国民经济账户。

为了使新文本重点更加突出，建议取消一些与国民经济核算体系内容联系不够密切的内容。例如，取消投入产出核算中的直接消耗系数和完全消耗系数计算方法等。

2. 修订部分基本表框架

与2008年SNA推荐的表式相比，2002年文本中资产负债表的表式设置存在如下不足：一是缺少核算期内资产负债交易变化表和其他变化表，不能反映核算期内资产（负债）交易变化和非交易引起的变化；二是非金融资产分类较粗且不全，如非金融非生产资产涵盖不全；三是金融资产覆盖范围不全（如不包括非上市公司股权）或者分类不全，没有涵盖近年来新出现的新型金融工具，如金融衍生品和雇员股票期权等。

为了保证中国国民经济核算体系的完整性，进一步实现与 2008 年 SNA 接轨，建议新文本将资产负债表表式按照 2008 年 SNA 标准进行修订。一是增加资产负债交易变化表和其他变化表。资产负债交易变化表反映核算期内由非金融资产交易和金融资产负债交易引起的期初期末资产负债变化；资产负债其他变化表反映核算期内由于价格、外部事件和分类变化等非交易因素引起的期初期末资产负债的变化，包括资产物量其他变化表和资产负债重估价表。二是调整资产负债表的表式。将主栏的金融资产与负债项目改为分别独立设置；宾栏不再分设使用项和来源项；金融资产与负债项目下不再区分国内与国外的资产与负债。三是根据中国经济活动中出现的新情况和新变化，丰富和完善核算内容。扩大股权核算范围，不仅包括上市公司股权，还涵盖非上市公司股权；补充养老、医疗等社会保险基金权益的核算；增加对小额贷款公司等新型金融机构的核算；反映证券投资基金、资产支持证券等新型金融活动。

3. 修订扩展核算框架

扩展核算是对核心内容的补充，为了与 2008 年 SNA 保持一致，体现国民经济核算体系的开放性和前瞻性，并考虑到目前中国经济管理的需要，建议新文本扩充扩展核算内容，即增加卫生核算和旅游核算，将自然资源核算延伸扩展到资源环境核算。资源环境核算包括自然资源核算、环境保护支出核算以及废弃物、污染物产生和排放核算。对于自然资源核算，既核算存量，也核算流量，既核算实物量，也核算价值量。增加有关新兴经济增加值核算。

（四）部分指标计算方法的修订

1. 修订研究与开发支出的处理方法

2008 年 SNA 改变了研究与开发这种知识产权产品的处理方法，研究与开发支出不再作为中间投入，而是计入增加值和固定资本形成。为此，建议新文本对研究与开发支出的处理方法进行相应的修订。

2. 修订居民自有住房服务产出计算方法

在2002年文本中,城镇居民自有住房服务价值是按成本法计算的,这是国际上推荐的一种方法,比较适合住房租赁市场不发达的国家。但是,近年来,随着中国经济的快速发展,居民收入水平的不断提升,住房制度改革的不断深化,中国房地产市场快速发展,市场房价和房租大幅度上涨,而房屋建造成本并没有同步上升,按成本法计算的城镇居民自有住房服务价值存在明显低估的问题。因此,建议新文本采用市场租金法计算城镇居民自有住房服务产出,这种方法能够比较客观地反映城镇居民自有住房服务价值。

3. 修订间接计算的金融中介服务产出核算方法

2008年SNA改进了1993年SNA的方法,建议用参考利率法计算间接计算的金融中介服务产出,核算范围是金融机构的所有贷款和存款。2002年文本用利息收支差扣除自有资金获得的利息收入计算间接计算的金融中介服务(FISIM)产出,核算范围只限于银行的贷款和存款。建议新文本采用与2008年SNA一致的方法计算间接计算的金融中介服务(FISIM)产出。

4. 修订中央银行产出核算方法

2008年SNA建议,将中央银行的服务活动区分为市场服务、非市场服务以及介于二者之间的服务三种情况,并分别计算其产出。在2002年文本中,未明确中央银行的产出核算方法。建议在新文本中,将其放在货币金融服务业中,与其他法人单位一起计算产出,并且依据服务性质区分为市场服务和非市场服务,分别进行计算。

5. 修订非寿险服务产出核算方法

2008年SNA修订了非寿险服务产出的核算方法,用调整后的已生索赔代替了1993年SNA中的实际已生索赔。在2002年文本中,采用了1993年SNA推荐的方法计算非寿险服务产出。为了平滑巨灾后的实际已生索赔,建议新文本按照2008年SNA推荐的期望法或会计法等方法计算非寿险服务产出。

(作者:施发启)

二、研究与开发核算方法研究

随着经济社会的迅速发展,研究与开发(全称研究与试验发展,英文简称R&D,中文简称研发)活动变得越来越重要,成为推动科技创新和经济发展的重要力量。同时,研发成果的使用周期较长,在生产中能够为所有者带来经济利益,具有固定资产的属性。但是,由于R&D活动及其成果难以测度,国民经济核算国际标准一直将R&D支出作为中间消耗处理,GDP数据未能体现其对经济增长的贡献。而最近十几年的情况有了积极变化,世界各国R&D支出快速增长,R&D统计基础日益扎实,特别是部分发达国家建立了R&D核算卫星账户,R&D资本化核算方法逐渐成熟。基于这些情况,2008年SNA拓展了资产的边界,引入了知识产权产品概念,并将R&D成果视为知识产权产品而列入固定资产,进而修订了GDP核算方法。本节将从核算实践出发,依据2008年SNA讨论具体的R&D核算方法。

(一) R&D活动相关概念

1. R&D的概念界定

按照科技统计国际标准《弗拉斯卡蒂手册》的定义,R&D活动是指为增加知识储量(包括有关人类、文化和社会的知识)以及涉及已有知识的新应用而进行的创造性、系统性工作。2008年SNA对R&D活动的界定与科技统计国际规范是一致的。

2. R&D相关指标的联系与区别

与R&D活动有关的指标主要有R&D支出、R&D产出、R&D投资和R&D资本存量等,其相互关系见图1。

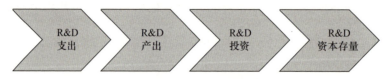

图1 R&D活动相关指标的联系

其中,R&D支出是指为开展R&D活动而发生的经费支出(对应研发统计中的 R&D 内部经费支出);R&D 产出是指 R&D 活动的总产出;当 R&D 成果识别为固定资产后,R&D 投资是指 R&D 这项资产在一段时期内的积累;R&D 资本存量是指 R&D 这项固定资产在某一时点的资产存量。

(二) 国民经济核算框架中的 R&D 核算内容和核算变革

1. R&D 核算内容

R&D 核算是指在 GDP 核算框架下围绕 R&D 活动所开展的一系列核算。R&D 活动旨在通过创造性的工作,达到提高生产率或在将来获得某种收益的目的。从 GDP 核算视角看,R&D 活动可分解为两个层次的活动,分别对应 R&D 成果是如何生产出来的和 R&D 成果是如何被使用的。其中,第一层是指进行创造性工作,形成 R&D 成果的活动;第二层是指使用 R&D 成果所进行的新的生产活动,目的是提高生产率。因此,在国民经济核算框架中,R&D 核算过程包括两个阶段。这两个阶段如图 2 所示。

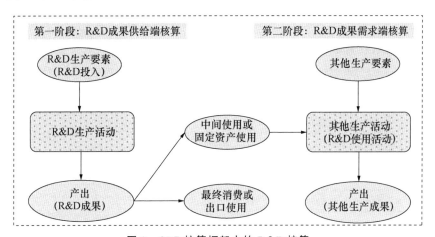

图 2 GDP 核算框架中的 R&D 核算

其中,第一阶段是从供给端核算 R&D 成果的生产过程,即如何核算 R&D 生产活动自身的产出、所创造的增加值等;第二阶段是从需求端核算 R&D 成果的使用过程,这里涉及 R&D 成果如何参与新的生产活动,是否对相应资本账户产生影响等。

2. 2008 年 SNA 关于 R&D 核算的变革

R&D 核算的变革与 2008 年 SNA 对资产概念的修订密切相关。1993 年

SNA 确认了部分无形资产可以列入固定资产,包括矿藏勘探、计算机软件以及娱乐、文学或艺术品原件和其他。2008 年 SNA 进一步扩展了资产边界,将 R&D 成果也纳入进来,并统称为知识产权产品,列入固定资产。

R&D 成果属性的改变导致相关核算发生了重大变革。首先,R&D 成果需要识别为固定资产,这就要求对 R&D 生产活动进行单独核算。而在 1993 年 SNA 中,自给性的 R&D 生产活动作为辅助生产活动通常与其他生产活动一并核算,R&D 成果没有被单独识别。其次,R&D 成果在使用过程中不再作为中间消耗使用,而是作为固定资产使用参与新的生产过程。与其他固定资产的作用和性质相类似,这类资产的价值会因使用而有所降低,需要计提固定资产折旧,由此牵扯到资产账户的记录变化。可见,在 1993 年 SNA 中,R&D 生产活动没有形成相应的 R&D 资产,R&D 生产活动的产出主要用于其他生产活动的中间投入,还有一部分用于最终消费或出口;而在 2008 年 SNA 中,R&D 生产活动形成了相应的 R&D 资产,并且这类 R&D 资产以资本服务方式参与其他生产活动,即 2008 年 SNA 对这类 R&D 进行了资本化核算处理。

(三) R&D 资本化核算的范围和分类

1. R&D 资本化核算的范围

2008 年 SNA 认为,并非所有的 R&D 都可以资本化。原则上,只有能给所有者带来经济利益的 R&D 支出才能作为固定资本形成处理,而不给其所有者带来经济利益的 R&D 支出依然视为中间消耗。对于如何界定是否给所有者带来经济利益,2008 年 SNA 并没有给出明确的解释。从现有研究看,有两类 R&D 活动存在一定分歧:一是不成功的 R&D 活动;二是非市场生产者的 R&D 活动。

对于不成功的 R&D 活动,从微观层面来看,由于它不产生"实际的"成果,似乎确实不能为所有者带来直接的经济利益,但是,OECD 认为不成功的 R&D 活动也应纳入资本化核算范围。首先,从宏观层面上看,尽管某些 R&D 活动"表面上"没有成功,但生产者可从中获得经验教训,为未来 R&D 活动提供指导帮助,提高未来 R&D 活动的成功率,因而也在某种程度上为所有者带来潜在的经济利益;相反,如果剔除不成功的 R&D 活动,则会低估整个 R&D 活动的总成本。其次,从数据获取角度考虑,现实中很难区分成功的 R&D 活动和不成功的 R&D 活动,特别是某些 R&D 活动跨越时间较长,且未来的不确定性较大,很难判断是否能够成功。

对于非市场生产者的 R&D 活动,分歧在于其 R&D 成果通常具有很强的外部性,不仅可以为所有者带来经济利益,而且会使全社会都受益。但从各国的实践看,都把非市场的 R&D 活动纳入资本化核算范围,认为其 R&D 成果可以像公路、桥梁等资产一样提供公共服务,也具有固定资产的属性。

2. R&D 资本化核算的基本分类

由于 R&D 核算涉及 R&D 成果的供给和使用,R&D 资本化核算时应考虑其供给分类和使用分类。从 R&D 成果的供给看,R&D 成果有国内生产和进口两类。对于国内生产的 R&D 成果,按生产目的划分,可分为自给性生产和以出售为目的的生产两类。从 R&D 成果的使用看,自给性生产的 R&D 成果可分为被市场生产者和非市场生产者使用两类;以出售为目的生产的 R&D 成果可分为出售给市场生产者、非市场生产者和出口三类。进口的 R&D 成果可分为被市场生产者和非市场生产者使用两类。

因此,按 R&D 成果的供给和使用划分,与 R&D 相关的经济活动可分 7 类,详见表 1。其中,第 1 类为市场生产者自给性 R&D 生产活动,比如国内手机制造商开展的并且研发成果供自己使用的研发活动;第 2 类为非市场生产者自给性 R&D 生产活动,比如国内高校开展的信号传输技术基础研究活动;第 3 类为 R&D 成果由国内生产且出售给市场生产者使用的经济活动,比如国内某企业将其研发成果卖给国内手机制造商,该活动包括该企业的研发活动和手机制造商使用研发成果所开展的新的生产活动;第 4 类为 R&D 成果由国内生产且出售给非市场生产者使用的经济活动,比如国内某企业将其研发成果卖给国内高校供其研究使用,该活动包括该企业的研发活动和高校使用研发成果所开展的相关研究活动;第 5 类为 R&D 成果由国内生产且用于出口的经济活动,比如国内某企业将其研发成果出口到国外;第 6 类为市场生产者使用进口 R&D 成果的经济活动,比如国内手机制造商购买外国研发成果所进行的生产制造活动;第 7 类为非市场生产者使用进口 R&D 成果的经济活动,比如国内高校使用外国研发成果所进行的相关研究活动。

表 1　按 R&D 成果的供给和使用分类的经济活动

R&D 成果的供给		R&D 成果的使用	R&D 经济活动类别
国内生产	自给性生产	市场生产者	第 1 类
		非市场生产者	第 2 类
	以出售为目的的生产	市场生产者	第 3 类
		非市场生产者	第 4 类
		出口	第 5 类
进口		市场生产者	第 6 类
		非市场生产者	第 7 类

(四) R&D 资本化核算的基本方法

在供给端，R&D 资本化核算关键是测算 R&D 活动的产出；在使用端，R&D 资本化核算关键是如何将当年的 R&D 固定资本形成（R&D 投资）累计为 R&D 资本存量（R&D 资产），并在新的生产活动中计提 R&D 资产折旧。

1. R&D 产出核算

2008 年 SNA 认为，当存在可观测的市场价格时，R&D 产出要按市场价格来估算；当缺乏可观测的市场价格时，R&D 产出可按照总成本法来估算。R&D 活动总成本一般由三部分组成：材料及服务费、劳动力成本、固定资产成本。其中，材料及服务费是指从事 R&D 活动所消耗的各种原材料、服务费及其他各种费用支出；劳动力成本是指支付给所有从事 R&D 活动相关人员的劳动者报酬；固定资产成本是指从事 R&D 活动所消耗的固定资产折旧，如房屋和机器设备折旧等。用公式可表示为：

$$R\&D 产出 = R\&D 活动的总成本 \\ = 材料及服务费 + 劳动力成本 + 固定资产成本 \quad (1)$$

在此基础上，如果 R&D 活动涉及生产税和补贴，那么 R&D 活动总成本还应加上生产税净额；如果考虑 R&D 活动的机会成本或预期资本回报，那么 R&D 活动总成本还应加上潜在利润或平均利润。用公式可表示为：

$$R\&D 产出 = R\&D 活动的总成本 \\ = 材料及服务费 + 劳动力成本 + 固定资产成本 \\ + 生产税净额 + 资本回报 \quad (2)$$

科技统计中的R&D调查测度了R&D活动的投入。因此,对R&D产出的估价可从R&D调查中的R&D内部经费支出入手,按照核算的有关概念、定义和要求,将其转换为符合核算规范的R&D产出数据。R&D内部经费支出与R&D产出相比,主要区别有如下三个方面。一是覆盖范围有所不同,R&D内部经费支出包括软件业的R&D支出,而在核算中R&D资产和软件为并列关系,都是知识产权产品,软件行业的R&D成果可能表现为具体的软件,因此应将这部分软件R&D支出扣除,否则会引起重复核算;二是对固定资产的处理方式不同,R&D内部经费支出计算的是对新固定资产的购买支出,而R&D产出计算的是已有固定资产的折旧;三是R&D产出可能涉及生产税净额和资本回报,而R&D内部经费支出并不涉及。不过,两者在其他方面具有较强的相似性,可大致通过表2的计算公式实现两者的转换。

表2 从R&D内部经费支出到R&D产出的转换公式

	起点:R&D内部经费支出
−	重复的软件R&D
−	资本性支出
+	固定资产折旧
+	生产税净额调整
+	资本回报调整
+	其他调整
=	R&D产出

2. R&D资本存量核算和R&D资产折旧核算

在R&D资本化核算中,R&D产出不再用于中间消耗使用,即要么作为最终消费和出口使用,要么作为当年的固定资本形成使用。因此,当年的R&D投资可通过当年的R&D产出减去R&D最终消费和R&D净出口计算得到。

在测算R&D资本存量时,与其他固定资本存量测算相似,2008年SNA建议使用永续盘存法并根据历年的R&D投资计算。

$$R_t = (1-\delta)R_{t-1} + A_t \quad (3)$$

$$CRC_t = \delta R_{t-1} \quad (4)$$

其中,R_t为t期的R&D资产存量,A_t为t期的R&D投资,δ为R&D资产折旧率,CRC_t为t期的R&D资产折旧。因此,R&D资本存量和R&D资产折旧计算的关键在于确定合适的资产折旧率。然而,不同类型的 R&D 资产折旧率也差别较大,所以应尽可能在较小的行业或较细的分类水平上开展 R&D 核算。对于如何选择合适的资产折旧率,OECD 出版的《知识产权产品资本测算手册》建议,考虑到知识产权产品资产价值在最初几年下降较快,应使用几何模型的年限效率函数或年限价格函数,并用如下公式计算。

$$\delta = X/L \tag{5}$$

其中,X 为余额递减率,L 为资产平均预期使用寿命。欧盟统计局出版的《ESA2010 的 R&D 测算手册》(2014)认为,理论上应该通过调查对每类资产分别确定其使用寿命,如果没有其他可用的信息,R&D 资产预期使用寿命可定为 10 年。

(五) R&D 资本化核算:生产法视角

为实现 R&D 资本化处理,从生产角度看,涉及总产出和中间投入核算,进而影响到增加值核算。

1. 第 1 类 R&D 经济活动

对市场生产者而言,自给性 R&D 生产活动是辅助的生产活动,目的是提高生产效率以更好地为其他生产活动服务。在原方法中,由于 R&D 生产活动具有自产自用的性质,因而没有单独核算,R&D 产出也没有被识别,其中间消耗体现在总生产活动的中间消耗中。在新方法中,R&D 生产活动从总生产活动中独立出来核算,因此需要单独计算中间消耗和总产出。对其他生产活动而言,总产出没有变化,中间消耗等于总生产活动中间消耗扣除 R&D 生产活动中间消耗的剩余部分。综合来看,与原方法相比,新方法下总产出和增加值都增加了,增加部分等于 R&D 生产活动的产出,而中间消耗没有变化。核算方法及其变化详见表 3。

表3 生产法核算的第 1 类 R&D 经济活动

	原方法	新方法		变化
	总生产活动	R&D 生产活动	其他生产活动	
总产出	GO	$GO_{R\&D}$	GO	$GO_{R\&D}$
−中间消耗	IC	$IC_{R\&D}$	$IC - IC_{R\&D}$	0
=增加值	VA	$GO_{R\&D} - IC_{R\&D}$	$VA + IC_{R\&D}$	$GO_{R\&D}$

其中,R&D 产出根据式(2)和表 2 的转换公式计算。

2. 第 2 类 R&D 经济活动

非市场生产者的自给性 R&D 生产活动总产出按投入的总成本计算。在原方法中,由于其具有自产自用的性质,R&D 生产活动没有单独核算,其总成本体现在总生产活动的成本中,其中间消耗体现在总生产活动的中间消耗中。在新方法中,R&D 生产活动的总产出和中间消耗都从总生产活动中独立出来。对其他生产活动而言,中间消耗等于总生产活动中间消耗扣除 R&D 生产活动中间消耗的剩余部分;不过由于其在生产中使用了 R&D 资产,需要计提 R&D 资产的折旧,因此总成本和总产出增加了。综合来看,与原方法相比,新方法下总产出和增加值都增加了,增加部分均等于 R&D 资产折旧,而中间消耗没有变化。核算方法及其变化详见表 4。

表 4　生产法核算的第 2 类 R&D 经济活动

	原方法	新方法		变化
	总生产活动	R&D 生产活动	其他生产活动	
总产出	GO	$GO_{R\&D}$	$GO-GO_{R\&D}+CRC$	CRC
－中间消耗	IC	$IC_{R\&D}$	$IC-IC_{R\&D}$	0
＝增加值	VA	$GO_{R\&D}-IC_{R\&D}$	$VA-GO_{R\&D}+IC_{R\&D}+CRC$	CRC

其中,R&D 产出根据式(1)和表 2 的转换公式计算;R&D 资产折旧根据式(3)、式(4)和式(5)计算。

3. 第 3 类 R&D 经济活动

第 3 类 R&D 成果由国内生产者生产,并出售给市场生产者使用。从 R&D 成果的生产过程看,原方法和新方法没有变化,都核算了其产出,所以总产出、中间消耗和增加值都没有变化。但从 R&D 成果的使用过程看,则有不同的影响:在原方法中,R&D 成果作为中间消耗使用;在新方法中,R&D 成果作为固定资产使用,即中间消耗中不再包括 R&D 资产价值。对于使用者来说,由于产出没有变化,中间消耗减少了,增加值也就增加了。其中,中间消耗减少部分和增加值增加部分,都等于所购买的 R&D 资产价值。核算方法及其变化详见表 5。

表 5　生产法核算的第 3 类 R&D 经济活动

	原方法		新方法		变化
	R&D 生产活动	其他生产活动	R&D 生产活动	其他生产活动	
总产出	$GO_{R\&D}$	GO	$GO_{R\&D}$	GO	0
−中间消耗	$IC_{R\&D}$	IC	$IC_{R\&D}$	$IC-GO_{R\&D}$	$-GO_{R\&D}$
=增加值	$GO_{R\&D}-IC_{R\&D}$	VA	$GO_{R\&D}-IC_{R\&D}$	$VA+GO_{R\&D}$	$GO_{R\&D}$

其中,所购买的 R&D 资产价值按市场价格计算,在缺乏可观测市场价格时可根据式(2)和表 2 的转换公式计算。

4. 第 4 类 R&D 经济活动

这类 R&D 成果由国内生产者生产,并出售给非市场生产者使用。与第 3 类 R&D 经济活动相似,从 R&D 成果的生产过程看,原方法和新方法没有变化,R&D 产出均已核算且出售给使用者。从 R&D 成果的使用过程看,在原方法中,R&D 产出作为中间消耗使用;在新方法中,R&D 产出作为固定资产使用,中间消耗将减少。同时,由于非市场生产者的总产出按成本法计算,R&D 资产在使用过程需要计提折旧,资产折旧成本将增加。因此,与原方法相比,新方法下中间消耗减少,减少额等于 R&D 资产价值;增加值增加,增加额等于 R&D 资产折旧;总产出的变化等于增加值增加额与中间消耗减少额之差。核算方法及其变化详见表 6。

表 6　生产法核算的第 4 类 R&D 相关经济活动

	原方法		新方法		变化
	R&D 生产活动	其他生产活动	R&D 生产活动	其他生产活动	
总产出	$GO_{R\&D}$	GO	$GO_{R\&D}$	$GO-GO_{R\&D}+CRC$	$-GO_{R\&D}+CRC$
−中间消耗	$IC_{R\&D}$	IC	$IC_{R\&D}$	$IC-GO_{R\&D}$	$-GO_{R\&D}$
=增加值	$GO_{R\&D}-IC_{R\&D}$	VA	$GO_{R\&D}-IC_{R\&D}$	$VA+CRC$	CRC

其中,所购买的 R&D 资产价值按市场价格计算,在缺乏可观测市场价格时可根据式(2)和表 2 的转换公式计算;R&D 资产折旧根据式(3)、式(4)和式(5)计算。

5. 第 5 类 R&D 经济活动

对于出口的 R&D 成果,其生产过程的核算方法没有变化,其使用过程不对国内部门产生影响。因此,总产出、中间消耗和增加值都没有变化。

6. 第 6 类 R&D 经济活动

市场生产者使用进口 R&D,其核算方法及其变化与表 5 相似。在原方法中,R&D 成果作为中间消耗使用;在新方法中,R&D 成果作为固定资产使用,即所使用的 R&D 资产价值应从中间消耗中扣除。因此,与原方法相比,新方法下总产出不变,中间消耗减少,增加值增加。其中,中间消耗减少部分和增加值增加部分都等于所购买的进口 R&D 资产价值。其中,进口 R&D 资产价值数据可通过两种方式获取,一是通过对使用方的统计调查,直接获取所购买的进口 R&D 资产价值;二是从国际收支平衡表中获取,前提是这类数据能够单列。

7. 第 7 类 R&D 经济活动

非市场生产者使用进口 R&D,其核算方法及其变化与表 6 相似。在原方法中,R&D 产出作为中间消耗使用;在新方法中,R&D 成果作为固定资产使用,中间消耗将减少。同时,由于非市场生产者的总产出按成本法计算,R&D 资产在使用过程中需要计提折旧,固定资产折旧成本将增加。因此,与原方法相比,新方法下中间消耗减少了,减少部分等于 R&D 资产价值;增加值增加了,增加部分等于 R&D 资产折旧;总产出的变化等于增加值增加额与中间消耗减少额之差。同样,进口 R&D 资产价值数据可通过两种方式获取,一是通过对使用方的统计调查,直接获取所购买的进口 R&D 资产价值;二是从国际收支平衡表中获取。R&D 资产折旧根据式(3)、式(4)和式(5)计算。

(六) R&D 资本化核算:收入法视角

从收入法角度看,R&D 资本化处理的结果是透过增加值各个构成项目的核算将其影响最终传递给增加值。

1. 第 1 类 R&D 经济活动

如前所述,对市场生产者而言,自给性 R&D 生产活动是辅助的生产活动,原方法没有对其进行单独核算,而新方法则将总生产活动拆分为 R&D 生产活动和其他生产活动两部分核算,并且增加值增加了,增加部分等于 R&D 产出。

对于收入法的构成项,与原方法相比,新方法下劳动者报酬总额和生产税净额总额没有任何变化,因为计算方法的改变并不会给劳动者带来新的收入,也无须支付更多的税收。但是,生产中除了使用原有的固定资产外,还使用了R&D资产,这部分也需要计提折旧,从而固定资产折旧增加了,增加部分等于R&D资产的折旧。根据收入法核算公式,营业盈余也有所变化,变化部分等于增加值增加部分扣除固定资产折旧增加部分。核算方法及其变化详见表7。

表7 收入法核算的第1类R&D经济活动

	原方法	新方法		变化
	总生产活动	R&D生产活动	其他生产活动	
劳动者报酬	CE	$CE_{R\&D}$	$CE-CE_{R\&D}$	0
+固定资产折旧	CFC	$CFC_{R\&D}$	$CFC-CFC_{R\&D}+CRC$	CRC
+生产税净额	NT	$NT_{R\&D}$	$NT-NT_{R\&D}$	0
+营业盈余	OS	$OS_{R\&D}$	$OS-OS_{R\&D}+GO_{R\&D}-CRC$	$GO_{R\&D}-CRC$
=增加值	VA	$CE_{R\&D}+CFC_{R\&D}+NT_{R\&D}+OS_{R\&D}$	$VA-CE_{R\&D}-CFC_{R\&D}-NT_{R\&D}-OS_{R\&D}+GO_{R\&D}$	$GO_{R\&D}$

其中,R&D产出根据式(2)和表2的转换公式计算;R&D资产折旧根据式(3)、式(4)和式(5)计算。

2. 第2类R&D经济活动

同样,对于非市场生产者自给性R&D生产活动而言,新方法需要将总生产活动拆分为R&D生产活动和其他生产活动两部分核算。与原方法相比,新方法下劳动者报酬总额和生产税净额总额没有任何变化,因为计算方法的改变并不会给劳动者带来新的收入,也无须支付更多的税收;非市场生产者一般不计算营业盈余,因此营业盈余也没有变化。根据收入法计算公式,增加值和固定资产折旧变化一致,都因生产中使用了R&D资产而增加了R&D资产的折旧。核算方法及其变化详见表8。

表 8　收入法核算的第 2 类 R&D 经济活动

	原方法	新方法		变化
	总生产活动	R&D 生产活动	其他生产活动	
劳动者报酬	CE	$CE_{R\&D}$	$CE-CE_{R\&D}$	0
+固定资产折旧	CFC	$CFC_{R\&D}$	$CFC-CFC_{R\&D}+CRC$	CRC
+生产税净额	NT	0	NT	0
+营业盈余	OS	0	OS	0
=增加值	VA	$CE_{R\&D}+CFC_{R\&D}$	$VA-CE_{R\&D}-CFC_{R\&D}+CRC$	CRC

其中，R&D 资产折旧根据式(3)、式(4)和式(5)计算。

3. 第 3 类 R&D 经济活动

对于出售给市场生产者所使用的 R&D 成果，从其生产过程看，不管是费用化核算还是资本化核算，都对 R&D 生产活动进行了核算，所以其收入法四个构成项和增加值都没有变化。从 R&D 成果的使用过程看，劳动者报酬总额和生产税净额总额没有任何变化，因为计算方法的改变并不会给劳动者带来新的收入，也无须支付更多的税收；同时，在新方法中，由于 R&D 成果作为固定资产使用，需要计提固定资产折旧，因此固定资产折旧增加了。而根据生产法核算结果可知，增加值也增加了，增加部分等于所购买的 R&D 资产价值。所以，根据收入法核算公式，可知营业盈余也相应发生变化，变化量等于增加值的增加部分扣除固定资产折旧的增加部分。核算方法及其变化详见表 9。

表 9　收入法核算的第 3 类 R&D 经济活动

	原方法		新方法		变化
	R&D 生产活动	其他生产活动	R&D 生产活动	其他生产活动	
劳动者报酬	$CE_{R\&D}$	CE	$CE_{R\&D}$	CE	0
+固定资产折旧	$CFC_{R\&D}$	CFC	$CFC_{R\&D}$	$CFC+CRC$	CRC
+生产税净额	$NT_{R\&D}$	NT	$NT_{R\&D}$	NT	0
+营业盈余	$OS_{R\&D}$	OS	$OS_{R\&D}$	$OS+GO_{R\&D}-CRC$	$GO_{R\&D}-CRC$

(续表)

	原方法		新方法		变化
	R&D生产活动	其他生产活动	R&D生产活动	其他生产活动	
=增加值	$CE_{R\&D}$ $+CFC_{R\&D}$ $+NT_{R\&D}$ $+OS_{R\&D}$	VA	$CE_{R\&D}$ $+CFC_{R\&D}$ $+NT_{R\&D}$ $+OS_{R\&D}$	$VA+GO_{R\&D}$	$GO_{R\&D}$

其中,所购买的R&D资产价值按市场价格计算,在缺乏可观测市场价格时可根据式(2)和表2的转换公式计算;R&D资产折旧根据式(3)、式(4)和式(5)计算。

4. 第4类R&D经济活动

对于出售给非市场生产者所使用的R&D成果,从其生产过程看,不管是费用化核算还是资本化核算,都对R&D生产活动进行了核算,所以其收入法四个构成项和增加值都没有变化。从R&D成果的使用过程看,劳动者报酬总额和生产税净额总额没有任何变化,因为计算方法的改变并不会给劳动者带来新的收入,也无须支付更多的税收;同时,非市场生产者不计算营业盈余,所以营业盈余也没有变化。然而,在新方法中,由于R&D成果作为固定资产使用,需要计提固定资产折旧,因此固定资产折旧增加了。根据收入法核算公式可知,增加值也增加了,增加部分等于所用的R&D资产的折旧。核算方法及其变化详见表10。

表10 收入法核算的第4类R&D经济活动

	原方法		新方法		变化
	R&D生产活动	其他生产活动	R&D生产活动	其他生产活动	
劳动者报酬	$CE_{R\&D}$	CE	$CE_{R\&D}$	CE	0
+固定资产折旧	$CFC_{R\&D}$	CFC	$CFC_{R\&D}$	CFC+CRC	CRC
+生产税净额	$NT_{R\&D}$	NT	$NT_{R\&D}$	NT	0
+营业盈余	$OS_{R\&D}$	OS	$OS_{R\&D}$	OS	0
=增加值	$CE_{R\&D}$ $+CFC_{R\&D}$ $+NT_{R\&D}$ $+OS_{R\&D}$	VA	$CE_{R\&D}$ $+CFC_{R\&D}$ $+NT_{R\&D}$ $+OS_{R\&D}$	VA+CRC	CRC

其中,所购买的R&D资产价值按市场价格计算,在缺乏可观测市场价格时可

根据式(2)和表2的转换公式计算;R&D资产折旧根据式(3)、式(4)和式(5)计算。

5. 第5类R&D经济活动

如前所述,对于出口的R&D成果,其生产过程的核算方法没有变化,其使用过程不对国内部门产生影响。因此,收入法四个构成项和增加值都没有变化。

6. 第6类R&D经济活动

与第3类R&D经济活动相似,这类进口R&D的核算方法及其变化与表9相同。

7. 第7类R&D经济活动

与第4类R&D经济活动相似,这类进口R&D的核算方法及其变化与表10相同。

(七) R&D 资本化核算:支出法视角

前面生产法、收入法都需借助于增加值来表现R&D资本化处理的结果,在支出法视角下,则是要通过R&D产出的使用直接体现R&D资本化处理过程。

1. 第1类R&D经济活动

R&D资本化核算后,由于R&D成果识别为资产,因此资本形成总额增加。对于自给性生产的市场生产者而言,R&D资产具有自产自用的性质,不增加其他生产活动的产出,因此最终消费支出、居民消费支出、政府消费支出、净出口均没有变化。根据支出法公式可知,GDP的变化等于资本形成总额的变化,变化部分都等于R&D产出。核算方法及其变化详见表11。

表11　支出法核算的第1类R&D经济活动

	原方法	新方法	变化
最终消费支出	FC	FC	0
居民消费支出	HC	HC	0
政府消费支出	GC	GC	0
+资本形成总额	GCF	GCF+$GO_{R\&D}$	$GO_{R\&D}$
−净出口	NX	NX	0
=GDP	GDP	GDP+$GO_{R\&D}$	$GO_{R\&D}$

其中,R&D产出根据式(2)和表2的转换公式计算。

2. 第 2 类 R&D 经济活动

非市场生产者的产出按投入的总成本计算。首先,在 R&D 资本化核算后,由于 R&D 成果识别为资产,因此资本形成总额增加,相应地这部分应在政府消费支出中扣除。其次,由于生产中使用了 R&D 资产,需要计提 R&D 资产的折旧,因此这部分应计入政府消费支出。综合来看,政府消费支出既有增加的部分,也有减少的部分,而居民消费支出和净出口没有变化。根据支出法公式可知,GDP 的变化等于 R&D 资产的折旧。核算方法及其变化详见表 12。

表 12 支出法核算的第 2 类 R&D 经济活动

	原方法	新方法	变化
最终消费支出	FC	$FC-GO_{R\&D}+CRC$	$-GO_{R\&D}+CRC$
居民消费支出	HC	HC	0
政府消费支出	GC	$GC-GO_{R\&D}+CRC$	$-GO_{R\&D}+CRC$
+资本形成总额	GCF	$GCF+GO_{R\&D}$	$GO_{R\&D}$
-净出口	NX	NX	0
=GDP	GDP	GDP+CRC	CRC

其中,R&D 产出根据式(1)和表2的转换公式计算;R&D 资产折旧根据式(3)、式(4)和式(5)计算。

3. 第 3 类 R&D 经济活动

首先,在 R&D 资本化核算中,R&D 成果被识别为资产,因此,市场生产者所使用的外购 R&D 成果从中间使用更改为最终使用,资本形成总额增加。其次,由于市场生产者的总产出没有变化,因此最终消费支出、政府消费支出、居民消费支出、净出口均没有变化。根据支出法公式可知,GDP 的变化等于资本形成总额的变化,变化部分都等于所购买的 R&D 资产的价值。其中,所购买的 R&D 资产价值按市场价格计算,在缺乏可观测市场价格时可根据式(2)和表 2 的转换公式计算;R&D 资产折旧根据式(3)、式(4)和式(5)计算。核算方法及其变化与表 11 相同。

4. 第 4 类 R&D 经济活动

非市场生产者的产出按投入的总成本计算。首先,在 R&D 资本化核算后,由于R&D成果识别为资产,因此资本形成总额增加,相应地这部分应在政府消费支出中扣除。其次,由于生产中使用了R&D资产,需要计提R&D资产的折旧,因此这部分应计入政府消费支出。综合来看,政府消费支出既有增加的部分,也有减少的部分,而居民消费支出和净出口没有变化。根据支出法公式可知,GDP的变化等于R&D资产的折旧。其中,所购买的R&D资产价值按市场价格计算,在缺乏可观测市场价格时可根据式(2)和表2的转换公式计算。核算方法及其变化与表12相同。

5. 第5类R&D经济活动

如前所述,对于出口的R&D成果,其生产过程的核算方法没有变化,其使用过程不对国内部门产生影响。因此,最终消费支出、资本形成总额、净出口和GDP都没有变化。

6. 第6类R&D经济活动

与第3类R&D经济活动相似,这类进口R&D的核算方法及其变化与表11相同。

7. 第7类R&D经济活动

与第4类R&D经济活动相似,这类进口R&D的核算方法及其变化与表12相同。

(八) R&D资本化核算的影响

1. 总体影响

不同类别的R&D资本化核算方法有所不同,对GDP核算及其构成部分的影响也有所不同。各类R&D资本化对GDP核算及其构成部分的影响详见表13。

从生产法看,R&D资本化核算后,中间消耗有所减少,增加值有所增加,而总产出影响有所不同。其中,自给性R&D生产活动的总产出有所增加,使用外购R&D的市场生产者的总产出没有变化,使用外购R&D的非市场生产者的总产出有增有减。综合来看,由于R&D生产活动中自给性生产占绝大部分,所以总产出总体上有所增加。

表 13　不同类别的 R&D 资本化对 GDP 核算的影响

核算方法	变量	国内生产					进口		总体变化
		自给性生产		出售					
		市场生产者	非市场生产者	市场生产者	非市场生产者	出口	市场生产者	非市场生产者	
		第1类	第2类	第3类	第4类	第5类	第6类	第7类	
生产法	总产出	↑	↑	—	↑↓	—	—	↑↓	增加
	中间消耗	—	—	↓	↓	—	↓	↓	减少
	增加值	↑	↑	↑	↑	—	↑	↑	增加
收入法	劳动者报酬	—	—	—	—	—	—	—	不变
	固定资产折旧	↑	↑	↑	↑	—	↑	↑	增加
	生产税净额	—	—	—	—	—	—	—	不变
	营业盈余	↑↓	—	↑↓	—	—	↑↓	—	增加
	增加值	↑	↑	↑	↑	—	↑	↑	增加
支出法	最终消费支出	—	↑↓	—	↑↓	—	—	↑↓	减少
	居民消费支出	—	—	—	—	—	—	—	不变
	政府消费支出	—	↑↓	—	↑↓	—	—	↑↓	减少
	资本形成总额	↑	↑	↑	↑	—	↑	↑	增加
	净出口	—	—	—	—	—	—	—	不变
	GDP	↑	↑	↑	↑	—	↑	↑	增加

注:"↑"表示增加,"↓"表示减少,"—"表示不变,"↑↓"表示有增有减。

从收入法看,R&D 资本化核算后,劳动者报酬和生产税净额保持不变;固定资产折旧有所增加;使用 R&D 资产的非市场生产者的营业盈余没有变化,使用 R&D 资产的市场生产者的营业盈余有增有减。由于 R&D 活动发展迅速,新形成的 R&D 资产价值通常大于 R&D 资产折旧,根据营业盈余的计算公式可知,营业盈余总体上有所增加。

从支出法看,R&D 资本化核算后,GDP 和资本形成总额有所增加;居民消费支出和净出口保持不变;由于 R&D 活动发展迅速,新形成的 R&D 资产价值通常大于 R&D 资产折旧,根据政府消费支出和最终消费支出的计算公式可知,政府消费支出和最终消费支出总体上有所减少。

2. 核算方法的进一步推导

表 3 至表 12 表明,R&D 资本化核算后,GDP 及相关指标均会发生相应变化,且这些指标的变动额主要与 R&D 产出和 R&D 资产折旧有关。汇总第 1

类至第7类R&D资本化核算方法,并作进一步推导,可得到简化后的R&D资本化核算方法。

(1) 总产出的变化

R&D资本化核算后,新总产出是在原来的基础上,加上市场生产者自给性R&D产品的价值(自给性R&D产出),减去非市场生产者购买性R&D产品的价值(购买性R&D产出),再加上非市场生产者的R&D资产折旧,见式(6)。

$$
\begin{aligned}
新总产出 = &\ 原总产出 + 市场生产者自给性 R\&D 产品的价值 \\
&- 非市场生产者购买性 R\&D 产品的价值 \\
&+ 非市场生产者的 R\&D 资产折旧
\end{aligned} \quad (6)
$$

其中,自给性R&D是指自己生产自己使用的R&D,购买性R&D是指外购而来的R&D,包括国内购买的和国外购买的R&D,R&D资产折旧是指在生产中因使用R&D资产而计提的固定资产折旧。

可见,总产出的变化,不仅取决于企业部门自给性生产R&D产品的价值,也取决于政府部门所购买的R&D产品的价值以及政府部门在生产中所计算的R&D资产折旧。

(2) 中间投入的变化

R&D资本化核算后,新中间投入是在原来的基础上,减去市场生产者购买性R&D产品的价值,再减去非市场生产者的购买性R&D产品的价值。由于市场生产者和非市场生产者购买性R&D产品的价值可合并为全社会所购买的R&D产品的价值,因此中间投入的变化见式(7)。

$$
\begin{aligned}
新中间投入 = &\ 原中间投入 - 市场生产者的购买性 R\&D 产品的价值 \\
&- 非市场生产者的购买性 R\&D 产品的价值 \\
= &\ 原中间投入 - 购买性 R\&D 产品的价值
\end{aligned} \quad (7)
$$

可见,中间投入的变化,只与购买性R&D产品的价值有关,与自给性R&D产品的价值无关。由于购买性R&D远小于自给性R&D,因此,中间投入减小幅度不大。

(3) 增加值的变化

根据生产法核算公式,R&D资本化核算后,新增加值是在原来的基础上,加上市场生产者自给性R&D产品的价值,减去非市场生产者购买性R&D产品的价值,加上非市场生产者的R&D资产折旧,再加上全社会购买性R&D产品的价值。更进一步,由于全社会购买性R&D产品的价值可拆分为市场生产者购买性R&D产品的价值和非市场生产者购买性R&D产品的价值,而市场生产者自给性R&D产品的价值和购买性R&D产品的价值又可合并为市场生产者获得的R&D产品的价值,因此增加值的变化见式(8)。

$$
\begin{aligned}
新增加值 &= 新总产出 - 新中间投入 \\
&= 原增加值 + 市场生产者自给性R\&D产品的价值 \\
&\quad - 非市场生产者购买性R\&D产品的价值 \\
&\quad + 非市场生产者的R\&D资产折旧 + 购买性R\&D产品的价值 \\
&= 原增加值 + 市场生产者获得的R\&D产品的价值 \\
&\quad + 非市场生产者的R\&D资产折旧
\end{aligned} \tag{8}
$$

可见,增加值的变化,不仅取决于企业部门获得的R&D产品的价值,也取决于政府部门在生产中所计算的R&D资产折旧。

(4) 劳动者报酬的变化

R&D资本化核算后,劳动者报酬没有变化,见式(9)。

$$新劳动者报酬 = 原劳动者报酬 \tag{9}$$

此前,有部分学者担忧R&D资本化核算可能导致GDP重复核算,其理由是在之前的核算中这部分劳动力成本已经计入了GDP。但从上述核算分析可知,R&D核算方法的改变并不会带来劳动报酬的变化,因而也不会导致GDP重复核算。

(5) 固定资产折旧的变化

R&D资本化核算后,新固定资产折旧是在原来的基础上,加上市场生产者和非市场生产者的R&D资产折旧,即除了要计提原来的固定资产折旧外,还需要计算R&D资产的折旧。新固定资产折旧的变化见式(10)。

$$
\begin{aligned}
新固定资产折旧 &= 原固定资产折旧 \\
&\quad + 市场生产者的R\&D资产折旧 \\
&\quad + 非市场生产者的R\&D资产折旧 \\
&= 原固定资产折旧 + R\&D资产折旧
\end{aligned} \tag{10}
$$

可见,固定资产折旧的变化,与所计算的R&D资产折旧大小有关,与谁使用这项R&D资产无关。

(6) 生产税净额的变化

R&D资本化核算后,生产税净额没有变化,见式(11)。

$$新生产税净额 = 原生产税净额 \qquad (11)$$

(7) 营业盈余的变化

根据收入法核算公式,R&D资本化核算后,新营业盈余是在原来的基础上,加上市场生产者获得的R&D产品的价值,减去市场生产者的R&D资产折旧,见式(12)。

$$\begin{aligned}
新营业盈余 &= 新增加值 - 新劳动者报酬 - 新固定资产折旧 - 新生产税净额 \\
&= 原营业盈余 + 市场生产者获得的R\&D产品的价值 \\
&\quad + 非市场生产者的R\&D资产折旧 - R\&D资产折旧 \\
&= 原营业盈余 + 市场生产者获得的R\&D产品的价值 \\
&\quad - 市场生产者的R\&D资产折旧 \qquad (12)
\end{aligned}$$

(8) 政府消费支出的变化

R&D资本化核算后,新政府消费支出是在原来的基础上,减去非市场生产者获得的R&D产品的价值(这部分政府消费支出已调整为固定资本形成),再加上非市场生产者的R&D资产折旧,见式(13)。

$$\begin{aligned}
新政府消费支出 &= 原政府消费支出 - 非市场生产者获得的R\&D产品的价值 \\
&\quad + 非市场生产者的R\&D资产折旧 \qquad (13)
\end{aligned}$$

(9) 居民消费支出的变化

R&D资本化核算后,居民消费支出没有变化,见式(14)。

$$新居民消费支出 = 原居民消费支出 \qquad (14)$$

(10) 最终消费支出的变化

与政府消费支出的变化相同,R&D资本化核算后,新最终消费支出是在原来的基础上,减去非市场生产者获得的R&D产品的价值(这部分最终消费支出已调整为固定资本形成),再加上非市场生产者的R&D资产折旧,见式(15)。

$$\text{新最终消费支出} = \text{原最终消费支出} - \text{非市场生产者获得的 R\&D 产品的价值}$$
$$+ \text{非市场生产者的 R\&D 资产折旧} \qquad (15)$$

可见,最终消费支出的变化,取决于政府部门 R&D 核算相关项目的变化,与企业部门 R&D 核算项目的变化无关。

(11) 资本形成总额的变化

R&D 资本化核算后,由于 R&D 产品被识别为固定资产,资本形成总额增加了,增加额是全社会所获得的 R&D 产品的价值,包括市场生产者获得的 R&D 产品的价值和非市场生产获得的 R&D 产品的价值,见式(16)。

$$\text{新资本形成总额} = \text{原资本形成总额} + \text{市场生产者获得的 R\&D 产品的价值}$$
$$+ \text{非市场生产者获得的 R\&D 产品的价值}$$
$$= \text{原资本形成总额} + \text{R\&D 产品的价值} \qquad (16)$$

这里的 R&D 产品包括自给性 R&D 产品和购买性 R&D 产品,而购买性 R&D 产品包括国内购买的和国外购买的 R&D 产品。从另一个角度看,它不包括国内生产的但出口使用的 R&D 产品。

(12) 净出口的变化

R&D 资本化核算后,净出口没有变化,见式(17)。

$$\text{新净出口} = \text{原净出口} \qquad (17)$$

但是,这并不意味着 R&D 产品的进口、出口对相关核算没有影响。事实上,R&D 产品进口越多,R&D 资本化核算后,GDP 将增加越多。在原方法中,这些进口的 R&D 产品作为中间消耗处理,而新方法中作为固定资本形成处理,进而提高了 GDP。

从式(6)至式(17)可知,这些指标的变化主要取决于两个变量:一是 R&D 产品的价值,二是 R&D 资产折旧。更进一步,上述变化还取决于这些 R&D 属于市场生产者还是非市场生产者,属于自给性 R&D 还是购买性 R&D。这表明,分类进行 R&D 核算是非常必要的。

(作者:江永宏)

三、城镇居民自有住房服务核算方法研究

居民自有住房服务核算是 GDP 核算的重要组成部分,也是住户部门消费支出核算的重要内容。本文讨论的居民自有住房,仅指居民自有且自住的住房。所谓居民自有住房服务,是指居民居住自有住房所产生的服务。由于没有进行实际交易,也不存在实际市场价格,测算这部分住房服务的价值,需要虚拟测算。

(一)居民自有住房服务的基本内涵

在国民经济核算体系中,住户自产自用的服务一般不在生产范围之内,例如住户成员自己打扫卫生、做饭、照顾老人和孩子等,这些由住户自己生产、自己消费、不付酬的家庭或个人服务,是一种自给自足、非市场性的活动,对经济中其他部门的影响非常有限,没有现金流,也没有合适的市场价格对这些服务进行估计,因此不计入 GDP。而居民自有住房服务是个例外。

在国民经济核算体系中,作为资产记录,无论住房是房主自有的,还是在市场上租住的,所有的住房都一定会产生住房服务,该服务都应包括在生产范围内。房主在房屋使用期内自己居住,就会产生居民自有住房服务,这种服务是一种自有住房者的自给性生产活动,其住房服务被自己消费了。就是说,居民自有住房尽管没有发生实质的租赁行为,但它提供的住房服务价值与居民租赁住房所产生的住房服务价值本质上是相同的,都属于居民为获取住房服务所应支付的租金价值。从生产角度讲,居民自有住房服务价值应记录为住房所有者所提供的住房服务总产出;从使用角度讲,居民自有住房服务价值应记录为住房所有者享受住房服务的最终消费支出。

居民自有住房服务没有进行实际交易,也不存在实际市场价格,因此需要对居民自有住房服务的价值进行虚拟估算。2008 年 SNA 给出了虚拟估算居民自有住房服务价值的基本方法。在规范的租赁市场中,居民居住的自有住房提供的住房服务价值等于在市场上租用同样大小、质量和类型的房屋所要支付的租金。因此,可以使用市场上同类服务的交易价格对自给性住房服务产出进行估计,这与一般性的对外提供货物或服务的估计方法是一致的,这种方法称

为租金法,也是 2008 年 SNA 推荐使用的首选方法。如果一个国家或地区的租赁市场不发达或者找不到相应的市场租金,可以采用使用者成本法计算。目前,大部分发达国家采用租金法计算,部分租赁市场不发达的国家或地区采用使用者成本法计算。

(二)国际上估算居民自有住房服务价值的主要方法

2008 年 SNA 只对居民自有住房服务价值的估算方法给出了指导性建议,并没有提供具体的核算方法,因此各国会根据本国国情采用不同的方法。总结国际劳工组织、美国经济分析局、欧盟统计局等推荐的估算方法,从本质上讲,国际上常用的估算方法分为两种:市场租金法和使用者成本法。

1. 市场租金法

市场租金法(rental equivalence approach),是指利用租用同样大小、质量和类型的房屋所支付的租金来测算居民自有住房服务价值的方法。使用这种方法,需要获得比较丰富的租金数据或者是同类住房的租金数据,因此适用于住房租赁市场比较规范、市场化程度比较高的国家或地区。根据统计调查方法和获得等值租金的计算方法不同,市场租金法又可分为特征回归法、分层测算法和自我评估法三种方法。

(1) 特征回归法

特征回归法(hedonic regression approach)是基于 Rosen(1974)的特征价格模型,根据建筑物特征、位置、质量等因素构建回归模型,设置回归系数,获得同质房屋的等值租金。公式为:

$$Y = X\beta + u_1$$

其中,Y 代表每个月租金的对数,X 是房屋单位特征矢量,β 为房屋特征对房屋价值的估计贡献率,u_1 为随机误差项。这个模型的数据基于对承租人的样本调查,然后根据样本调查数据预测相似类型房屋的市场租金。这个模型的好处是可以区分不同房屋的租金情况,住房的地理位置、交通状况、房主基本状况等都包含在模型的因变量的考虑范围之内。使用该方法需要对房屋按照不同的类型做详细的分类,并根据特征值的不同设置不同的参数,需要大量的调查数据做支撑。

（2）分层测算法

分层测算法（stratification method）是将区域内住房按照所在位置、质量、大小、类型等可以影响租金大小的特征划分为不同的类型，调查每个类型中发生租赁行为所产生的真实租金，计算不同类型住房的平均租金，以此作为居民自有住房服务的单位虚拟租金。然后，利用每个类型的住房面积、人口等数据，测算居民自有住房服务价值。最后，加总获得总的居民自有住房服务价值。公式为：

$$R = r_1 \times Q_1 + r_2 \times Q_2 + r_3 \times Q_3 + \cdots$$

其中，1、2、3……为根据房屋特征划分的不同类型，r_1、r_2、r_3……代表不同类型房屋的平均单位面积租金，Q_1、Q_2、Q_3……为不同类型房屋的总住房面积等。此方法的好处是可以获得不同类型房屋的平均租金，分别测算不同地域、不同类型的住房价值，结果较为准确。但所遇到的问题是，在分层和调查过程中需要大量的调查数据做支撑。

（3）自我评估法

自我评估法（self-assessment approach）模型的数据可以通过住户消费支出调查获得。比如：如果今天将你的房子租出去，你认为每月的租金应为多少？如果自有住房和对外出租的房屋具有相同的特征和质量，这种方法跟第一种方法相似，都是从单个住房个体的微观数据出发的调查，获得相似特征的房屋的住房租金，然后对住房服务价值进行评估。但这种方法也存在一定的问题，一是住户出于对自己房屋的偏爱，可能会高估自有住房的租金；二是由于对租赁市场缺乏了解，住户对租金的估计可能存在偏差。

2. 使用者成本法

使用者成本法（user cost approach），是指用当期持有住房的成本减去收益来测算居民自有住房服务价值的方法，持有住房的成本包括资金成本、折旧、维修费和房产税等，收益主要指由于持有住房而抵消通胀损失。这种方法适用于住房租赁市场不够发达或规范的国家或地区。根据资料来源与核算方法的不同，使用者成本法又可分为资本回报法和折旧法两种方法。

（1）资本回报法

资本回报法（capital market approach）假定购房者将购房资金投资购买了

等额的金融资产,金融资产可以通过利息或分红等方式创造现金流,使住户获得回报。公式为:

$$R = aV$$

其中,R 是隐含的租金,代表购买金融资产的每期的资本回报,a 是贴现因子,代表利率或回报率,V 是房屋的市场价值,代表资产的存量价值。这种方法的关键就是利用资本回报率将自有住房的价值转化为市场租金。使用该方法时,资本回报率的选择对核算结果至关重要。在租房市场比较规范或者房屋租赁市场占比较大时,可以参照相似特征房屋的市场租金寻找合适的资本回报率,反之则可能会带来一系列问题。这种方法的缺点有以下几点:一是资本回报率的选择带有一定的随意性,可能会高估自有住房服务的价值;二是需要掌握全部房屋的市场价值,也就是资本的存量数据,这对有些国家来说是比较困难的;三是对于房地产市场的价格变动不够敏感,对房屋价值的调查数据很可能依赖于房屋购买时的价格,而不是房屋的现价,因此不能准确反映服务价值的变动情况;四是当房价上涨较快时,尤其是房价出现泡沫时,使用房屋的当前价值可能会对房屋的虚拟租金大大高估。对于这个问题美国劳工统计局的 Verbrugge(2008)提出了一种解决方法,那就是使用房价的"移动平均法"来代替房屋的当前价格。

(2) 折旧法

2008 年 SNA 推荐,当一国或地区不掌握全部的资本存量数据,或者所估计的收益率存在不确定性时,可能需要计算建筑成本并估计在无大修前提下该建筑物能使用多久。因为房屋不能永远存续,如果我们假设房屋的存续年限,就可以一个贴现因子,即折旧率,使得所计算的资产价值到最后会小到可以忽略不计,计算所得的固定资产折旧加上中间投入,即为居民自有住房服务的价值。计算公式为:

$$R = iD + C$$

其中,i 为折旧率,iD 为房屋的固定资产折旧,C 为中间投入。固定资产折旧应当按固定资产当期购置的市场价格进行重估后的价值计算。中间投入应包含房屋的维护维修成本、财产保险、抵押贷款产生的费用、产权保险、托管费用、律师费用等所有与住房服务相关的中间费用。该方法适用于租赁市场不发达或房价较稳定的国家和地区。但当房价上升较快、租赁市场不断发展时,使用折旧法会低估居民自有住房服务的价值。

(三) 代表性国家(地区)的主要做法

1. 美国居民自有住房服务价值的估算方法

目前,美国普查局(Nicole,2007)采用价值回报率法(rent-to-value ratio)估算居民自有住房服务价值,即根据居民自有住房的不同特征,通过调查的租金数据设定不同的回报率,乘以住房价值,以此计算虚拟租金。此方法本质上与市场租金法中的分层测算法类似。具体操作方法如下。

普查年度:首先根据十年一次的人口普查和住户金融调查(Residential Finance Survey)获得全美的房屋存量价值;然后根据两年一次的美国住房调查(American Housing Survey,AHS)获取每平方米的租金;最后通过调查的租金数据设定不同的回报率,乘以住房价值,计算普查年度的虚拟租金。对于居民自有住房服务的成本,涉及的贷款利息、财产税等数据来源于十年一次的住户金融调查,成交成本、维护维修费等来源于美国经济分析局五年一次的投入产出调查。根据这些数据计算普查年度居民自有住房服务价值和增加值。

非普查年度:以普查年度为基准,利用两年一次的美国住房调查获取的每平方米租金、CPI、每年人口数据等,以外推的方式计算每年的虚拟租金。有关住房服务成本的数据利用相关年度或季度数据以内插值替换或者外推的方式计算。

2. 欧盟居民自有住房服务价值的估算方法

《欧洲账户体系》(2010)推荐使用市场租金法测算居民自有住房服务价值,具体操作方法推荐使用分层测算法。在普查年度,首先根据现有住房的位置、质量、大小、类型等可以影响租金高低的特征进行分层;进而调查租赁住房的真实租金,得出不同层次住房的平均租金;最后利用每种层次的平均租金作为估算相应层次居民自有住房服务的虚拟租金。值得注意的是,调查的住房租金是不含家具的住房租金,而且不包括调查户居住单位福利性住房或廉租房缴纳的租金。在非普查年度,则以普查年度的数据为基准,利用其他相关指标进行外推。

根据欧盟统计局欧盟收入和生活状况调查报告(EU-SILC2,2013),欧盟统计局推荐其成员国首选市场租金法,在租房比例低于10%时,可以选择使用者成本法。部分欧盟成员国使用的核算方法见表1。

表1 部分欧盟成员国居民自有住房服务的核算方法

方法	市场租金法		使用者成本法
	特征回归法	分层测算法	资本回报法
国家	匈牙利、波兰、葡萄牙、英国、意大利、比利时、法国、卢森堡、奥地利、荷兰	罗马尼亚、马耳他、立陶宛、保加利亚、斯洛文尼亚、西班牙、挪威、芬兰、爱尔兰、丹麦、德国	爱沙尼亚、捷克、冰岛、斯洛伐克、瑞典

以2010年的数据为例,采用使用者成本法的爱沙尼亚、捷克、冰岛、斯洛伐克的房屋租赁市场占比均小于10%,冰岛的房屋租赁市场占比为10.4%,瑞典为28.7%;在使用市场租金法的国家中,罗马尼亚、马耳他、立陶宛、保加利亚、波兰、葡萄牙、斯洛文尼亚、西班牙等国的租赁市场比重均小于10%,其他国家大于10%,荷兰、丹麦和德国均达到30%以上,德国为欧盟国家里租赁比重最高的国家,2010年租赁市场占比为39.7%。从以上数据可以看出,欧盟国家在测算居民自有住房服务价值时,没有完全按照欧盟推荐的10%的标准选择测算方法。大部分国家采用市场租金法进行测算,小部分租房比例较低的国家采用使用者成本法。

(四)中国现行居民自有住房服务核算方法及存在的问题

中国自1985年建立GDP核算起就包含了居民自有住房服务核算,并分城镇和农村两部分按使用者成本法核算。

城镇居民自有住房服务价值的核算方法是,首先利用城镇居民住房总建筑面积和房屋市场造价计算出全国城镇居民住房总市场价值,再按照房屋的使用年限设定一个适当的折旧率,计算出全国城镇居民住房的虚拟固定资本折旧。然后根据居民住房服务的相关成本(如维修维护费、物业费等)来核算自有住房服务的中间投入。两者相加,计算出城镇居民自有住房服务的总价值,也就是城镇居民自有住房服务的总产出。

农村居民自有住房服务价值的核算方法相同,只是虚拟折旧率不同,且没有物业费。

可以看出,中国现行的居民自有住房服务价值核算方法是使用者成本法,这是与中国国情相适应的。首先,很长时期内中国的房地产市场不发达,租金信息难以获得,相关租金的基础数据很少且质量不高;其次,中国的租房占比低,租赁市场不发达,根据欧盟等发达国家的经验,租赁占比小于10%时,推荐使用者成本法。过去使用者成本法和市场租金法核算的差距不是特别大,使用者成本法更符合当时中国的实际情况。

随着经济的迅速发展和人口流动性的加速,中国房地产市场,尤其是城市房价的急剧提高,导致城镇房屋造价与市场价值的差距越来越大,城市房屋的租赁比例不断升高,租赁价格不断提升使得用使用者成本法估算城镇居民自有住房服务价值存在明显低估。根据国家统计局住户办调查资料,2015年全国有10.1%的城镇居民通过在市场上公开租赁房屋解决住房问题,在比较发达的一线、二线城市比例更高。另外,随着中国统计方法和制度的不断完善,租赁住房、租赁租金等相关统计指标可获得性增强,数据质量也不断提高。可以说,中国已具备了利用市场租金法来核算居民自有住房服务价值的基本条件,改革现有的居民自有住房服务价值的核算方法可以更准确地反映房地产行业的发展情况,更符合国际标准,且可以增强与其他国家核算数据的可比性。

(五) 中国城镇居民自有住房服务价值核算方法改革研究

1. 改革的必要性

从当前房地产市场的发展现状和现行统计调查数据看,中国已经具备使用市场租金法核算城镇居民自有住房服务价值的基本条件,改革的时机已经成熟。一方面,用市场租金法核算居民自有住房服务价值是发达国家普遍采用的核算方法,理论上能更准确地反映自有住房服务的价值,更好地体现自有住房服务价值的内涵。另一方面,核算方法的改进也会使中国GDP核算方法更加国际化和标准化,便于国际比较。

改革中国城镇居民自有住房服务核算方法,较好的选择是采用2008年SNA推荐的市场租金法,并且采用其中的自我评估法,这也是国际上较为常用的方法。但是,由于中国农村房地产市场发展相对滞后,房屋出租率非常低,且房屋价值较为稳定,因此适宜继续采用使用者成本法核算。基于此,以下居民自有住房服务价值核算方法改革仅限于城镇居民自有住房服务价值。

2. 核算方法

根据现有的统计调查资料,采用市场租金法核算城镇居民自有住房服务价值的方法如下:

(1) 生产法增加值

城镇居民自有住房服务的总产出＝单位面积市场租金×城镇居民自有住房面积

城镇居民自有住房面积＝城镇居民人均住房建筑面积×城镇居民年平均人口数×城镇居民自有自住房比重

中间投入＝维护修理费＋管理费＝(人均维修维护费＋人均管理费)×城镇居民年平均人口×城镇居民自有自住房比重

城镇居民自有住房服务的增加值＝城镇居民自有住房服务的总产出－中间投入

(2) 收入法增加值

城镇居民自有住房服务收入法增加值由固定资产折旧和营业盈余两部分组成,其中的固定资产折旧采用虚拟方法计算。

虚拟折旧＝[(城镇居民人均住房建筑面积×城镇居民年平均人口×城镇住宅单位面积造价)×城镇居民自有自住房比重]×折旧率

城镇住宅单位面积造价＝当年新竣工房屋价值÷当年新竣工房屋面积

城镇居民自有住房服务的营业盈余＝城镇居民自有住房服务增加值－城镇居民自有住房服务固定资产折旧

在上述计算过程中,单位面积市场租金、城镇居民人均住房建筑面积、人均维修维护费和人均管理费以及城镇居民自有住房比重来源于住户调查资料;当年新竣工房屋价值和当年新竣工房屋面积来源于房地产调查资料;城镇居民年平均人口数来源于人口调查资料。

3. 对相关核算数据的影响

改革城镇居民自有住房服务价值核算方法将对以下几方面的核算数据产生影响。

对生产法GDP数据的影响。中国的GDP核算以生产法为主,以《国民经济行业分类》(GB/T 4754-2011)为标准,分行业计算增加值。按照该行业分类标准,中国的居民自有住房服务属于房地产业中的自有房地产经营活动的一部分。居民自有住房服务价值相当于该行业的总产出,扣除中间投入后,计入房地产业增加值。因此,改革居民自有住房服务价值核算方法会改变房地产业的增加值,从而影响全国的GDP总量数据,同时,也会影响房地产业增加值占GDP的比重,影响第三产业增加值占GDP的比重。

对收入法GDP数据的影响。采用使用者成本法核算居民自有住房服务价值,增加值仅包含固定资产折旧,劳动者报酬、生产税净额和营业盈余均为零。采用市场租金法核算,扣除中间投入和固定资产折旧后,其净租金部分应计入营业盈余,劳动者报酬和生产税净额为零。

对支出法GDP数据的影响。支出法GDP包括最终消费支出、资本形成总额、货物和服务净出口。居民自有住房服务价值属于最终消费支出中的居民消费支出部分。因此,改革居民自有住房服务价值核算方法会改变居民消费支出和最终消费支出数据,从而影响支出法GDP数据,同时,也会影响居民消费支出和最终消费支出占GDP的比重。

对住户部门收入分配数据的影响。资金流量表反映按机构部门分类的收入分配和使用情况,按机构部门划分,居民自有住房服务增加值应计入住户部门增加值,住户部门的初次分配收入和可支配收入均受住户部门增加值的影响。因此,改革居民自有住房服务价值核算方法将会影响住户部门的初次分配收入和可支配收入的数据,同时,也会影响居民可支配收入占国民可支配收入的比重。

(作者:刘立青)

四、农村土地经营权流转的相关交易核算方法研究

随着中国工业化和城镇化的推进,农村劳动力大量转移,农户承包的土地大量出现了转包、出租和转让等现象。党中央、国务院高度重视农村土地承包经营权流转和发展适度规模经营,多年来制定了一系列的政策和法律。2014年中共中央办公厅、国务院办公厅《关于引导农村土地经营权有序流转发展农

业适度规模经营的意见》(中办发〔2014〕61号)(以下简称《意见》)明确提出,既要加大政策扶持力度,加强典型示范引导,鼓励创新农业经营体制机制,又要因地制宜、循序渐进,不能搞"大跃进",不能搞强迫命令,不能搞行政瞎指挥。2015年中央一号文件进一步指出,坚持农民家庭经营主体地位,引导土地经营权规范有序流转,创新土地流转和规模经营方式,积极发展多种形式适度规模经营。2016年中央一号文件再次明确,坚持以农户家庭经营为基础,支持新型农业经营主体和新型农业服务主体成为建设现代农业的骨干力量,充分发挥多种形式适度规模经营在农业机械和科技成果应用、绿色发展、市场开拓等方面的引领功能。

中共中央办公厅、国务院办公厅在2014年印发的《意见》中指出,农村土地流转的基本原则是"坚持农村土地集体所有,实现所有权、承包权、经营权三权分置,引导土地经营权有序流转"并且"坚持农村土地集体所有权,稳定农户承包权,放活土地经营权"。根据农业部相关统计,截至2015年年底,全国家庭承包耕地流转面积4.47亿亩,占家庭承包经营耕地总面积的33.3%,流转增速趋于平稳;流转合同签订率达到67.8%,农户承包地规范有序流转的机制初步建立。[①]

鉴于农村土地承包经营权流转的巨大规模,以及经营权流转相关交易涉及经济利益的变化和重新分配,出于宏观经济管理的需要,有必要从国民经济核算的角度,仔细梳理土地承包经营权流转相关交易的经济含义,以及交易相关收益在国民经济核算中的处理方法。

(一) 土地经营权流转涉及的产权问题及流转形式

中国农村的土地产权涉及几个层面的问题,包括土地所有权、农户承包权和土地经营权。所谓流转,主要是农户承包地的经营权流转问题。土地经营权流转涉及2008年SNA引入的法定所有权和经济所有权概念。

1. 法定所有权和经济所有权

2008年SNA引入了(资产)法定所有权和经济所有权概念,以更好地应对经济活动中的产权变化情况。简单地说,根据法律规定,资产归属某个机构拥

---

① 农业部网站:十二届全国人大四次会议第1411号建议答复摘要。

有,该机构就对这项资产拥有法定所有权;资产在某个机构控制下运营,该机构承担风险并获得相应的收益,该机构就对这项资产拥有经济所有权。一个机构对一项资产可以同时拥有法定所有权和经济所有权,也可以只拥有其中某一项。

《中华人民共和国宪法》规定,农村和城市郊区的土地,除法律规定属于国家所有外,都属于集体所有。也就是说,农民承包地的法定所有权属于集体,但是农民通过承包拥有了对土地进行管理、生产和经营的权利,并承担相应的经济风险,因此承包地的经济所有权属于农民。土地经营权流转,实质上是农民在法律允许的范围内,对土地的经济所有权进行交易的一种行为。

2. 土地经营权流转形式

目前,土地经营权流转的形式主要包括转包、出租、互换、转让及入股等方式,以下分别具体说明。

(1) 转包。转包是承包方在不变更与村集体经济组织(发包方)承包合同的基础上,把自己承包的土地再承包给第三方。承包方可以在一定期限内将部分或者全部土地承包经营权转包给第三方,转包的期限由承包方和第三方商定,但不能超过土地承包的剩余期限。转包行为不需要发包方同意,只需向发包方备案。

(2) 出租。出租是指村集体经济组织或者承包方将土地经营权出租给第三方。出租期限由租赁双方商定。出租期限不能超过承包的剩余期限,同时最长不能超过20年。出租行为不需要发包方同意,只需向发包方备案。

(3) 互换。互换是指承包方之间为方便耕种或者各自需要,对属于同一集体经济组织的承包土地的经营权进行交换。由于互换的承包土地可能存在差异,双方可约定实物或现金补偿。

(4) 转让。转让是指承包方有稳定的非农职业或者有稳定的收入来源,经发包方同意,可以将全部或者部分土地承包经营权转让给其他从事农业生产经营的农户,由该农户同发包方确立新的承包关系,原承包方与发包方在该土地上的承包关系即行终止。转让必须是自愿的,且原则上应在本集体经济组织成员之间进行。

(5) 入股。入股是指承包方将承包土地的经营权作价为股份,进行股份制或者股份合作制经营,以入股土地经营权作为分红依据。

(二) 土地经营权流转交易的经济含义

土地经营权流转是对土地的经济所有权进行交易的一种行为。根据不同的流转形式以及合同约定的情形,结合2008年SNA中的具体规定,土地经营权流转交易行为可以对应经济活动中的资产销售、资产租赁和金融资产投资等情况。以下分别具体说明。

1. 转包和出租

承包方将土地经营权转包给第三方,或者村集体和承包方将土地经营权出租给第三方,都会在转包或者出租的合同中,约定自身在转包或出租的期限内应获得的收益。这种收益一般按年度以实物或者现金的形式支付,也有实物加现金这种形式。如果合同期限较长,针对现金支付,还会在合同中约定一个调整系数,例如根据粮食价格变化来调整。

如果合同约定的土地承包经营权的转包和出租期限较长,且有关合同的撤销条件较为严苛,根据2008年SNA的规定①,应将这种交易视为第三方对于土地经营权这种经济资产的购买,每年支付的实物或现金则是按合同约定进行的分期付款。如果合同约定的土地承包经营权的转包和出租期限较短,且有关合同的撤销条件较为宽松,第三方对原承包方或发包方的支付就是对租赁土地经营权这种资产所支付的地租。②

2. 互换

承包方之间对承包土地的经营权进行交换,如果交换期限较长,且撤销交换合同的条件较为苛刻,该交易可视为资产的互换。双方可以参考市场价格,分别都记录为资产的出售和购进。如果双方没有进行实物或现金补偿,资产的出售价值和购进的价值相等。如果互换的承包土地存在差异,双方约定了实物或现金补偿,对获得补偿的一方来说,资产出售的价值就大于所购进的资产价值,差额就是获得的补偿。

如果交换期限不长,且撤销交换合同的条件较为宽松,双方可以参考市场价格,分别记录为租赁和出租了某项资产。如果没有实物或现金补偿,租赁和

---

① 参见2008年SNA第17.319节。

② 在2008年SNA中,租金(rental)是特指对于固定资产租赁的支付,对于租赁自然资源及相关许可的支付称为地租(rent)。

出租的地租相等,可参考市场价值记录。如果双方约定了实物或现金补偿,对获得补偿的一方来说,获得的地租就大于对外支付的地租,而差额就是他所得到的补偿。

3. 转让

转让是将全部或者部分土地承包经营权转让给其他从事农业生产经营的农户,转让实质是出售土地承包经营权。转让方由于土地承包经营权转让获得的收益,可视为资产出售的获益。现实中也有免费转让土地承包经营权的情况,这种情况下,应当按照市场价值,先记录转让方获得了资产出售的收益,同时再记录转让方进行了相应数额的转移。

4. 入股

承包方将承包土地的经营权作价为股份,进行股份制或者股份合作制经营,以入股土地经营权作为分红依据。首先应该记录承包方将土地经营权这种资产出售,获得了金融资产,然后再将对应的金融资产投入到企业经营中获得投资收入。

(三) 土地经营权流转交易的核算及对相关经济指标的影响

土地经营权流转交易的核算,要针对不同的流转形式来分别考虑。

1. 转包、出租和互换

对于转包、出租和互换这三种流转形式,要考虑的因素主要是合同的约定期限以及流转合同撤销的难易程度。如果合同的约定期限较长,且合同撤销的条件较为苛刻,这三种流转实际上都是对某种资产的销售和购买。首先,土地的使用许可(即土地经营权)构成了一项非生产资产。对于该资产的销售和购买,如果发生在农户之间,那么对于住户部门,资产只是在内部交易,对于宏观的国民经济指标没有直接影响。如果发生在农户(住户)和其他机构部门之间,那么住户部门的非生产资产减少,金融资产增加;交易对应的机构部门非生产资产增加,金融资产减少。

如果这三种流转形式合同的约定期限较短,且合同撤销的条件较为宽松,相关交易的支付实际上是租赁某种资产而付出的地租。如果发生在农户之间,那么对于宏观的国民经济指标没有直接影响。如果发生在农户(住户)和其他机构部门之间,那么住户部门的财产收入增加;交易对应的机构部门财产收入减少,而且对机构部门后续的可支配收入和储蓄等宏观指标都有相应的影响。

2. 转让

转让是对土地经营权这项非生产资产的出售。由于目前转让这种流转形式原则上应在本集体经济组织成员之间进行,因此,转让过程中,不论是否有现金或实物的补偿,都是在住户部门内部的交易,对国民经济宏观指标没有直接的影响。

3. 入股

农户将承包土地的经营权作价入股经营分红,这类交易一般发生在农户(住户)和其他机构部门之间。首先应该记录农户出售土地的经营权,农户所在的住户部门非生产资产减少,对应的是股权这类金融资产增加。交易另一方所属机构部门(主要是企业部门)则要对应记录为非生产资产增加、股权这类负债增加。农户从入股企业经营中获得的分红收入属于投资收入,应计入农户(住户部门)的财产收入,进而会对后续的可支配收入和储蓄等宏观指标产生相应影响。

(四) 需要进一步研究的问题

1. 全面关注农村经营权流转情况

经营权流转情况,不仅发生在农村家庭承包经营耕地上,在农村集体林权上也有同样的情况。在部分林地资源丰富的地区或林区,林地经营权和林木所有权流转也一直存在。

2008年中共中央、国务院《关于全面推进集体林权制度改革的意见》(中发〔2008〕10号)指出,在坚持集体林地所有权不变的前提下,依法将林地承包经营权和林木所有权,通过家庭承包方式落实到本集体经济组织的农户,确立农民作为林地承包经营权人的主体地位。同时在依法、自愿、有偿的前提下,林地承包经营权人可采取多种方式流转林地经营权和林木所有权。流转期限不得超过承包期的剩余期限,流转后不得改变林地用途。

林地经营权和林木所有权的流转也同样涉及农村和农户经济利益的变化和重新分配,国民经济核算工作需要进一步跟进。

2. 扎实做好基础工作

要准确核算土地经营权流转收入或者林权流转收入,涉及多方面的问题,包括基础数据收集、价值估计等。

一是建立起相应的统计制度。土地（林地）经营权流转已经在农村存在相当长的时间了，但目前反映经营权流转的交易，特别是流转收入资料的统计制度尚不完备。为了做好收入核算工作，需要收集详细的土地经营权流转交易记录和相应的收入信息。

二是做好价值估计。流转收入核算中涉及许多需要参考的市场价格和部分实物价格的折算等，对价格数据信息有较大需求。还有一些流转方式，原则上应记录为资产的销售，但销售款的支付可能是分期的，即每年按约定支付一定金额，此外还存在现金和实物混合支付的情况，在后续年份里还可能涉及价格变化调整等，面对上述种种情况，如何在交易当年准确反映资产销售价值，还有待于后续深入研究。

3. 加强核算方法的研究

除了要做好数据收集工作，核算方法研究也要跟上。首先要加强对现有流转形式的核算方法研究。根据《关于引导农村土地经营权有序流转发展农业适度规模经营的意见》，按照全国统一安排，稳步推进土地经营权抵押、担保试点，探索建立抵押资产处置机制，这些新的土地流转形式将对核算方法提出新的挑战，需要我们进一步加强对核算方法的研究。

（作者：陈杰）

五、雇员股票期权核算方法研究

雇员股票期权是公司用来激励其雇员的常用手段。股权激励制度起源于美国，目前在很多发达国家得到了广泛应用。近年来，中国越来越多的企业开始实施股权激励计划。雇员股票期权具有劳动者报酬的属性，为此2008年SNA建议将雇员股票期权价值计入劳动者报酬。

（一）2008年SNA关于雇员股票期权的核算方法

1. 雇员股票期权的概念

雇员股票期权是企业向其雇员提供的一种购买企业股票的期权，即指雇主与雇员在特定日期(授权日)签订的一种协议,根据协议,在未来约定时间(含权日)或紧接着的一段时间(行权期)内,雇员能以约定价格(执行价或行权价)购买约定数量的雇主股票。通常行权需要满足一定的条件(如雇员仍在企业工作,公司的业绩达到一定的标准等),在授权日和含权日之间通常有一定的等待期。

雇员股票期权是对员工在企业的表现和业绩的一种激励,因此,2008年SNA建议将雇员股票期权作为一种实物报酬处理,在收入形成账户中记录雇员股票期权对应的雇员报酬,并在金融账户中记录雇员股票期权的交易。1993年SNA没有给出雇员股票期权的概念。

2. 雇员股票期权的核算方法

关于雇员股票期权的会计处理,国际会计准则理事会(International Accounting Standards Board,IASB)在其2004年发布的国际财务报告准则(International Financial Reporting Standards,IFRS)第2号"以股份为基础的支付"中给出了建议。准则指出,股票期权是在现金工资和其他雇员福利以外,作为薪酬的一部分授予雇员的,由于难以获得同类权益性工具的市场价值,因此,准则建议根据雇员股票期权在授权日的公允价值进行估价。公允价值常利用期权定价模型(Black-Scholes模型或二项式模型等)计算,其中,期权定价模型必须考虑以下因素:期权的行权价、期权期限、股票的现行价格、股票价格的预期波动、预期股利、无风险利率等。对于授予后即可行权(即没有等待期)的股票期权,企业应在授予日确认所获得的全部服务;对于授予后要经过一定等待期才能行权的股票期权,则视为企业在等待期内获得了服务,应该在等待期内对股票期权费用进行会计处理。

2008年SNA建议,雇员股票期权价值应根据国际财务报告准则的相关规定,选择合适的期权定价模型,利用授权日雇员股票期权的公允价值测算。如果可能的话,应将测算的雇员股票期权价值记录为授权日至含权日期间的劳动者报酬。如果不能实现的话,则将雇员股票期权价值记录在含权日。

3. 对国民经济核算有关指标的影响

2008年SNA将雇员股票期权记录为雇员报酬,作为实物工资和薪金的构成部分,这将使收入法GDP的雇员报酬总量增加,同时会改变不同机构部门之间收入分配比例关系,住户部门由于获得了雇员股票期权形式的雇员报酬,因此该机构部门收入占经济总体收入的比重将有所提高。

此外,2008年SNA扩展了金融资产范围,将金融衍生工具和雇员股票期权包括在金融资产范围内,因此,应该在金融账户和资产负债表中对雇员股票期权进行记录。2008年SNA指出,在雇员股票期权行权之前,在金融账户记录,住户获得的雇员股票期权应与劳动者报酬中的相应部分相匹配,同时雇主要有一项相应的负债。当雇员股票期权行权时,资产负债表中的项目消失,被所获得的股票(股份)价值所取代。

(二) 美国雇员股票期权核算情况

美国《国内税收法典》(Internal Revenue Code,IRC)将雇员股票期权分为两种形式:激励型股票期权(incentive stock option,ISO)和非法定股票期权(nonqualified stock option,NSO)。其中激励型股票期权又称法定型期权,它需要满足IRC第422条款的所有要求,包括股票期权行权价不能低于授权日公司股票的市场价格;股票期权不可转让,除非通过遗嘱转让给继承人;股票期权必须在授予日起10年内行权;被授予人每年行权的股票期权价值不能超过10万美元(按授权时价格计算)等。非法定股票期权则不受以上条件的限制。以上两种类型期权的受益人所获的收益适用不同的税收政策。对于ISO来说,在股票期权授予和行权时均不需缴税,只有在受益人将行权买入的股票出售时,才根据出售价与行权价的差额计算缴纳长期资本利得税;对于NSO,则是在行权日用当时股票市场价和行权价的差额乘以行权数量,将结果在税收申报单中记录为受益人的工资收入,并据此缴纳个人收入所得税。关于股票期权的会计处理,美国财务会计准则委员会(Financial Accounting Standards Board,FASB)在其2004年修订的财务会计准则(Financial Accounting Standard,FAS)第123号"以股份为基础的支付"中,给出了与国际会计准则理事会国际财务报告准则一致的规定,即在授权日用期权定价模型测算股票期权的公允价值,将雇员股票期权价值作为报酬性费用支出分摊在等待期内。

美国经济分析局在国民收入和支出账户中对雇员股票期权进行了核算。BEA认为,理论上应该按照会计准则的规定,在授权日测算股票期权的公允价值,并将其作为雇员报酬分摊在整个等待期,但在实际核算时,由于缺乏详细的基础资料,在国民收入和支出账户中没有采用这样的方法。目前在国民收入和支出账户中,对NSO和ISO分别采取不同的处理方法。对于NSO,在行权时将其价值记录在国民总收入的工资和薪金项下,其中股票期权价值用行权时股票市场价和行权价的差额乘以行权数量计算;对于 ISO,在出售行权获得的股票时记录其价值,并且作为长期资本收益,因此在国民收入和支出账户中不将其作为工资和薪金处理。测算 NSO 的主要资料来源于美国劳工统计局的"季度就业和工资调查",该调查中的工资和薪金项中包含了由于实施 NSO 而获得的收益,但是没有单独列出,而是与其他工资和薪金合在一起,调查表的数据从税收记录中取得。

(三) 中国雇员股票期权核算方法研究

1. 中国雇员股票期权发展情况

2005 年 12 月,证监会发布了《上市公司股权激励管理办法(试行)》,2006 年 9 月 30 日,国资委和财政部发布了《国有控股上市公司(境内)实施股权激励试行办法》。这些法规的出台为企业实施股权激励创造了条件。自《上市公司股权激励管理办法(试行)》发布以来,实行股权激励的上市公司数量逐年持续增加,截至 2015 年 10 月底,推出股权激励计划的上市公司总共有 775 家[①],涉及股权激励计划达 1 077 个,其中有 229 家公司推出两个或两个以上的股权激励计划,创新型公司的积极性尤为明显。非上市公司中也有一些企业实施了股权激励。企业实施股权激励对调动员工积极性、提升企业业绩发挥了显著的作用。

2. 会计核算对雇员股票期权的处理

中国 2006 年《企业会计准则第 11 号——股份支付》对股份支付的确认、计量和相关信息的披露进行了规定。股份支付分为以权益结算的股份支付和以现金结算的股份支付,其中以权益结算的股份支付是指企业为获取服务以股份或其他权益工具作为对价进行结算的交易。准则指出,以权益结算的股份支付来换取职工服务的,应当以授予职工权益工具的公允价值计量。权益工具的公允价值,应当按照《企业会计准则第 22 号——金融工具确认和计量》确定。

对于以权益结算的股份支付在财务报表中的记录,准则指出,授予后立即可行权的换取职工服务的以权益结算的股份支付,应当在授予日按照权益工具

---

① "证监会就《上市公司股权激励管理办法(征求意见稿)》公开征求意见",证监会网站,2015 年 12 月 18 日。

的公允价值计入相关成本或费用,相应增加资本公积;完成等待期内的服务或达到规定业绩条件才可行权的换取职工服务的以权益结算的股份支付,在等待期内的每个资产负债表日,应当以对可行权权益工具数量的最佳估计为基础,按照权益工具授予日的公允价值,将当期取得的服务计入相关成本或费用和资本公积。

关于股票期权所得税收缴纳,财政部、国家税务总局《关于个人股票期权所得征收个人所得税问题的通知》(财税〔2005〕35号)指出,实施股票期权计划企业授予该企业员工的股票期权所得,应依法缴纳个人所得税。从缴纳时点来看,应该在行权时缴纳,股票期权形式的工资薪金应纳税所得额用行权时股票市场价和行权价的差额乘以行权数量计算,按"工资、薪金所得"适用的规定计算缴纳个人所得税。

3. 中国雇员股票期权核算方法探究

从现有基础资料情况看,中国有关雇员股票期权价值数据主要来自上市公司披露的有关股权激励计划及其财务报表。非上市公司由于其股份没有上市交易,所以难以确定股票期权的公允价值,而且目前能获得的资料也十分有限。因此本文暂时只对上市公司雇员股票期权核算方法进行研究。

根据2008年SNA的建议,对于雇员股票期权,应选择合适的期权定价模型测算雇员股票期权的公允价值,并将该价值记录为授权日至含权日期间的劳动者报酬。近年来,中国上市公司依据有关规定披露公司股权激励计划时,会详细说明股权激励计划拟授予的权益数量,股权激励计划的有效期、授权日、可行权日,激励对象获授权益、行权的条件,以及股权激励会计处理方法等。授予股票期权的上市公司按照企业会计准则规定,选择合适的期权定价模型测算股票期权的公允价值,并将该价值作为股权激励成本摊销在等待期内,股票期权的公允价值和预计各年的股权激励成本摊销数据都会在股权激励公告中列明。在实施股权激励的公司的财务报表中,会将股权激励费用记录在管理费用中,并进行披露。因此,在核算时,可以直接利用这些信息,将上市公司披露的股权激励计划中的股票期权公允价值作为雇员股票期权价值,并将各年的股权激励费用记为劳动者报酬。

4. 引入雇员股票期权核算对中国国民经济核算的影响

中国年度GDP生产核算采用生产法和收入法混合核算方法,除农林牧渔业以外的所有行业增加值全部采用收入法核算,即各行业增加值为劳动者报酬、生产税净额、固定资产折旧、营业盈余四项构成之和。计算收入法增加值的资料主要来源于企业、行政事业单位的财务状况调查资料,其中劳动者报酬既包括现金形式的劳动者报酬,也包括实物报酬。将雇员股票期权作为实物报酬计入劳动者报酬项下,将使劳动者报酬增加,营业盈余减少。

引入雇员股票期权核算后,将会对资金流量核算和资产负债核算产生一定的影响。就资金流量核算来说,将雇员股票期权记作劳动者报酬会改变机构部门之间的收入分配比例关系,住户部门的初次分配总收入增加,在国民总收入中的占比将有所提高,企业部门初次分配总收入在国民总收入中的占比将有所降低。此外,在资金流量表(金融交易)中,应该在雇员股票期权项中对雇员股票期权的交易进行记录,当企业授予员工雇员股票期权后,住户部门金融资产增加,企业部门负债增加,因此雇员股票期权的交易应分别记录在住户部门金融账户的运用方和企业部门金融账户的来源方。当雇员股票期权行权时,雇员股票期权减少,随之表现为企业部门股权负债的增加及住户部门股权的增加。

在资产负债表中,在雇员股票期权行权之前,雇员股票期权应作为住户部门的金融资产和企业部门的负债,记录在雇员股票期权项下。当雇员股票期权行权时,资产负债表中的雇员股票期权项目将消失,被所获得的股权价值所取代。

5. 中国雇员股票期权核算面临的主要困难及下一步改进的方向

雇员股票期权价值核算是一个较为复杂的问题。当前中国雇员股票期权核算面临的主要困难是基础资料问题。虽然上市公司在披露的股权激励计划中测算了雇员股票期权公允价值,并在企业财务报表中对股权激励费用进行了处理,但目前中国各行业的统计调查制度中还未建立雇员股票期权相关指标统计,非上市公司的股权激励信息更是难以获得。因此,在中国国民经济核算中暂时未包括雇员股票期权的核算。为此建议,在国家统计局各专业统计报表制度及有关部门服务业财务统计报表制度中增加与雇员股票期权相关的指标;或者与证监会等部门合作,开展上市公司股权激励有关情况统计,为将雇员股票期权纳入国民经济核算提供基础资料。

(作者:魏媛媛)

六、实际最终消费核算方法研究

实际最终消费核算是 2008 年 SNA 中的重要组成部分,也是中国新国民经济核算体系需要引进的内容。实际最终消费是指居民、政府及为住户服务的非营利机构实际获得和享用的最终消费。与最终消费支出相比,实际最终消费能体现政府、为住户服务的非营利机构用于民生支出的实际状况,从而能够更加真实地反映居民实际消费水平,同时也成为全面分析研究宏观收入分配状况的重要依据。

(一) 2008 年 SNA 关于实际最终消费的基本规范

1. 实际最终消费的基本概念

2008 年 SNA 指出,实际最终消费是指不同消费主体最终获得、享用的货物和服务消费。根据经济活动中消费主体的不同,实际最终消费分为居民实际最终消费、政府实际最终消费和为住户服务的非营利机构(NPISH)实际最终消费。

居民实际最终消费指常住住户实际获得的用于消费的货物和服务的价值,它包括两部分,一是住户自身承担支出所获得的消费性货物和服务的价值,二是政府部门和 NPISH 以实物社会转移的形式向居民提供的消费性货物和服务的价值。换句话说,居民实际最终消费等于居民最终消费支出加上实物社会转移,居民实际最终消费一般会大于居民最终消费支出。

政府实际最终消费指政府部门向全社会提供的公共服务的价值,它等于政府最终消费支出减去以实物社会转移的形式向居民提供的消费性货物和服务的价值。政府最终消费支出是指由政府部门承担的、提供公共服务和向居民提供消费性货物和服务的支出。政府实际最终消费一般会小于政府最终消费支出。

NPISH 实际最终消费指 NPISH 向全社会提供的公共服务价值,它等于其自身最终消费支出减去以实物社会转移的形式向居民提供的消费性货物和服务的价值。NPISH 实际最终消费一般会小于 NPISH 最终消费支出。

对一个经济总体来说,实际最终消费与最终消费支出在总量上是相等的,只是以实物社会转移的形式在政府部门和 NPISH 与住户部门之间进行了转换。

2. 实物社会转移

实物社会转移是从最终消费支出转换到实际最终消费的关键指标。2008年 SNA 规定,实物社会转移是指政府和 NPISH 免费或以没有显著经济意义的价格向居民提供消费性货物和服务而承担的费用支出。它包括两个部分:一是政府和 NPISH 免费或以没有显著经济意义的价格提供给居民的消费性货物和服务,如政府提供的义务教育服务;二是政府和 NPISH 从市场生产者手中购买然后再免费或以没有显著经济意义的价格提供给居民的消费性货物和服务,如政府通过社会保险计划采购药品提供给居民。

实物社会转移具有以下特征:① 实物社会转移是政府消费支出和 NPISH 消费支出中明确以居民为受益者的部分,以此与公共服务支出相区别,后者属于全社会公共消费的服务;② 居民对于政府或 NPISH 以实物社会转移方式提供的消费性货物和服务没有选择权,且有特定的消费限制,一般只在医疗卫生、教育、文化娱乐体育、社会保障等领域发生;③ 实物社会转移不同于政府或 NPISH 经常转移中提供给居民的现金转移支付形式;④ 实物社会转移仅发生于政府部门和居民、NPISH 和居民之间,按目前 SNA 的原则,非金融企业和金融企业没有此类活动。

3. 实际最终消费核算的分类和方法

实际最终消费核算的基本思路是,首先要将政府最终消费支出划分为两部分:公共服务消费支出和个人服务消费支出,后者即实物社会转移,再分别计算居民实际最终消费和政府实际最终消费。实物社会转移是计算实际最终消费的核心指标。

(1) 政府消费支出中的公共服务消费支出和个人服务消费支出类别

2008 年 SNA 规定:划分政府消费支出中的公共服务消费支出和个人服务消费支出的主要依据是国际货币基金组织《政府财政统计手册》中的"政府职能"分类,该分类将政府消费支出划分为 10 个大类:一般公共服务、国防、公共秩序和安全、经济事务、环境保护、住房和公共设施、医疗保健、娱乐文化和宗教、教育、社会保护。在上述10个分类中,前6项属于政府公共服务消费支出,后4项属于政府个人服务消费支出,即政府消费支出中只有用于医疗保健、娱乐文化和宗教、教育、社会保护这四类支出属于实物社会转移、实际最终消费核算的范畴和内容。

2008年SNA还规定,政府在医疗保健、娱乐文化和宗教、教育、社会保护这四类个人服务的消费支出中,如果是政府政策的制定与实施,对生产、社会活动进行管理和监督等支出,这些支出应归入公共服务消费支出。比如,国家卫计委、教育部、文化部等国家行政机关用于政策、标准和规章条例制定与实施等事务的支出,用于医疗保健、教育、文体等事业研究和发展的支出,都属于公共服务消费支出。但政府用于各类医院、大中小学或类似机构的管理或运转活动有关的所有费用支出则应计入个人服务的消费支出。

(2) 相关指标的核算方法

首先是实物社会转移,主要核算政府消费支出中用于医疗卫生、娱乐文化和宗教、教育、社会保护个人服务的消费支出。计算公式为:

实物社会转移＝医疗卫生实物社会转移＋娱乐文化和宗教实物社会转移＋教育实物社会转移＋社会保护实物社会转移

(二) 部分国家最终消费支出与实际最终消费比较

现有数据显示,不同国家的居民、政府的最终消费支出与实际最终消费差距较大。一般而言,二者差距大小受两方面因素的影响,一是经济发展水平,二是社会福利水平。经济发达、高福利国家的居民实际最终消费一般会大大高于居民消费支出,而政府实际最终消费则大大低于政府消费支出,其政府消费支出中对居民的实物社会转移占有较高比重。而发展中国家居民实际最终消费与居民消费支出差距相对较小,政府消费支出中对居民的实物社会转移要少于经济发达国家。与欧洲各国及日本相比,美国尽管经济发展水平很高,但受其社会福利水平影响,政府对居民个人实物社会转移的重要性要低得多。更多具体信息可参见表1。

表1　2013年部分国家最终消费支出和实际最终消费占GDP比重　（单位：%）

	美国	日本	德国	丹麦	俄罗斯	印度	南非
居民消费支出	66.7	59.9	55.9	47.1	51.9	59.6	60.6
居民实际最终消费	72.8	72.1	68.3	65.8	60.4	62.7	70.0
两种居民消费的差距	6.1	12.2	12.4	18.8	8.4	3.1	9.4
政府消费支出	15.2	18.4	19.3	26.7	19.5	11.8	20.3
政府实际最终消费	9.0	6.2	6.9	7.9	11.1	8.7	10.9
两种政府消费的差距	-6.1	-12.2	-12.4	-18.8	-8.4	-3.1	-9.4

资料来源：世界银行数据库。

（三）中国实际最终消费核算方法研究

1. 实物社会转移核算的范围与分类

按照2008年SNA的基本规定和要求，根据中国现行的财政支出统计资料，中国实物社会转移分为医疗卫生、教育、文化体育与传媒、就业和社会保障四大类。其中，政府针对医疗卫生类的实物社会转移主要是用于机关事业单位职工公费医疗、对城镇职工和居民医疗费补助补贴支出，农村居民新农合补贴支出，用于公立医院、社区和基层医疗卫生机构、疾病预防控制和公共卫生（妇幼保健、农村卫生）、人口计划生育等方面的支出；政府针对教育类的实物社会转移主要是用于普通教育、职业教育、成人教育、留学教育、特殊教育和其他教育等方面的支出；政府针对文化体育与传媒类的实物社会转移主要是用于人民群众文化娱乐、体育、广播影视等方面的支出；政府针对就业和社会保障类的实物社会转移主要是用于社会福利、城镇居民生活救济、残疾人事业、自然灾害生活救助等方面的支出。

2. 核算方法

中国实际最终消费核算方法的基本思路是，按照2008年SNA的基本原则和规定，首先将政府消费支出划分为公共服务消费支出和个人服务消费支出两部分，即利用财政部公共财政支出和行政事业单位决算明细资料，计算出政府部门对医疗卫生、教育、文化体育与传媒、社会保障和就业等四大类实物社会转移，再核算居民实际最终消费和政府实际最终消费。计算公式为：

居民实际最终消费＝居民消费支出＋政府用于居民的医疗卫生服务、
　　　　　　　　教育服务、娱乐文化和宗教类服务、
　　　　　　　　社会保护服务四项消费支出
政府实际最终消费＝政府消费支出－政府用于居民的医疗卫生服务、
　　　　　　　　教育服务、娱乐文化和宗教类服务、
　　　　　　　　社会保护服务四项消费支出

3. 实际最终消费对其他相关核算指标的影响

实际最终消费对其他相关核算指标的影响主要表现在两个方面。

一是对居民消费率、政府消费率的影响。将政府部门对居民的实物社会转移计入居民实际最终消费后,居民消费率将会提高,政府消费率会降低。但对一个经济总体来说,由于最终消费支出与实际最终消费在总量上是相等的,因而最终消费率不会发生变化。

二是对居民和政府可支配收入的影响。在资金流量表居民和政府可支配收入核算的基础上,前者加上从政府部门得到的实物社会转移,后者减去应付的实物社会转移,就形成了调整后的居民和政府可支配收入。经过实物社会转移的调整,会使居民可支配收入占国民可支配收入的比重提高,政府可支配收入占国民可支配收入的比重下降,由此可以更真实全面地反映居民收入水平,体现政府在提高社会福利、改善民生方面发挥的作用。

(作者:吴优)

七、货币金融服务产出核算方法研究

与 1993 年 SNA 相比,2008 年 SNA 对金融服务的定义更加清晰,并改进了金融业产出的核算方法。其中,不仅明确了中央银行产出的核算方法,同时也进一步区分了提供金融服务的四种不同方式:直接收费并提供的相应金融服务;与存贷款利息费用相关的金融服务;与金融市场上金融资产和负债的获得与处置相关的金融服务;与保险和养老金计划相关的金融服务,而且基于这四种方式提出了不同的产出核算方法。

2008 年 SNA 对金融业产出核算方法的修订为中国货币金融服务核算方法的改革提供了重要参考。根据中国《国民经济行业分类》(GB/T 4754-2011)的规定,货币金融服务作为中国金融业的一部分,包括中央银行服务、货币银行服务、非货币银行服务和银行监管服务。中央银行服务和银行监管服务的核算可以充分借鉴 2008 年 SNA 关于中央银行产出核算的有关建议;货币银行服务的核算则主要涉及直接收费并提供的相应金融服务,以及与存贷款利息费用相关的金融服务的核算;非货币银行业中一些新型金融服务活动的核算还同时涉及与金融市场上金融资产和负债的获得及处置相关的金融服务的核算。

(一) 2008 年 SNA 关于货币金融服务核算方法的修订

1. 间接计算的金融中介服务(FISIM)核算方法的改进

2008 年 SNA 关于 FISIM 核算方法的改进主要包括以下内容:

(1) 核算范围的改变

在 1993 年 SNA 中,与 FISIM 相关的资金仅包含中介资金,不包括金融机构的自有资金。2008 年 SNA 建议,对金融中介机构而言,与 FISIM 相关的资金要包括所有的贷款和存款,其中包括金融机构运用自有资金所进行的贷款。

(2) 计算方法的改变

在 1993 年 SNA 中,FISIM 等于应收财产收入和应付利息之差。2008 年 SNA 改进了 FISIM 的计算方法,建议采用参考利率法。参考利率是一种介于存贷款之间的利率,反映的是不包含任何服务成分的借贷成本。借款人向银行支付的利率与参考利率的差额乘以贷款额,加上参考利率和实际付给存款人的利率之间的差额乘以存款额,即为 FISIM 总额。

(3) 分摊方法的改变

2008 年 SNA 沿袭了 1993 年 SNA 建议的分摊方法,即 FISIM 的使用要在贷款人和存款人之间进行分摊,但改进了分摊后各项金融服务产出的处理方法,不再将所有服务全部作为一个名义产业的中间消耗,而是分别作为企业中间消耗、居民最终消费支出或出口记录。

(4) 需进一步澄清的问题

2008 年 SNA 建议,根据一个不含任何服务成分且能够反映存贷款的风险和期限结构的参考利率来计算 FISIM。此建议背后的假设是:FISIM 中应当包含弥补风险管理活动成本的风险溢价,以及流动性转换带来的期限溢价。[①] 以上两点假设在国际上引起较大争议,成为 FISIM 核算讨论的焦点。另外,2008 年 SNA 认为可能需要为不同币种的存贷款确定不同的参考利率,在涉及非常住金融机构的情况下尤其如此。鉴于问题的复杂性,联合国专门成立 FISIM 工作组,经过多次会议讨论,达成以下共识:一是需要进一步研究 FISIM 是否应当包含贷款违约风险,以及相应情况下的产出计算方法;二是 FISIM 包含流动性转换服务,应当使用单一参考利率法计算;三是涉及进出口时,至少应当按国内和国外两组货币分别计算 FISIM,不同币种存贷款对应的参考利率应当与相应国家参考利率的大小接近。

2. 中央银行产出核算方法的改进

2008 年 SNA 将中央银行服务分为三大类,即货币政策服务、金融中介服务和一些临界情形。其中,货币政策服务本质上是服务于整个社会的公共性服务,是非市场服务;金融中介服务是中央银行在没有对利率进行政策干预的情况下,向特定类型的金融机构提供的服务,被视为市场服务;某些临界情形,例如监管服务,既可以视为市场服务也可以视为非市场服务,划分的依据主要取决于是否存在足以弥补服务成本的直接收费。但 2008 年 SNA 并没有明确指出中央银行服务的不同类别分别包括哪些具体业务活动。

中央银行非市场产出参照一般非市场产出的计算方法;市场产出中 FISIM 产出的计算涉及中央银行对市场利率进行政策干预的情形,此时要将受干预利率与市场利率的偏离部分计为税收或者补贴,然后利用市场利率与参考利率之差计算 FISIM 产出;临界情形的处理则在确定其属于市场服务还是非市场服务后,确定相应的产出计算方法。

(1) 非市场产出的计算

向住户部门免费提供的非市场产出的价值按以下四项生产成本之和核算,即中间消耗、雇员报酬、固定资本消耗和生产税净额。2008 年 SNA 规定,中央银行只要能够作为一个独立的机构单位,就应该始终属于金融机构部门,而不是一般政府部门。非市场产出的价值应作为中央银行对一般政府部门的经常

[①] 2008 年 SNA 中对金融服务的定义更加清晰,包括监管服务、便利服务、提供流动性、承担风险、承销和交易服务(参见 2008 年 SNA 第 A3.18 节)。

转移和政府消费支出。

(2) 市场产出的计算

金融中介服务是中央银行市场产出的重要组成部分,与其他金融中介机构一样,也可分为直接收费和间接测算两部分。直接收费的金融中介服务产出可以按照收取的费用计算,但中央银行具有代表政府管理金融活动并制定和执行货币政策的特殊职责,因此其提供金融中介服务的方式与一般的金融机构不同;间接测算的金融中介服务产出有时会受到中央银行对利率进行政策干预的影响。2008年SNA规定,如果中央银行利用其特殊权利迫使市场参与者付出无直接回报的转移支付,则应将此收益记录为隐含税;相反,如果中央银行明显出于政策原因对市场参与者进行支付,则可将其视为隐含补贴。2008年SNA列举了产生隐含税和隐含补贴的三种情形:一是中央银行可以为存款准备金制定一个低于市场水平的利率;二是当货币面临贬值威胁时,央行会支付高于市场水平的利率;三是央行执行如发展银行一样的职能,向优先发展产业提供低息贷款。如果央行利率和商业银行利率不一致,那么,按参考利率所计算的利息流量与按照央行设定之实际利率计算的利息流量之间的差异,就不应记录为FISIM的市场产出,而应处理为隐含税和隐含补贴。

如果中央银行所提供的金融中介服务非常重要,并且有可能也有必要为提供这些服务的基层单位编制独立的账户,那么这些服务就应该记录为服务接受单位的应付项。若监管服务的产出被视为市场产出,则按同样方式记录。

(3) 临界情形

中央银行频繁地从事监督金融公司的监管服务,可以将此视为公共服务,其产出作为非市场产出记录为政府消费支出。然而,也有观点认为,有些国家会对金融中介机构的监管服务收取一定费用,并有助于提升业绩,因此,金融监管服务不是公共服务,其产出应作为市场产出记录为金融中介机构的中间消耗。但如果央行收取的费用不足以弥补其监管成本,那么该项服务还应作为非市场产出,记入政府消费支出。

3. 与金融资产和负债获得与处置相关的产出核算方法

尽管2008年SNA没有明确提出新型金融服务活动的概念,但详细阐述了与金融市场上金融资产和负债获得与处置相关的金融服务的产出核算方法。这是2008年SNA相对于1993年SNA的一个较明显的变化。

2008年SNA认为金融机构给所销售的债务性证券定价时包含了服务费，证券的购买价格（或要价）表现为证券的市场估值加上服务加价；证券销售时还需要征收另一项服务费，提供给卖方的价格（出价）表现为市值减去服务加价。为了避免在计算服务加价时包含持有收益和损失，2008年SNA建议用中间价来计算销售和购买加价，因此，购买证券的加价就是购买时买价和中间价之差，销售证券的加价就是销售时的中间价与卖价之差。与债务性证券类似，股权和投资基金份额的销售价格与购买价格也不相同，且其服务加价不应包含持有收益和损失。因此，与债务性证券的处理方法一样，买价和中间价之差以及中间价和卖价之差应作为金融服务的产出。

(二) 中国现行货币金融服务核算方法及存在的问题

1. 核算范围和核算分类

根据《国民经济行业分类》（GB/T 4754-2011）标准的规定，中国货币金融服务的核算范围包括所有从事中央银行服务、货币银行服务、非货币银行服务和银行监管服务的法人企业、非企业法人单位和产业活动单位。

2. 现行核算方法

货币银行服务和非货币银行服务产出是指金融机构从事融资及其辅助服务所获得的收入，包括直接收费和间接收费服务。总产出等于直接收费的货币金融服务产出加上FISIM产出。其中，直接收费的货币金融服务收入即为实际服务收入，等于手续费及佣金收入加其他业务收入，其他业务收入包括金融机构证券买卖业务等收入。FISIM产出等于金融机构从事存款活动从存款者处获得的间接收入与金融机构从事贷款活动从借款者处获得的间接收入之和。

按照2008年SNA的建议，中国目前使用参考利率法核算FISIM产出。存款者在参考利率下应该得到的利息与实际获得的利息之差，就是金融机构从事存款活动获得的间接收入；借款者付出的利息与参考利率下应付利息之差，就是金融机构从事贷款活动获得的间接收入。核算公式如下：

FISIM产出 = 金融机构从事存款活动从存款者处获得的间接收入
　　　　　＋金融机构从事贷款活动从借款者处获得的间接收入

其中：

金融机构从事存款活动从存款者处获得的间接收入
  ＝金融机构存款年平均余额×参考利率－存款实际利息支出
金融机构从事贷款活动从借款者处获得的间接收入
  ＝贷款实际利息收入－金融机构贷款年平均余额×参考利率

由于目前在中国金融市场上难以找到与存、贷款期限相匹配的市场借贷利率，实际中我们通过基于账面价值的利率来核算参考利率。同时我们考虑到，相对于存款，金融机构贷款承担了更多的风险，因此包含了更多的服务成分。最终确定的参考利率以存款和贷款的平均利率经适当风险调整得到。其中，存款、贷款利率利用存、贷款的实际利息支出除以存、贷款的年平均余额获得，风险调整主要考虑了中国金融机构的不良贷款情况。

与2008年SNA的建议一致，FISIM产出在与金融机构发生业务联系的单位和个人之间进行分摊。其中，由常住生产单位和居民个人生产使用的部分作为中间投入；由常住居民个人生活使用的部分作为居民最终消费支出；由非常住单位使用的部分作为服务出口。

中央银行所属的执行企业会计制度的法人单位采用的产出计算方法与其他货币金融服务企业一样，分为间接测算的金融中介服务产出和直接收费的服务产出；中央银行所属的执行行政事业会计制度的法人单位产出则采用成本法。与中央银行所属的执行行政事业会计制度的法人单位产出计算方法相同，银行监管服务产出采用成本法核算。

3. 存在的主要问题

目前，中国已经按照2008年SNA建议的方法计算和分摊FISIM产出，但参考利率的计算没有区分本外币。同时，贷款违约风险的处理也有待进一步研究。在现行参考利率计算方法中，主要利用金融机构不良贷款率来进行风险调整，这种方法在一些年份可能会出现参考利率小于存款利率的情况，不符合2008年SNA关于参考利率的定义。

与2008年SNA的建议相比，现行中央银行产出核算方法区分了中央银行的市场产出和非市场产出，但其依据是会计制度类型，而不是活动性质。FISIM产出的计算采用2008年SNA推荐的参考利率法，但没有考虑中央银行干预利率的情形。

(三) 中国货币金融服务核算方法改进研究

1. 中央银行服务产出核算

按照2008年SNA的建议改革中国中央银行产出核算方法主要涉及以下两个方面。

(1) 市场产出和非市场产出的区分

根据《中国人民银行法》的规定,中国人民银行是中华人民共和国的中央银行,并履行十三项主要职责,涵盖了制定和执行货币政策、防范和化解金融风险及维护金融稳定等几大功能。但由于缺乏足够详细的基础财务资料和中央银行职能的特殊性,完全根据服务活动的性质对其区分市场产出和非市场产出在操作上存在较大困难。《中国人民银行会计基本制度》第二条规定:人民银行所属企业、事业单位、社会团体和其他组织办理会计事务,执行国家相关的会计制度。因此,可以继续沿用现行方法,执行企业会计制度的单位提供市场产出,其他类型的单位提供非市场产出。随着中国市场化改革的不断推进,以及中国人民银行财务制度的进一步规范和完善,积极尝试按照2008年SNA推荐的方法划分其产出。

(2) 中央银行FISIM产出考虑利率干预的情形

目前,中国计算FISIM产出所利用的金融机构本外币信贷收支数据的范围包括了中国人民银行、银行业存款类金融机构、信托投资公司、金融租赁公司和汽车金融公司的各项存贷款。

贷款方面,中国人民银行再贷款的业务对象多元化,且规模巨大。根据中国人民银行公开发布的数据,其对金融机构的再贷款利率与同业拆借利率相差不大,同时由于缺少再贷款不同期限结构的详细数据,可以暂不考虑隐含税收或补贴。而一些地方政府承诺还款的再贷款和特定领域再贷款的利率则可能包含政策因素(如支农再贷款等,其贷款利率相比其他类型的再贷款会有一定的优惠),但由于目前缺乏相关数据资料而无法测算。

存款方面,中国对准备金存款支付利息,但利率水平明显低于同业拆借利率,因此在存款方面,央行对金融机构会有一个隐含税收。另外,中国对法定存款准备金和超额准备金以不同的利率支付利息,需要分别考虑。由于中国参考利率的计算采用基于账面价值的计算方法，若考虑隐含税收，则计算得到的存款利率会上升，从而参考利率会变大，不仅中央银行的 FISIM 会受到影响，其他金融中介机构的 FISIM 同样会受到影响。

2. FISIM 核算

2008 年 SNA 正式发布之后，国内外对新的 FISIM 核算方法开展了理论研究和实证检验，探索以操作性、稳定性和可比性为目标准确测算 FISIM 产出，并取得了一系列进展。借鉴国际前沿的理论和实践，中国 FISIM 的核算方法需要在以下两个方面做出改进。

(1) 按本币和外币分别核算 FISIM 产出

目前中国人民银行的信贷收支数据区分了本币和外币，以及境内和境外存贷款。根据联合国 FISIM 工作组的建议，应当分本币和外币按不同的参考利率计算 FISIM 产出。

(2) 进一步开展贷款违约风险处理方法的研究

中国目前参考利率计算方法的隐含假定是相对于存款，金融机构贷款承担了更多的风险，因此包含更多的风险溢价。以目前风险费率的计算方法看，存贷款风险溢价的主要差别就在于以不良贷款为代表的违约风险的不同。如果 FISIM 不包含贷款违约带来的风险溢价，则贷款的 FISIM 产出要做相应的扣减，会对 FISIM 产出总量有较大影响。因此，应及时跟进国内外的相关研究，确定出既适合中国国情又具有国际可比性的方法。

3. 新型金融服务业态核算

新型金融服务业态区别于传统的银行、证券、保险等金融业态，类别多样，各类活动的经营特点不同，而且常规年度有些新型金融业活动还没有纳入统计报表范围，这使得新型金融业产出的计算存在一定难度。随着时间推移，很多早期出现的新型金融服务活动趋于成熟，逐渐纳入常规统计，因此可以根据详细财务资料核算。而对于新出现的金融服务活动则需要根据金融活动的特点，利用与产出相关的业务指标进行核算。

(1) 已纳入常规统计的新型金融服务活动

货币金融服务业包含了金融租赁公司、财务公司、汽车金融公司、小额外币兑换、货币经纪公司等新型服务业态的活动。经济普查年度根据普查的货币金融服务业财务资料计算。常规年度主要根据中国人民银行提供的银行及相关金融业财务资料计算。

（2）未纳入常规统计的新型金融服务活动

互联网金融等还未纳入常规统计范围的新型金融活动具有创立时间短、企业规模小、发展迅猛、运营模式复杂、短期内未盈利等特点，准确核算其总产出有一定难度。考虑到这些企业的性质是以营利为主要目的，并且在今后有可能获得较大的服务回报，即投资收益和股权红利等，因此我们认为，即使其短期内营业收入不足以覆盖成本，也应按照市场性生产活动来核算其总产出。

我们尝试利用2008年SNA推荐的方法来核算其产出，将其总产出分为两部分：一是直接收费的部分，二是间接收费的部分。直接收费的部分包括广告收入和直接收取的服务费等。间接收费部分的核算方法较为复杂，服务费用和投资收入流量都可能与获取和处置金融资产和负债结合在一起，需要区分出其中的隐性收费。与股权和投资基金收益相关的服务费用被认定为金融机构卖出价与中间价、买入价与中间价之差。这部分收费需要做显性化处理，计入企业的总产出，不能将所有与股权和投资基金相关的收益全部作为投资收入。此外，红利和股权转让收入等投资收入，按照2008年SNA规定，不形成总产出。其中，因拥有企业股权而分配到的红利，在会计上记为投资收益，属于财产收入；股权转让后的增值部分，在会计上也记为投资收益，但它不属于财产收入，而是"股权"这笔金融资产获得的持有收益。

应该指出的是，上述关于新型金融服务活动的核算方法还处于研究探索阶段，有些问题还需要进一步研究。例如，怎样确定与股权和投资基金的购买价和出售价相关的中间价，特别是当收取一定份额的股权作为服务费时的中间价如何确定等。

（作者：董森、刘立青）

八、保险业产出核算方法研究

保险是现代社会的一种重要金融活动。保险合同一经确立，投保人须向保险人支付保险费，保险人则对于可能发生的事故所造成的损失承担赔偿责任，或者当被保险人死亡、生病等情况发生时承担给付保险金责任。在市场经济条件下,保险是风险管理的基本手段,是金融体系和社会保障体系的重要支柱。

本文所讨论的保险业包括寿险、非寿险、再保险三类活动,不包括社会保险活动。所谓寿险,即人寿保险,是一种以人的生死为保险对象的保险,它根据被保险人在保险责任期内的生存或死亡,由保险人根据契约规定给付保险金。非寿险是与寿险相对应的,是指除人寿保险业务以外的保险业务,包括财产损失保险、责任保险、信用保险、短期健康保险和意外伤害保险业务以及上述业务的再保险业务。再保险,是指保险人为了减轻自身承担的保险责任而将其不愿意承担或超过自己承保能力的部分保险责任转嫁给其他保险人或保险集团承保的业务。

(一) 2008 年 SNA 关于保险业核算方法的主要修订

2008 年 SNA 在保险业核算方法上主要做了三个方面的修订。一是改进了非寿险服务产出的计算方法,这是保险业核算方法最重要的修订。二是将再保险与直接保险分开核算。三是明确了非寿险和寿险不同的产出计算公式。

1. 改进了非寿险服务产出计算方法

在 1993 年 SNA 中,非寿险服务产出等于实收保费[①]加上追加保费再减去到期索赔,对于大多数年份而言,或者说在正常风险情况下,用这种方法计算的非寿险服务产出没有问题,但是在发生巨大灾难、产生巨额保险赔付的年份,非寿险服务的产出会出现剧烈下降,甚至出现负值,显示出保险在应对风险方面的巨大作用。在这种情况下,负的产出与人们对保险活动的直观认识严重不符。另外从概念上来讲,人们也不可能去购买"负"的服务。

鉴于上述情况,2008 年 SNA 对非寿险服务总产出的计算方法做出了改进,提出三种替代性的新方法,即期望法、会计法和成本法。其中期望法和会计法的核心思想都是在产出计算中不再使用实际的已生索赔,而是用调整后的已生索赔来进行替代。成本法的表现形式虽然有所不同,但其实质与期望法是相通的。

---

① 实收保费(actual premiums earned)不同于实际保费(actual premiums),实际保费是指在一个时期内保险公司实际收到的所有保费,实收保费是指根据权责发生制原则在实际保费中覆盖核算期的那一部分。

(1) 期望法

期望法是一种事前方法,即以保险公司过去的赔付模式为基础建立模型,并据此估计期望已生索赔,作为调整后的已生索赔。在期望法中,非寿险服务产出等于实收保费加上追加保费,减去期望已生索赔,即:

$$非寿险服务产出 = 实收保费 + 追加保费 - 期望已生索赔$$

使用期望已生索赔来代替实际值,其主要目的并不仅仅在于平滑数据,而是有其深刻的经济含义。保险公司在设定非寿险保单的保费水平时,会提前将预期的投资收入和索赔考虑在内,而不是在事后根据实际的投资收入和索赔额再调整保费。通常来说,保险公司会使得保费收入在加上预期的投资收入并减去预期的索赔支付后,还能留有一部分毛利。这一部分毛利实际上就代表了非寿险服务活动的价值。事实上,期望法就是模仿了保险公司设定保费水平的这种思路,来确定非寿险活动产出。

期望法的关键在于如何计算已生索赔的期望值。2008 年 SNA 没有给出具体的计算方法,在联合国和欧洲中央银行 2015 年出版的 2008 年 SNA 配套手册《SNA 中的金融生产、流量和存量》中,给出了目前较为多用的两种方法,一种称为 n 点移动平均法,一种称为几何加权移动平均法。

n 点移动平均法是利用最近的 n 个时期的观测值的简单移动平均值来作为下一个时期的期望值。这种方法的优点是简单易行,便于计算,同时也能有效地消除原始序列的波动,但同时也存在几个较为明显的缺点。一是 n 的选择具有很大的主观性,没有任何统计模型的支撑,选择不同的 n 值会得到不同的结果;二是原始序列在产生向上或向下的中长期变动趋势时,移动平均后的数据无法及时反映趋势的变化,会存在一定的滞后性;三是这种方法给予过去的 n 个时期以同样的权重,忽视了不同的时期可能有不同的权重,同时对于 n 期以前的数据则完全没有考虑在内。目前澳大利亚统计局在计算非寿险服务产出时使用了这种方法。

几何加权移动平均法是一种基于统计模型的方法,其核心思想是估计一个 α 值(一个介于 0 到 1 之间的平滑系数),使其能最佳地满足以下的回归模型:

$$Z_t = w_1 Z_{t-1} + w_2 Z_{t-2} + \cdots + e_t$$

这里 $w_i = \alpha(1-\alpha)^{i-1}$, $i = 1, \cdots$, e_t 为一个白噪声干扰项。

几何加权移动平均法对于较近的时期赋予了较大的权重,同时也考虑了以往的所有时期,因此从理论上来说要优于 n 点移动平均法,但其计算过程较为烦琐,在实际工作中不易应用。

(2) 会计法

会计法是指利用保险公司的会计信息推算调整后已生索赔的一种方法。在保险公司的会计账户中,有一个项目称为"平准准备金",它是保险公司为应对预期之外的大额索赔而预留的资金。不同于事前的期望法,会计法实际上是一种事后调整的方法。在这种方法里面,调整后已生索赔等于实际已生索赔加上平准准备金的变动。在平准准备金不足以使调整后已生索赔回到正常水平的情况下,保险公司就必须动用部分自有资金。

在会计法中,非寿险服务产出计算公式为:

$$\begin{aligned}非寿险服务产出 &= 实收保费 + 追加保费 - 调整后已生索赔 \\ &= 实收保费 + 追加保费 - (实际已生索赔 + 平准准备金的变动)\end{aligned}$$

在发生巨额索赔的情况下,平准准备金会减少,以弥补常规赔付额的不足,同时也对实际赔付额的波动起到了平滑作用。

(3) 成本法

2008 年 SNA 推荐,在基础资料有限且上述两种方法所需信息都无法获得的情况下,也可以使用成本法来计算非寿险服务产出。在成本法中,非寿险服务产出计算公式为:

$$\begin{aligned}非寿险服务产出 &= 总成本 + "正常利润" \\ &= (中间消耗成本 + 劳动力成本 + 资本成本 \\ &\quad + 其他生产税 - 其他生产补贴) + "正常利润"\end{aligned}$$

在总成本的构成项中,中间消耗成本、劳动力成本、其他生产税和其他生产补贴都较容易确定,资本成本的确定有一定难度。按照 2008 年 SNA 的规定,资本成本不仅包括固定资本消耗,还要包括对固定资本的回报。这两个项目都不能直接观察得到,需要在一定假设的基础上做推算。统计机构可以通过建立资本存量和资本服务的模型来计算固定资本消耗和固定资本回报。[1]

---

[1] 计算资本成本的详细内容,可以参阅 OECD 出版的《资本测算手册》。

对于"正常利润"的估计,可以通过对以往实际利润数据进行平滑得到。但在实践中,"正常利润"的估计总是要考虑到期望索赔,因此成本法与期望法实际上是相通的,很难从实质上区分开来。

在期望法中,非寿险服务产出计算公式如下:

非寿险服务产出＝实收保费＋追加保费－期望已生索赔

因此,实收保费可以写为:

实收保费＝期望已生索赔＋非寿险服务产出－追加保费

而保险公司在确定保费水平时,会将预期索赔、追加保费和总成本等因素考虑在内,使得实收保费加上追加保费在减去预期索赔和总成本后,仍留有一定的"正常利润",因此我们有:

"正常利润"＝实收保费＋追加保费－期望已生索赔－总成本
　　　　＝(期望已生索赔＋非寿险服务产出－追加保费)
　　　　　＋追加保费－期望已生索赔－总成本
　　　　＝非寿险服务产出－总成本

即:非寿险服务产出＝总成本＋"正常利润"。

2. 将再保险和直接保险分开核算

在1993年SNA中,再保险和直接保险是合并在一起核算的,没有做区分,这样再保险公司的产出实际上无法体现。随着保险业务的进一步发展,以及保险公司本身风险意识的进一步增强,再保险活动在整个保险业中的地位日渐突出。鉴于这种情况,2008年SNA提出应该将再保险与直接保险分开核算。直接保险公司支付给再保险公司的再保险保费,记录为再保险公司的产出,同时也记录为直接保险公司的中间消耗。同1993年SNA相比,2008年SNA的这种处理方法会使整个保险业(直接保险和再保险合计)的总产出变大,中间消耗变大,但增加值保持不变。

可以通过一个简单的数据例子进行说明。假设有一家直接保险公司和一家再保险公司,核算期内只有实收保费,没有追加保费和索赔。直接保险公司的保费收入为100,中间消耗为30(不包括购买的再保险服务)。再保险公司从直接保险公司获取的再保险保费收入为10,中间消耗为2。那么,按照1993年

SNA 的方法,这两家保险公司应合并计算,总产出为 100,总的中间消耗为 32,增加值为 68。按照 2008 年 SNA 的方法,两家公司应分开计算,直接保险公司总产出为 100,中间消耗为 40(＝30＋10),增加值为 60,再保险公司总产出为 10,中间消耗为 2,增加值为 8。两家公司合计,总产出为 110,中间消耗为 42,增加值为 68。

此外,2008 年 SNA 还明确了再保险服务产出的核算方法与非寿险服务完全相同,无论再投保的是寿险保单还是非寿险保单。

3. 明确了非寿险和寿险不同的产出计算方法

在 1993 年 SNA 中,非寿险服务和寿险服务的产出是用同一个计算公式概括的,即:

保险服务产出＝实收保费＋追加保费－到期索赔
　　　　　　－精算准备金和分红保险准备金的变化

其中,精算准备金和分红保险准备金的变化主要针对的是人寿保险。但 1993 年 SNA 也提及,在某些特殊情况下[①],非人寿保险产出计算也可能会涉及此项内容。

在 2008 年 SNA 中,明确区分了非寿险服务和寿险服务不同的产出计算方法。其中,如前所述,非寿险服务产出的计算公式为:

非寿险服务产出＝实收保费＋追加保费－调整后已生索赔

寿险服务产出的计算公式为:

寿险服务产出＝实收保费＋追加保费
　　　　　　－到期应付保险金－寿险专门准备金的增加

对比 1993 年和 2008 年 SNA 的计算公式,可以看到公式中所用到的术语更加规范了。在非寿险服务产出计算公式中,不再使用"到期索赔"的说法,而改为"已生索赔"。这是因为非寿险服务的索赔一般来说都是或有事项,用"到期"的说法不太妥当。在寿险服务产出计算公式中,也放弃了"到期索赔"的说法,而改为"到期应付保险金"。这是因为人寿保险的投保人获得的收益一般是

---

① 主要是指非人寿保险的索赔采用按年分期支付而不是一次性支付时的情况。

明确的、可预期的,称之为"索赔"不太妥当,因此在 2008 年 SNA 中改称为"保险金"。2008 年 SNA 还进一步明确了,专门准备金的变动仅在寿险服务产出计算中涉及,非寿险服务产出计算不包含此项因素。

(二) 中国保险业核算方法及存在的主要问题

目前,中国采用 1993 年 SNA 推荐的方法计算保险服务产出,计算公式为:

保险服务产出＝已赚保费＋投资收益
　　　　　　　－赔付支出净额－未决赔款准备金的增加
　　　　　　　－寿险责任准备金的增加
　　　　　　　－长期健康险责任准备金的增加

其中,已赚保费对应于实收保费,投资收益对应于追加保费,赔付支出净额加未决赔款准备金的增加对应于已生索赔,寿险责任准备金及长期健康险责任准备金的增加对应于寿险精算准备金和分红保险准备金的增加。

保险业增加值的核算采用收入法,根据保险企业财务状况统计资料,分别计算劳动者报酬、生产税净额、固定资产折旧和营业盈余,加总后得到保险业增加值。

中国保险业核算方法存在的主要问题有以下几方面。

1. 非寿险服务产出计算中未对索赔数据进行平滑调整

调整和平滑索赔数据,是 2008 年 SNA 非寿险服务计算方法的关键改进之处。目前,中国的保险业核算尚未采用 2008 年 SNA 的方法,未对非寿险的索赔数据进行平滑调整。在常规年份,这种方法没有太大问题,但在发生巨灾的年份,这种方法有可能会造成数据的大幅波动。

以中国财产险数据为例(数据见表 1),2005 年以来,大部分年份的财产险赔付率(即赔付支出与保费收入之间的比率)都在 0.50 和 0.55 之间,较为平稳,但 2008 年的赔付率明显高于其他年份,达到了 0.61,而且该年份赔付支出的增速也明显高于其他年份,达到了 39.0%,其中主要原因是该年发生了汶川大地震。由此可见,在巨灾年份非寿险活动的数据波动确实比较大,不宜于直接用于产出计算。

表 1 2005 年以来财产险经营情况

年份	保费收入		赔付支出		赔付率
	绝对额(亿元)	增速(%)	绝对额(亿元)	增速(%)	
2005	1 230	12.8	672	18.4	0.55
2006	1 509	22.7	796	18.5	0.53
2007	1 998	32.4	1 020	28.2	0.51
2008	2 337	17.0	1 418	39.0	0.61
2009	2 876	23.1	1 576	11.1	0.55
2010	3 896	35.5	1 756	11.4	0.45
2011	4 618	18.5	2 187	24.5	0.47
2012	5 331	15.4	2 816	28.8	0.53
2013	6 212	16.5	3 439	22.1	0.55
2014	7 203	16.0	3 788	10.2	0.53
2015	7 995	11.0	4 194	10.7	0.52

资料来源:中国保监会网站"统计数据"栏目。

2. 核算分类较粗

在目前中国的保险业核算中,限于基础资料等原因,是把保险业这一大类行业(2位码行业)作为一个整体核算,既没有按照中国国民经济行业分类将其分为人身保险、财产保险、再保险、养老金、保险经济与代理服务、保险监管服务和其他保险活动等中类行业(3位码行业),也没有按照SNA的基本分类将其分为非寿险、寿险、再保险三部分内容分别进行核算。

较粗的核算分类导致无法获得保险业分细类的核算结果,也就无法观测保险业内部结构随经济发展而带来的变动。如随着直接保险业务的快速发展,会有越来越多的保险公司意识到分摊风险的重要性,这种情况下再保险业务势必会占到越来越重要的地位。但如果没有再保险活动的核算数据的话,很难准确评估再保险活动的规模、速度及其在整个保险业中所占的比重。

(三)中国保险业核算方法的改进研究

中国是一个自然灾害多发的国家,因此采用 2008 年 SNA 推荐的新方法计算非寿险服务产出在中国显得尤为必要。即使有的灾害对全国数据影响不大,但有可能对部分地区的数据产生重大影响。此外,保险业是金融业中的一个大类行业,保险业数据的异动会影响到整个金融业门类,可能影响人们对金融业整体发展情况的判断,特别是在目前分行业 GDP 数据中不单独发表保险业数据的状况下,这种情况发生的可能性就更大了。因此,不管是从国家层面还是从地区层面,都有必要采用新的方法计算非寿险服务产出。

我们以美国经济分析局(BEA)在计算非寿险服务产出时使用的几何加权移动平均法来对中国的相关数据进行模拟测算。

分别用 NL、NLR 和 P 代表期望已生索赔、期望已生索赔率(即已生索赔与实收保费之间的比率)和实收保费,则期望已生索赔的计算可用下式表示:

$$NL_t = NLR_t \times P_t$$

这里,$NLR_t = \alpha LR_t + \alpha(1-\alpha)LR_{t-1} + \alpha(1-\alpha)^2 LR_{t-2} + \cdots$,是 t 期的期望已生索赔率,等于 t 期及以前各期已生索赔率的几何加权平均值。P_t 是实收保费,LR_t 为已生索赔率 $\left(\dfrac{L_t}{P_t}\right)$,$L_t$ 为实际已生索赔,α 为平滑因子。

显然,计算上式的关键在于估计 α 的值。假如一个时间序列有 30 个以上的观测值,那么 α 可以利用如下的回归方程很好地估计出来:

$$L_{t+1|t} = l_{t+1|t} \times P_{t+1}$$

这里,

$$l_{t+1|t} = E(l_{t+1} \mid l_t, l_{t-1}, \cdots)$$

并且,

$$E(l_{t+1} \mid l_t, l_{t-1}, \cdots) = \alpha l_t + (1-\alpha)E(l_t \mid l_{t-1}, l_{t-2}, \cdots)$$
$$= \alpha \sum_{i=0}^{\infty}(1-\alpha)^i l_{t-i}$$

上式中,$L_{t+1|t}$ 是 $t+1$ 期的已生索赔,$l_{t+1|t}$ 是在给定 t 期所有信息的前提下得到的 $t+1$ 期的期望已生索赔率。利用回归分析的方法可以计算得到 α 的值,进而可以计算 NLR_t 和 NL_t 的值,也就得到了期望已生索赔。

但是在实际工作中,有时很难得到足够长的时间序列来估计精确的 α 值,这时就有必要人为设定一个较为合理的 α 值。大量的统计实证检验结果表明,α 一般是落在 0.1 到 0.3 之间的,在具体选择时,可以根据最小均方根预测误差的原则来确定。一般来说，只需在 0.1、0.2 和 0.3 之间选择一个数值作为 α 值即可。以美国经济分析局为例，他们选择了 0.3 作为 α 值，并通过实践证明这种选择给出了很好的预测结果。

利用上述方法，可以对中国 2005 年以来的财产险数据做试验性调整。由于时间序列长度较短，很难用回归分析的方法确定公式中的 α 取值，我们按照经验做法，分别取 0.1、0.2 和 0.3 三个数字，按照几何平均法分别计算财产险赔付率的期望值。结果如表 2 所示：

表 2　财产险赔付率期望值

α	2004	2005	2006	2007	2008	2009	2010	2011	2012	2013	2014	2015
0.1	0.52	0.53	0.53	0.53	0.55	0.55	0.53	0.52	0.52	0.52	0.52	0.52
0.2	0.52	0.53	0.53	0.52	0.55	0.55	0.52	0.51	0.52	0.52	0.52	0.52
0.3	0.52	0.54	0.53	0.52	0.55	0.55	0.52	0.50	0.51	0.52	0.52	0.53

从表中数据可以看出，α 的取值变化对结果影响不大。无论 α 取哪个值，得到的结果都比实际的赔付率要平滑得多。平滑后的各年数据都落在了 0.50 至 0.55 之间，也符合我们从财产险赔付率原始数据中得到的直观认识。在 α 分别取 0.1、0.2 和 0.3 时，索赔数据的均方根预测误差分别为 132、125 和 116，按照最小均方根预测误差的原则，我们最终应该选取 0.3 作为 α 的值。选定 α 后，很容易根据财产险赔付率期望值和保费收入数据计算调整后的赔付支出数据。

在实际应用中还需注意的一点是，所有的权重相加之后应该等于 1。但在时间序列不太长的时候，这一点是无法满足的。在这种情况下，需要对权重做标准化处理，将各个权重除以一个标准化因子，以保证标准化后的权重相加能够等于 1。比如，在只有 5 年数据的情况下，各权重都应该除以一个标准化因子 $\alpha \sum_{i=0}^{4} (1-\alpha)^i$。

另外，在采用新方法计算非寿险服务产出时，不仅要关注产出的计算方法，还要关注与非寿险服务有关的项目在整个国民经济核算中的记录方法。采用新方法计算非寿险服务产出时，调整后的索赔与实际索赔会产生一个差额，这个差额如何处理会直接影响各机构部门的可支配收入等重要宏观指标。在中国资金流量表的编制中，应该对该问题给予足够的重视。

其次,应该在核算中尽量采用较细的分类。理想的状态下,应该在行业中类的层次上开展保险业产出核算,即将保险业区分为人身保险、财产保险、再保险、养老金、保险经济与代理服务、保险监管服务和其他保险活动等行业,分别制定相应的核算方法。或者至少将保险业区分为非寿险、寿险和再保险三部分,分别进行核算。

最后,要想改进保险业核算方法,最根本的还是要完善基础数据的统计,特别是要进一步完善保险业统计指标体系,但目前中国保险业统计指标的分类还较粗,不能提供细分类的非寿险服务数据。从更细的分类入手有利于更加准确地把握不同险种的变动,得到更高质量的非寿险服务产出数据。此外,中国保险业中的各准备金项目与国际通行标准也不尽一致,不利于我们完全采用国际标准来计算非寿险服务产出,而采用国际通行的定义和范围,有利于提高中国数据的国际可比性。

(作者:吕峰)

九、社会保险核算方法研究

社会保险是对参加社会保险计划的劳动者,在因年老、疾病、生育、伤残、死亡和失业而导致丧失劳动能力或失去工作机会的情况下,通过社会保险基金给予一定程度补偿,以保障其基本生活权利的社会安全制度。在社会保险制度下,投保人在第三方的强制或鼓励下参与保险,同时,投保人或受益人在满足一定条件的情况下,可以获得养老金、医疗保险金、失业保险金等形式的社会保险福利。

在市场经济条件下,社会保险是调节收入分配的重要制度安排,在经济和社会发展中发挥着"安全网"的作用,对于维系社会安全和稳定起着十分重要的作用。在国民经济核算中,与社会保险相关的社会保险缴款、社会保险福利等交易项目贯穿了生产、收入形成、收入分配等核算,是十分重要的核算内容。因此,及时追踪2008年SNA的新变化,加强中国社会保险核算理论和方法的研究,全面、准确地反映社会保险的发展,是国民经济核算制度方法改革中的一个重要问题。

(一) 2008 年 SNA 关于社会保险核算的基本规范

1. 社会保险的定义

社会保险计划是一种契约式保险计划,投保人在第三方的强制或鼓励下参加保险,以便在特定的不确定事件发生时能够得到补偿。一项社会保险计划必须满足以下两个条件:一是只有参加社会保险计划才能获得养老金及医疗、教育、居住或失业等方面的社会福利;二是至少符合下列情形之一:① 参加社会保险计划是强制性的,可能是政府以法律形式的规定,也可能是雇员就业的前置条件;② 该计划是集体性保险计划,旨在谋求特定群体(雇用或非雇用的)的利益,仅限于该群体的员工参加;③ 由雇主代雇员向计划缴款(实际地或虚拟地),而不管雇员是否也支付缴款。参加社会保险计划的人向该计划缴款(或由别人代缴),在出现保险覆盖的社会风险时获得社会保险福利。

2. 社会保险分类

根据提供主体的不同,社会保险计划主要分为两种类型。

(1) 社会保障。社会保障指政府通过法律规定的形式,强制所有雇员参与,并由政府运作的社会保险计划。在很多国家,社会保障是最重要的社会保险计划,它一般会覆盖整个社会或社会大部分群体。如果社会保障出现收支缺口,政府有权根据就业等情况对权益进行变更。社会保障计划可分为社会保障养老金计划和非养老金计划。

(2) 社会保障以外的、和就业相关联的社会保险计划。社会保障以外的社会保险计划可由保险公司通过团体保单或一系列保单来安排,也可以由雇主付费委托保险公司管理或雇主自身直接管理。在一些社会保障体系不健全的国家,其他社会保险计划有可能是社会保险的重要组成部分。其他社会保险计划可分为其他社会保险养老金计划和非养老金计划。其中,养老金计划可以进一步细分为定额缴款养老金计划和定额福利养老金计划,非养老金计划可进一步细分为备资非养老金计划和无备资非养老金计划。

3. 社会保险核算

在国民经济核算中,社会保险机构参与生产活动,社会保险缴款、社会保险福利等交易项目涉及生产、收入形成、初次收入分配和再分配等多个流量账户。

(1) 生产账户。2008 年 SNA 认为,管理任何社会保险计划都有成本,因此原则上每种社会保险计划都有产出,应当在生产账户中进行核算。按照承担保险计划机构单位的不同,社会保险计划主要要有以下四种组织方式,应根据其运营的特点采取不同的方式核算保险服务产出。

① 社会保障计划:社会保障机构属于政府部门,如果它是能够识别的独立运作的单位,社会保险产出用成本法计算;如果不能识别出独立的单位,负责运作社会保障计划的政府部门产出中应当已经包括了相应的社会保险产出。

② 雇主自己运作社会保险计划:其产出的价值也按照成本法核算,即使雇主建立了一个独立的养老基金来管理该计划,其产出的核算方法也是一致的。

③ 雇主委托保险公司管理社会保险计划:其产出的价值等于保险公司收取的费用。

④ 多雇主计划:保险公司为很多社会保险计划统一提供服务,并承担与之相关联的各种风险,在这种情况下,其产出等于归属于该保险计划的投资收入减去付给保险受益人的支出和准备金变动。

(2) 收入形成账户。在收入形成账户中,雇主社会保险缴款记录在雇主所属机构部门的使用方(作为对雇员支付的劳动报酬的一部分)。雇主所属的机构部门可以是非金融公司、金融公司、作为雇主的政府、作为雇主的住户、为住户服务的非营利机构。雇主社会缴款分为实际缴款和虚拟缴款,其中,实际缴款按实际发生的数额记录,虚拟缴款则应根据不同情况处理。

对于养老金计划,主要有社会保障养老金、定额缴款养老金和定额福利养老金三种形式。其中,社会保障养老金和定额缴款养老金一般不存在虚拟缴款,定额福利养老金则需要计算虚拟缴款,其额度等于当期增加的养老金权益加上养老金计划的管理成本,再减去雇主和雇员的实际缴款。这种处理方式意味着,实际缴款和虚拟缴款总额等于养老金计划对雇员金融负债的增加额与管理成本之和。

对于非养老金计划,只需对社会保障以外的无备资非养老金计划计算虚拟缴款。在 2008 年 SNA 中,运作无备资计划的雇主被认为是代表雇员向该计划支付了虚拟的社会缴款,虚拟缴款属于雇员报酬的组成部分。在实践中通常假定,雇主和雇员的缴款价值等于核算期内应付的福利加上该保险计划的运作成本。

(3) 初次收入分配账户。在初次收入分配账户中,雇主社会缴款记录在雇员所属机构部门(住户部门)的来源方(作为雇员获取的劳动报酬的一部分),成为住户部门的收入,其额度与收入形成账户中的相应项目相等。

在养老金权益核算中,定额缴款计划和定额福利计划对于应付投资收入(财产收入的一部分)的记录方式不同。对于定额缴款计划,投资收入记录在住户部门的来源方,按实际发生额记录;对于定额福利计划,投资收入记录在养老金所属部门的来源方,按实际发生额记录。这是因为2008年SNA认为定额缴款计划的资产是属于住户的,而定额福利计划的资产则是属于养老基金的。

(4)收入再分配账户。在收入再分配账户中,不同类型保险计划的养老金和非养老金记账方式也有所不同。

① 社会保障下的非养老金计划:雇主的社会保障缴款及住户作为雇员的社会保障缴款之和记录为住户的应付和政府的应收;现金形式付给住户的社会保障福利记录为政府的应付和住户的应收。

② 社会保障以外的非养老金无备资保险计划:雇主的虚拟缴款和雇员的实际缴款记录为住户的应付和雇主的应收;雇主应付给住户的保险金记录为雇主的应付和住户的应收。

③ 社会保障以外的非养老金备资保险计划:在这种保险计划中,归属于住户的投资收入作为住户的追加缴款处理。雇主的实际社会缴款加上住户实际社会缴款和追加缴款,再减去社会保险计划服务费,就得到净社会缴款。在收入再分配账户中,净社会缴款是住户的应付,保险公司或雇主所在部门的应收;社会保险支出是保险公司或雇主所在部门的应付,住户的应收。

④ 社会保障养老金:雇主和雇员支付的缴款记录为住户的应付,政府的应收;社会福利记录为政府的应付,住户的应收。

⑤ 定额缴款计划和定额福利计划:净社会缴款和养老金福利是这两类保险计划的主要交易项目。净社会保险等于雇主实际和虚拟社会缴款,加上住户实际社会缴款和追加缴款,然后减去社会保险计划服务费。净社会缴款是住户的应付,养老金基金的应收;养老金福利是住户的应收,养老金基金的应付。

(二) 中国社会保险核算现状及存在的主要问题

1. 中国社会保险计划的主要形式

中国社会保险以社会保障基金为主体,企业主导建立的其他社会保险计划很少。目前主要有以下几种社会保险形式。

(1) 社会保险基金。为了规范社会保险关系，维护公民参加社会保险和享受社会保险待遇的合法权益，中国于2011年7月正式施行《中华人民共和国社会保险法》，以法律形式确定了建立基本养老保险、基本医疗保险、工伤保险、失业保险、生育保险等社会保险制度。社会保险基金按照广覆盖、保基本的原则，规定企业和职工必须依法缴纳社会保险费。按照2008年SNA的标准，这种制度属于社会保障计划。

(2) 行政事业单位离退休养老及公费医疗制度。机关事业单位养老制度改革前，大部分行政事业单位未参加城镇职工社会保险，而是采用离退休养老及公费医疗制度进行社会保障。在这种制度下，行政事业单位人员离退休后，一般情况下按照工作期间工资水平的一定比例领取离退休金，职工产生医疗费用后，工作单位按照一定比例予以报销。按照2008年SNA的标准，这种离退休养老制度属于社会保障计划之外的定额福利养老金计划，公费医疗制度属于无备资非养老金计划。2014年10月起，国务院实施了机关事业单位养老制度改革，规定机关事业单位工作人员也要实行社会统筹和个人账户相结合的基本养老保险制度，单位和个人共同缴费，养老金计发与缴费相挂钩。在改革过程中，遵循"老人老办法，新人新制度，中人逐步过渡"的原则。此外，公费医疗制度也逐步改革，纳入社会医疗保险。待改革完成后，机关事业单位工作人员的养老和医疗保险都将纳入社会保障体系之下。

(3) 企业年金计划。企业年金计划是指企业在政府强制实施的基本养老保险制度之外，根据自身经济实力和经济状况建立的退休养老计划。企业年金可为本企业职工提供一定程度的退休收入保障，成为基本养老保险的重要补充。企业年金计划一般由专门的金融机构代为管理，采用企业和职工共同缴费的方式。按照2008年SNA的标准，企业年金计划属于社会保障之外的定额缴款养老金计划。

2. 中国社会保险核算现状

中国国民经济核算体系以核算表的形式替代SNA的账户形式。目前，中国的社会保险核算主要体现在GDP核算和资金流量核算中。

(1) GDP核算。中国GDP核算没有将社会保险基金作为独立的单位处理，其产出和增加值实际上被隐含在政府部门中。对于企业年金来说，按照中国相关的会计规定,应记录在养老保险费项目下,这类活动的产出包含在了保险业中。在收入法 GDP 核算中,劳动者报酬包括了单位和个人的社会保险缴款,因此,城镇职工社会保险制度中企业和职工个人缴款、行政事业单位的离退休金和公费医疗费用以及企业年金均是劳动者报酬的组成部分。

(2) 资金流量核算。按照目前的核算方法,资金流量表中的劳动者报酬数据与收入法 GDP 中的劳动者报酬数据是完全一致的。

在收入初次分配过程中,对于企业部门,企业的社会保险缴款记录为企业部门的资金运用和住户部门的资金来源;对于政府部门,政府支付的离退休金和公费医疗记录为政府部门的资金运用和住户部门的资金来源;对于住户部门,住户作为生产者支出的社会保险缴款记录为住户部门的资金运用,同时记录为住户部门的资金来源。此外,社会保险基金的利息收入和投资收入被记录为住户部门的财产收入。

在收入再分配过程中,企业和职工个人的缴款、基金的利息和投资收入记录为住户部门的资金运用和政府部门的资金来源;政府对城镇职工社会保险、新农保和新农合的财政补贴记录为政府部门的资金运用,同时记录为政府部门的资金来源;社会保险福利记录为政府部门的资金运用和住户部门的资金来源。

3. 中国社会保险核算存在的主要问题

(1) 部分交易项目核算不完整。目前中国社会保险的核算对象主要是社会保障基金,核算方法比较成熟和健全,但对于行政事业单位离退休金及公费医疗、企业年金等其他社会保险计划,只是在 GDP 核算和收入初次分配中将其作为劳动者报酬的组成部分,收入再分配过程中没有涉及这部分内容。根据 2008 年 SNA 的定义,中国行政事业单位离退休养老制度应属于定额福利养老金计划的一种,公费医疗制度应属于无备资非养老金计划的一种,企业年金属于定额缴款养老金计划,这些保险计划应该按照其实际缴款或虚拟缴款,在社会保险缴款和社保保险福利支出中予以反映。

(2) 核算分类较粗。在资金流量核算中,有关社会保险的机构部门和交易项目分类尚需进一步细化。

社会保障是社会普遍关注的一个热点问题,2008 年 SNA 建议,如果社会保障基金作为一个独立的单位运作,就应在政府部门中设置社会保障子部门。

中国目前的核算中没有对政府部门做进一步的细分类。

将劳动者报酬进一步划分为工资及工资性收入和单位社会保险缴款两个子项,可以更清晰地反映劳动者报酬的构成和单位在社会保险中承担的责任。中国收入法 GDP 核算的基础资料主要是企业财务状况调查和行政事业单位财务状况调查,涉及单位数量多,调查指标复杂,将劳动者报酬构成项目进一步细分的难度比较大。由于资金流量核算中的劳动者报酬来自收入法 GDP 核算,受资料来源限制,劳动者报酬没有进行更细的分组。

(3) 政府补贴的处理与 2008 年 SNA 不一致。在资金流量核算中的收入再分配核算中,政府对城镇职工社会保险、新农保和新农合的财政补贴作为政府部门对社会保险基金的社会缴款处理,同时作为政府社会保险收入记录。按照 2008 年 SNA 的规定,由于社会保险基金也属于政府部门,这一补贴属于政府部门内部的经常转移,原本无须显示。这样做的好处是有助于完整显示社保基金的资金来源,但会加大资金流量表上记录的政府部门收入和支出规模。

(三) 中国社会保险核算方法改革研究

1. 根据社会保险发展变化,完善核算范围

随着市场经济体制的不断健全,中国的社会保险制度也会经历比较大的发展。目前,社会保险的形式比较单一,社会保障基金覆盖了大多数单位和个人,企业提供的补充社会保险计划很少。但是,由于社会保障基金具有广覆盖、保基本的性质,其提供的社会保险福利标准比较低,如果要维持较高的退休生活水平,必须有单位或个人的补充保险。过去中国居民更多地选择个人储蓄来替代保险,随着保险意识的提高,单位参与提供的社会保险计划、个人商业保险将会越来越普遍。社会保险核算要与时俱进,根据新出现的社会保险计划,及时拓宽资料来源,将其纳入核算范围,更加客观全面地反映社会保险的规模和结构。

2. 完善社会保障基金之外的社会保险计划的核算方法

2014 年 10 月 1 日起,中国机关事业单位工作人员开始实施养老保险制度改革。由于改革遵循"老人老办法,新人新制度,中人逐步过渡"的原则,在这个过程中,财政部门离退休金和社会保险缴款收支记账方式都会有比较明显的变化。社会保险核算要根据财政部门支出方式的变化及时调整方法,对于纳入社会保障的养老金和职业年金及时予以反映,对于尚未纳入社会保险的离退休金

及公费医疗,要按照 2008 年 SNA 的建议,在收入再分配核算中虚拟计算,以便更加客观地反映全社会保险的收支规模和结构变化。对于企业年金等其他社会保险计划,要尽可能地从保险公司的业务活动中区分出来,纳入收入再分配核算范围。

3. 在政府部门设置社会保障子部门

中国的社会保障基金由全国社保基金理事会负责日常的管理和运作,在政府部门中设置社会保障子部门条件比较成熟。国民经济核算要加大部门协调力度,争取社保部门的支持,完善社会保障基金核算基础资料,将政府部门细分为政府机构和社会保障两个子部门。

4. 提高核算方法的国际可比性

社会保险核算一直都是国民经济核算的一个热点和难点问题。近年来,联合国、经济合作与发展组织、国际货币基金组织等国际组织多次召开相关研讨会,对 2008 年 SNA 社会保险核算中一些悬而未决的问题开展研究讨论,特别是 2008 年 SNA 引入定额缴款计划和定额福利计划这两个新的概念后,在一些具体细节的处理上国际社会尚未达成最终的一致意见。在这种情况下,我们有必要对国际上的最新研究动态进行密切追踪,对于理论上成熟、实践中可行的核算方法,我们应努力与国际标准接轨,不断提高核算结果的国际可比性。

(作者:武央)

十、金融衍生产品核算方法研究

2008 年国际金融危机之后,国际社会对金融衍生产品的性质和功能有了进一步的认识,加强了对金融衍生产品的风险监管。而随着中国金融改革的深入,在利率与汇率机制市场化、人民币国际化、资产证券化的过程中,金融衍生产品在对冲和转移利率风险、汇率风险、信用风险以及价格风险等方面将会发挥越来越重要的作用。因此在国民经济核算中如何全面准确地记录金融衍生产品市场发展情况,对于充分反映金融衍生产品作用、严格管控金融衍生产品风险有着重要的意义。

(一) 金融衍生产品的概念、分类及作用

1. 金融衍生产品的基本概念

金融衍生产品是指与某种特定金融工具、特定指标或特定商品挂钩的金融工具,特定的金融风险通过金融衍生产品在金融市场上进行交易,例如利率风险、汇率风险、股票和商品价格风险、信用风险等。金融衍生产品的价值来自标的项目的价格,即参考价格。

金融衍生产品具有以下几个特点:一是零和博弈,即合约交易的双方盈亏完全负相关,并且净损益为零,因此称"零和"。二是高风险性,金融衍生产品的交易后果取决于交易者对标的项目未来价格的预测和判断的准确程度。标的项目价格的变幻莫测决定了金融衍生产品交易盈亏的不稳定性,这使得金融衍生产品具有高风险性。三是高杠杆性,金融衍生产品的交易采用保证金制度,即交易所需的最低资金只需满足基础资产价值的某个百分比,保证金可以分为初始保证金和维持保证金,如果交易过程中的保证金比例低于维持保证金比例,而投资者又没有及时追加保证金,其将被强行平仓,可见,衍生品交易具有高风险、高收益的特点。

2. 金融衍生产品分类

根据标的项目不同,金融衍生产品可以分为利率类衍生品、汇率类衍生品、股权类衍生品、信用类衍生品、商品类衍生品等类型。

根据交易场所不同,金融衍生产品可以分为场外金融衍生品和场内金融衍生品。

根据交易形式不同,金融衍生产品可以分为远期合约和期权合约。① 远期合约。远期合约是指交易双方约定在未来特定日期,以合约规定的价格交易约定数量的标的物(实物或金融资产)。常见的远期合约包括利率互换、远期利率协议、外汇互换、远期外汇合约和交叉货币利率互换等。② 期权合约。期权合约是指期权的买方向卖方付出一定费用后,获得了在未来某一时期或某一日期按照事先约定好的价格买入或者卖出某一特定金融工具或商品的权利。买方购买这种权利后,可以行使权利也可以放弃权利,而卖方卖出权利收取费用后,在有效期内只要买方行使权利,卖方都必须履约。

3. 金融衍生产品的作用

金融衍生产品的主要作用是进行风险管理、对冲资产风险、投机和套利。但是任何事情都既有好的一面也有坏的一面,风险规避是将风险转移给愿意承担风险的人,这也造成了金融衍生产品的高杠杆性。金融衍生产品的交易者可分为三类:对冲者、投机者和套利者。对冲者采用金融衍生产品合约来减少自身面临的由市场变化带来的风险;投机者利用这些产品对今后市场变化的走向进行赌注;套利者采用两个或更多相互抵消的交易来锁定盈利。这三类交易者共同维护了金融衍生产品市场上述功能的发挥。

(二) 2008 年 SNA 关于金融衍生产品核算的处理方法

2008 年 SNA 认为金融衍生产品制定合约和履行合约时均发生了交易,要在金融账户中进行记录。而从制定合约到履行合约或者合约到期期间,由于标的项目价格变化造成的金融衍生产品价值变化要记录在资产其他变化账户中。同时,从制定合约到履行合约或者合约到期期间,交易双方构成了金融资产与负债关系,需要在资产负债表中进行反映。下面通过几个远期合约和期权合约的例子来具体说明在 SNA 中是如何处理金融衍生产品的。

1. 远期合约

假设 A 经济体在 t_0 时期签署了一项出口合同,将在两年后(t_2)以 1 200 欧元的价格出口一批货物。为了规避汇率风险,A 经济体与一国外机构签署了一项远期合约,将在 t_2 以当前汇率(1.2 欧元兑换 1 美元)用 1 200 欧元兑换 1 000 美元。假定贴现率为 6%。

在 t_0 时,由于远期合约在最初制定时是以当时的汇率为约定汇率的,交易双方均未产生盈亏,所以在金融账户和资产负债表中均记为 0。

在 t_1 期,假设汇率变为 1.1 欧元兑换 1 美元,这时并没有交易发生,因此金融账户中没有记录,但在资产其他变化账户和资产负债表中将会记录金融衍生产品的价值变化,如表 1 所示:

表 1　t_1 期国际投资头寸账户　　　　　　　　(单位:美元)

	期初头寸	交易	价格变化	其他变化	期末头寸
金融衍生产品,负债	0		85.7	0	85.7

因为在 t_2 时，A 经济体将会用 1 200 欧元兑换 1 000 美元，而以 t_1 时的汇率，只需要用 1 100 欧元便可兑换 1 000 美元，也就是说 A 经济体在这份远期合约上将会于 t_2 亏损 100 欧元，按贴现率计算 t_1 时的现值就是 94.3 欧元（=100/1.06），再按汇率换算成美元就是 85.7 美元（=94.3/1.1）。

在 t_2 期，假定汇率变为 1 欧元兑换 1 美元。这时在账户中的记录如表 2、表 3 所示：

表 2 t_2 期国际收支账户　　　　　　　　　　　　　（单位：美元）

国际收支账户	贷方	借方	金融资产净获得	负债净发生	净值
经常账户					
货物	1 200				1 200
金融账户					
现金和存款,资产			1 000 [1 200 − 200]		1 000
金融衍生产品,负债			−200		−200

表 3 t_2 期国际投资头寸账户　　　　　　　　　　　（单位：美元）

国际投资头寸	期初头寸	交易	价格变化	其他变化	期末头寸
现金和存款,资产	0*	1 000			1 000
金融衍生产品,负债	85.7	−200	114.3		0

* 假设期初头寸为 0。

在 t_2 期，A 经济体出口货物获得 1 200 欧元，按汇率换算成美元是 1 200 美元，同时记录在货物的贷方以及现金和存款资产的金融资产净获得项下。按照所签订的远期合约，A 经济体以 1 200 欧元兑换 1 000 美元，净损失 200 美元，同时记录为现金和存款资产净减少 200 美元和金融衍生产品负债减少 200 美元。在国际投资头寸中，期初头寸金融衍生产品负债为 85.7 美元，交易变化为 −200 美元，而到了期末，由于远期合约已经履行，交易双方不再存在资产负债关系，期末头寸应该为 0，因此价格变化就应为 114.3 美元（=0−85.7+200）。

2. 期权合约

假设某金融公司 A 在 t_1 期以 2 000 美元的价格购买一份期权合约，该合约规定 A 公司可在 t_3 期以每股 3 美元（t_1 期现价）购买 20 000 股同一经济体内某非金融公司 B 持有的股权。t_1 期国民账户记录如表 4、表 5 所示：

表 4　t_1 期金融账户　　　　　　　　　　　　　（单位：美元）

流量账户($t=1$)	非金融公司		金融机构	
	运用	来源	运用	来源
现金和存款		2 000	2 000	
金融衍生产品	2 000			2 000

表 5　t_1 期资产负债账户　　　　　　　　　　　（单位：美元）

存量账户/资产	期初存量($t=0$)		交易变化		价格变化		期末存量($t=1$)	
	非金融公司	金融机构	非金融公司	金融机构	非金融公司	金融机构	非金融公司	金融机构
现金和存款	0	100 000	2 000	−2 000			2 000	98 000
金融衍生产品	0	0	−2 000	2 000			−2 000	2 000
股权	60 000	0					60 000	0
净资产	60 000	100 000	0	0			60 000	100 000

假设 t_2 期股票价格变为每股 4 美元，此时没有发生交易，而该期权在未来 t_3 期的价值变为 20 000×(4−3)＝20 000 美元，假设贴现率为 5%，该期权在 t_1 期的当期价值为 20 000/1.05＝19 048 美元，在国民账户中记录如表 6 所示：

表 6　t_2 期资产负债账户　　　　　　　　　　　（单位：美元）

存量账户/资产	期初存量($t=1$)		交易变化		价格变化		期末存量($t=2$)	
	非金融公司	金融机构	非金融公司	金融机构	非金融公司	金融机构	非金融公司	金融机构
现金和存款	2 000	98 000					2 000	98 000
金融衍生产品	−2 000	2 000			−17 048	17 048	−19 048	19 048
股权	60 000	0			20 000		80 000	0
净资产	60 000	100 000			2 952	17 048	62 952	117 048

假设 t_3 期期权合同到期时，股票价格变为每股 5 美元，此时该期权的价值变为 20 000×(5−3)＝40 000 美元，执行该期权合同时，A 公司支付 60 000 美

元购买了市场价值 100 000 美元的 20 000 股股权。在国民账户中记录如表 7、表 8 所示：

表 7　t_3 期金融账户　　　　　　　　　　　　　　　　（单位：美元）

流量账户（$t=3$）	非金融公司		金融机构	
	运用	来源	运用	来源
现金和存款	40 000	100 000	100 000	40 000
金融衍生产品		40 000	40 000	
股权	100 000			100 000

表 8　t_3 期资产负债账户　　　　　　　　　　　　　　（单位：美元）

存量账户/资产	期初存量（$t=2$）		交易变化		价格变化		期末存量（$t=3$）	
	非金融公司	金融机构	非金融公司	金融机构	非金融公司	金融机构	非金融公司	金融机构
现金和存款	2 000	98 000	60 000	−60 000			62 000	38 000
金融衍生产品	−19 048	19 048	40 000	−40 000	−20 952	20 952	0	0
股权	80 000	0	−100 000	100 000	20 000	0	0	100 000
净资产	62 952	117 048	0	0	−952	20 952	62 000	138 000

在 t_3 期结束时，该期权合同已经执行或失效，价值变为 0，可推出 t_3 期该期权合同的价格变化为 $0-19\,048+40\,000=20\,952$ 美元。

（三）中国金融衍生产品核算现状与问题

1. 中国金融衍生产品市场发展现状

20 世纪 80 年代，一些国有企业为了对冲外汇风险，开始请中国银行代理办理境外外汇衍生品业务，之后中国金融衍生产品种类逐渐丰富，参与者数量不断增加，制度框架日益完善，已经初步形成了金融衍生产品市场的运行框架。目前，利率衍生品在整个金融衍生产品市场中占据着重要的地位，在中国金融衍生产品市场中占据较大份额，其中又以利率互换产品占绝大部分份额，根据中国外汇交易中心的统计数据，2012 年中国利率互换产品的名义本金额达到了 29 021.4 亿元人民币。2005 年中国实行汇改以来，人民币汇率制度更加灵活、更加市场化，外汇衍生品越来越受到投资者的关注，外汇掉期已经成为最受市场追捧的财务管理工具和避险手段。而权益类产品也在快速发展，2008年中国的可转换债券交易量达到442.1亿元，位居全世界第三，但仍存在证券价格严重偏离、市场投机性较强等问题。

目前，中国金融衍生产品监管实行的是多头分业监管模式，由中国人民银行、银监会、证监会、外管局等多家政府机构集中监管，交易所一线监管，以及银行间交易商协会、期货业协会等自律监管组成监管体系，证监会负责监管权证等证券衍生品，银监会和中国人民银行负责监管利率类金融衍生品和资产证券化产品，中国人民银行和外汇管理局负责监管外汇金融衍生品。

从金融衍生产品机构投资者角度来看，商业银行是最重要的参与者，银行的金融衍生工具主要集中在利率类、外汇类、信用类、贵金属类、权益类，前两类占比约为98%。证券公司参与衍生品交易主要围绕权证和期货，包括权证投资的经济业务、自营业务、创设权证业务和期货中间介绍业务。基金公司目前能够投资的金融衍生产品仅仅是权证，并且普遍采取谨慎的态度。尽管在国外保险公司是衍生品市场上重要的机构投资者，但中国保险公司目前对衍生品涉足较少。对中国非金融企业而言，参与衍生品交易的主要目的是套期保值，其中交通运输仓储业和制造业参与较多。

2. 基础资料状况及数据缺口

目前所能找到的金融衍生产品统计资料主要是金融衍生产品监管部门所公布的一些资料，例如国家外汇管理局的《中国国际收支报告》中公布了外汇衍生产品成交量、远期外汇交易成交量及市场分布；中国人民银行的《中国货币政策执行报告》公布了利率衍生产品交易情况，包括利率互换的交易笔数、名义本金额和期限结构，标准利率衍生品交易笔数和名义本金额，标准债券远期产品的交易笔数和交易量；证监会的《中国证券期货统计年鉴》公布了上海期货交易所、郑州商品交易所、大连商品交易所、中国金融期货交易所的期货市场交易情况，包括市场规模、会员机构数量、交易成交量与成交金额、持仓量与持仓金额、交割量与交割金额等信息。另外一些上市公司的年报中也会披露自身金融衍生产品交易的情况。

3. 当前核算现状及问题

目前国家外汇管理局制定的《对外金融资产负债及交易统计制度》中有金融衍生产品报表，按该制度规定，所有与国外部门签订了金融衍生产品合约的单位应当向国家外汇管理局报送其金融衍生产品的合约类别、交易对手方信息以及金融衍生产品期初头寸、当期收付结算额、当期非交易变动、期末头寸等信息,在外汇局公布的按《国际收支和国际投资头寸手册》(第六版)标准编制的国际收支平衡表中已经对金融衍生产品交易进行了记录。另外,据了解,在金融机构向人民银行报送的报表中也有金融机构从事的金融衍生产品交易的信息,因此在人民银行编制的金融交易资金流量表和金融机构资产负债表中也对金融衍生产品进行了核算,但由于数额太小,未将金融衍生产品进行单独列示,而是将其放入了其他项中。

金融衍生产品核算是一项比较困难的工作,目前中国的金融衍生产品核算还存在很多的问题与不足。一是金融衍生产品核算经验不足,缺乏基础资料。二是金融衍生产品的监管部门较多,各部门之间统计体系各不相同,协调难度大。三是人民银行的金融衍生产品统计仅对金融机构进行了统计,这样有可能造成统计口径不全,漏掉了一些未通过金融机构进行的金融衍生产品交易,并且由于缺少交易对手方数据,对金融机构的金融衍生产品数据也无法进行核实和评估。四是金融衍生产品的重估价难度较大,金融衍生产品的形式多样,要将不同形式、不同期限的金融衍生产品统一到现价的基础上进行核算难度较大。

(四) 中国金融衍生产品核算方法改进研究

完善中国金融衍生产品核算工作需要做以下几方面工作。

1. 建立完整的统计体系

与各个金融衍生产品监管部门协作,建立一套适用于金融衍生产品核算的统计体系,其中场内金融衍生产品主要由几个期货交易所负责统计,场外金融衍生品主要由开办代客衍生产品业务的银行负责统计,对参与金融衍生产品交易的机构或个人按机构部门进行划分,对金融衍生产品的交易、价值变化、交割以及头寸情况进行全面记录,这样才能获取能够用于金融衍生产品核算的基础数据。同时也可以利用上市公司年报中的有关数据对金融衍生产品的统计数据进行验证和核实。

2. 借鉴国外编制方法和经验

金融衍生产品核算工作还需要借鉴国外的方法和经验,了解他们的基础资料情况以及相应的统计基础,掌握他们在缺乏资料进行估算时所用的模型和参数,学习他们在实际编制账户时的经验。

3. 逐步展开金融衍生产品核算工作

金融衍生产品核算工作也需要从易到难逐步展开,目前对外衍生产品交易的统计基础相对较好,可以先在国际收支平衡表和国际投资头寸表中核算金融衍生产品,而难度较大的国内各机构部门间的金融衍生产品核算应先打好统计基础,也可先采用模型估计等方法核算,待基础资料完善后再准确编制。

(作者:陈希)

十一、为住户服务的非营利机构分类问题研究

改革开放以来,随着中国市场经济体系的建立和逐步完善,为住户服务的非营利机构取得了长足发展。这类非营利机构免费或以没有显著经济意义的价格向住户提供货物或服务,在教育、文化卫生、慈善、扶贫等领域发挥着越来越重要的作用。

2008年SNA将国内常住机构单位划分为五个机构部门:非金融公司、金融公司、广义政府、住户和为住户服务的非营利机构(NPISH)。在中国,过去由于NPISH单位数量少、规模小、统计基础薄弱,没有对其单独进行核算,而是并入广义政府部门,因此,目前中国常住机构部门划分为四个机构部门:非金融机构、金融机构、广义政府和住户。随着各种非营利机构的快速发展,为了全面客观地反映其在社会经济生活中的地位和作用,更好地与国际标准衔接,本文以下拟从基本概念和统计口径入手,对NPISH的分类问题进行深入研究。

(一) 2008年SNA关于NPISH的概念及识别

自20世纪80年代以来,非营利机构(Non-profit Institutions,NPI)在全球范围内得到了迅速发展。美国约翰·霍普金斯大学的莱斯特·萨拉蒙教授曾说:"我们正置身于一场全球性的社团革命之中,历史将证明这场革命对20世纪后期世界的重要性丝毫不亚于民族国家的兴起对于19世纪后期的世界的重要性。在这场革命中,非营利组织是一个重要角色,非营利组织也在这场声势

浩大的革命中取得空前的发展。"作为非营利机构的组成部分,为住户服务的非营利机构发展尤为迅猛,在美国、英国、德国等发达国家中,不仅具有广泛的社会和政治影响,而且能够大量地增加就业、创造增加值,是经济领域的一支重要力量。

1. 非营利机构

(1) 基本概念

非营利机构通常是指除政府和企业之外的不以利润最大化为目的的所有组织。2008 年 SNA 对非营利机构做出了明确的定义:非营利机构是为了生产货物和提供服务而创建的法律或社会实体,其法律地位不允许那些建立、控制它们或为其提供资金的单位利用该实体获得收入、利润或其他财务收益。住户、公司或政府都可以出于不同的动机创建非营利机构,例如:为了服务自身利益而出资成立的企业协会;向需要帮助的人提供货物或服务的慈善组织;不以营利为目标的健康或教育机构等。

(2) 基本特征

根据 SNA 的定义,非营利机构应当具备以下基本特征。

① 可识别性。非营利机构应是可以独立识别的机构单位,即它们能够拥有资产、发生负债、从事经济活动并与其他实体进行交易,可以编制包括资产负债表在内的完整的账户。在一些发展中国家,某些非营利机构可能是非正式实体,不具备正式的法律身份,但被社会所承认,也可以认为它们是可识别的机构单位。

② 非营利性。非营利性是非营利机构的本质特征,所有设立、控制或资助非营利机构的机构单位都无权分享非营利机构通过生产活动创造的任何利润或盈余。非营利机构的生产必然会产生盈余或亏损,但这些盈余只能用于履行机构的基本职能,而不能在组织者或经营者间进行分配。

③ 自治性。非营利机构相对独立于资助、控制或管理它的个人、公司或政府单位而存在,在生产管理和资金使用方面具有独立处置权。非营利机构的决策权通常由一组管理人员、理事会或类似的组织掌握,它们是全体成员以简单多数原则投票选举产生的。

(3) 部门归属

根据非营利机构主要参与的经济交易、服务对象以及控制和资助者的性质，分别划归相应的机构部门。

① 市场性非营利机构划归公司部门。主要有两类：一是从事市场生产的非营利机构，以具有显著经济意义的价格销售其大部分或全部产出，主要以销售收入弥补成本，服务对象可以是个人或企业。例如从事市场生产的大学、医院等。二是为企业服务的商会、农业团体、制造业或贸易业的同业公会等，资金一般来自企业的捐款或缴款，在国民核算中被处理为对所提供服务的支付而非转移支付，因此，这类非营利机构也被视为市场性非营利机构。

② 受政府控制、主要从事非市场生产的非营利机构划归政府部门。这类非营利机构免费或以无显著经济意义的价格提供其大部分产出，主要以政府资金支持来弥补成本，提供个人和公共服务。例如公办学校、政府控制的研究机构等。

③ 收入主要来自捐助，不受政府大量资助和实质性控制，主要从事非市场生产的非营利机构，划归为住户服务的非营利机构部门。例如慈善机构、宗教团体、动物保护协会等。

2. 为住户服务的非营利机构

(1) 基本概念

为住户服务的非营利机构是指不受政府控制的、免费或以没有显著经济意义的价格向住户提供货物和服务的非营利机构。

与其他类型的非营利机构相比，NPISH 具有两个鲜明的特点：一是不受政府部门的控制，主要表现在政府不能任命该机构的官员、不能决定其经营目标、不为其提供大量的资金支持；二是服务对象限定于住户或专业团体、俱乐部等特定团体下的人群，而不是企业。

(2) 识别标准

在 2008 年 SNA 中，NPISH 主要包括以下三类单位。

① 为了满足成员需求而建立的团体，它优先向其成员提供货物或服务，这些服务一般是免费提供的，其资金来源于定期缴纳的会费或缴款。主要包括专业或学术团体、政党、工会、教会或宗教团体，以及社会、文化、娱乐、体育等方面的俱乐部。

② 出于慈善目的而成立的慈善、救济或援助机构。这类 NPISH 按照非市场原则向有需要的住户提供货物或服务，资金主要来源于社会公众、公司或政

府的现金或实物形式的捐赠,也可能来源于非常住者的转移。

③ 提供公共服务的机构,如无偿提供其成果的研究机构、环保组织等。

(二) 中国 NPISH 的发展及核算现状

1. NPISH 发展现状

改革开放以来,中国的非营利机构逐渐发展壮大。据民政部统计,登记注册的社会组织 1988 年只有 4 446 个,到 2014 年增至 60.6 万个,吸纳社会各类人员就业 682.3 万人。可以说,非营利机构已经成为社会经济生活中一支不可或缺的力量。推广而言,作为非营利机构的重要组成部分,NPISH 在公共管理、社会公益事业等领域也在发挥着越来越重要的作用。

2. 过去国民核算对 NPISH 的处理

过去,中国严格意义上的 NPISH 很少,并且这些团体或组织与政府关系比较密切,资金主要来源于政府资助,因而在核算实践中将其划归广义政府部门,而没有作为一个独立的机构部门进行核算。

(三) 中国 NPISH 分类改进研究

随着社会经济的发展,NPISH 在丰富公共服务内容、提高公共服务水平、促进社会公益事业发展等方面发挥着越来越重要的作用。根据国际通行做法,在国民经济核算中有必要将其作为独立的机构部门进行分类。

1. 制定中国 NPISH 的识别标准

判断一个机构单位是否属于 NPISH,必须满足以下三个条件:从事非市场性生产、独立于政府并且为住户服务。

(1) 从事非市场性生产

从事非市场性生产,即免费或以无显著经济意义的价格提供其大部分产出。从事市场生产的非营利机构是以具有显著经济意义的价格销售其大部分或全部产出,应划归企业部门。成立提供市场产出的非营利机构不是出于慈善目的,其真实目标通常是提供高水平的教育、健康或其他服务,使用来自捐助的收入也只是为了降低必须收取的高费用。在实践中,如何判断价格是否具有显著经济意义比较困难,为便于操作,SNA 建议以"50%准则"来区分市场性和非市场性非营利机构,即如果非营利机构的销售收入与经营成本的比率大于

50%，则从事的是市场性生产，反之则从事非市场性生产。中国的国民经济核算中也应参照使用这一判断准则。

（2）独立于政府

从事非市场生产的非营利机构，如果不被政府控制，可以独立自主地决定其政策或规划，则属于 NPISH 部门。在中国，很多非营利机构都与政府有着十分密切的关系，判断其是否被政府控制，往往需要进行深入的分析。以下两类特殊的非营利机构都应属于一般政府部门。

一是群众团体机关，如工会、妇联、宋庆龄基金会、科技协会、作家协会等，它们在承担大量公益事业职能的同时，兼有部分政府公共职能。群众团体机关的领导者由政府任命，经费由国家财政全额拨款。2006 年，中共中央组织部专门下发文件，将工会、共青团、妇联等人民团体和群众团体机关参照公务员管理。因此，群众团体机关应作为准行政单位，仍然归入政府部门。

二是基层自治组织。根据现行宪法和有关法律的规定，中国在城市和农村按居民居住地区设立城市居民委员会和农村村民委员会。居委会和村委会由居民选举产生，是居民群众自我教育、自我管理、自我服务的基层群众性自治组织，不是一级政权组织，但居委会、村委会与区县或乡镇人民政府的关系十分密切，活动受政府单位指导，经费主要来源于财政补助（也有部分居委会、村委会有集体企业经营、房产出租等收入），应将这类单位视为受政府控制的非市场非营利机构，仍然归入政府部门。

（3）以住户为服务对象

NPISH 服务对象是住户或专业团体、俱乐部等特定团体。如果非营利机构服务对象是企业，其资金一般来自企业的捐款或缴款，这被作为对所提供服务的支付而不是转移支付，这类非营利机构从事的是市场性生产，应当归入企业部门。

2. 确定中国 NPISH 的统计口径

根据 NPISH 的特征，建议将以下三类单位纳入 NPISH 部门。

（1）为住户服务的社会团体

在国民经济行业分类中，社会团体包括行业性团体、专业性团体及其他社会团体三个小类，其中，行业性团体主要为企业服务，纳入企业机构部门；专业性团体和其他社会团体主要服务于住户，属于为住户服务的非营利机构，如教育、文化、体育等领域的专业性团体及慈善性、联谊性团体等。

（2）各类宗教组织和活动场所

包括寺院、宫观、清真寺和教堂等，这些机构的经费大多来自民间捐助，其活动相对独立，与政府部门关联性较低。

（3）各类基金会

指利用自然人、法人或者其他组织捐赠的财产，以从事公益事业为目的，按照国务院颁布的《基金会管理条例》的规定成立的非营利性法人单位，如社会救助、福利、环境等领域的基金会。

目前，中国 NPISH 虽然数量众多，但普遍活动规模小，与其他机构部门相比，NPISH 各个交易项目的核算结果都很小，在公布核算结果时，可以暂将其与住户部门合并，这也是目前很多国家采用的处理方法。

（作者：武央、陈希）

十二、资产负债表中的股权核算方法研究

股权是指因出资而取得的、对清偿了债权人全部债权后的公司或准法人公司剩余权益的索取权。股权通常以股票、存托凭证、参股证或类似文件为凭证。股权核算是资产负债表中金融资产和负债核算的重要项目。本文旨在梳理 2008 年 SNA 和国外对股权的核算方法，研究我国股权资产核算方法，对我国资产负债表中的股权核算方法提出改进建议。

（一）2008 年 SNA 中的股权核算方法

在资产负债表中，股权属于股权投资者的资产，股权发行者（融资者）的负债。股权分为上市公司股权和非上市公司股权两种。上市公司股权是指在证券交易所或有组织的金融市场上有规则地交易的公司股票。非上市公司股权是指未在证券交易所上市的权益性证券，常见于直接投资企业、私人权益资本、合资企业和非法人企业等。

资产负债表记录的是各项资产与负债的期末时点价值。对股权这种权益性资产而言，如何依据相应的估价方法确定其时点价值是核算的关键。

2008年SNA建议,资产负债表中的资产和负债应当采用可观测的市场价格估价。如果资产在市场上能够正规、活跃、自由地交易,就以现期市场交易价格核算。如果资产在近期内没有在市场交易,无法获得市场价格,就按照一个假定价格进行核算,即假定在资产负债表编表日在市场上获得该资产的可能价格进行核算。上市公司在证券交易所或有组织的金融市场中有规则地交易,可以直接按现期交易价格进行估价。非上市公司由于没有可观测的市场价格,股权价值需要根据实际情况采用各种接近直接投资企业中股东权益市场价值的方法进行核算。2008年SNA给出了六种方法核算非上市公司股权价值。

1. 近期交易价格

在过去年份里,非上市公司的股票可能发生过交易。若从交易日到核算日,企业经营状况没有重大变化,可以按曾经交易的价格衡量当前市场价值。但随着时间和情况的变化,以前交易价格的代表性会越来越低。

2. 净资产价值

非上市公司股权的现值可以用市场价值的总资产减去市场价值的总负债。其中,总资产包含会计核算中的无形资产,总负债不包括所有者权益。

3. 未来收益贴现法

非上市公司股权的现值可以通过预测未来收益,然后进行贴现来核算。此方法比较适合于那些资产负债表信息很少,但可以得到较多收益数据的企业。最简单的做法是采用近似的方法,即用市场或行业市盈率乘以未上市企业(经平滑)的近期收益核算。收益指标和市盈率最好剔除资产销售等一次性因素,以免这类因素扭曲核算结果。

4. 调整的企业账面价值

对于非上市公司股权的价值,可以从企业收集到"自有资金账面价值"信息,获得企业以历史成本计值的资产(如土地、工厂、设备、存货)。然后,利用同一经济体内有类似业务的上市公司的市价总值与账面价值之比进行核算。

5. 自有资金账面价值

采用直接投资企业账面上记录的企业价值来估价权益,是以下几项之和:① 实收资本(不包括企业发行股票中自己持有的部分,但包括股票溢价款);② 企业资产负债表中被确认为股权的公积金(包括会计准则认定为公司公积金的投资补助);③ 再投资收益;④ 账户自有资金中的持有损益。

6. 摊销全球价值

如果全球企业集团为上市公司,可以根据其股票市场价格核算整个企业集团的当前市场价值。然后,根据企业集团在各国分部的销售额、资产额或劳动力数量等指标在整个企业集团中的比重,将企业集团的全球价值分摊到企业集团在各国的直接投资企业。需要注意的是,选用不同的比重指标可能会得到明显不同的结果。

在核算非上市公司股权时,选用上述六种方法中的哪一种方法主要取决于基础信息的可获得性和核算结果的合理性。没有固定模式来比较方法优劣,具体操作时需要根据实际情况和结果的合理性进行选择。

(二) 国外股权核算方法

对于上市公司,因为有公开交易的价格,可以直接按资产负债表编制日的现期交易价格进行估价。对于非上市公司,在2008年SNA提出的非上市股权估价方法的框架下,各国根据本国的国情,选择合适的核算方法。主要核算方法分为以下三大类。

1. 根据近期交易核算

采用近期交易价格进行估价。这种方法在各国实践中不常见。

2. 根据公司会计数据核算

英国和加拿大采用根据公司会计数据的净资产价值法进行核算,即用现期资产价值总额减去市场价值的负债(不包括所有者权益)。

3. 根据相似公司的价值核算

具体包括市场价值与账面价值比率法(P/B)、自有资金账面价值法(OF-BV)和摊销全球价值法三种方法。

以色列在非上市股权评估中采用了企业市场价值与账面价值比率法(P/B)进行核算。即企业价值等于企业账面价值乘以相似上市公司的市净率。计算公式如下:

企业价值=账面价值×市净率

市净率=上市公司的市场价值÷上市公司的账面价值

账面价值=股本(普通股和优先股)+CS(实缴资本盈余)+RE(留存收益)

德国和荷兰等国采用自有资金账面价值法核算非上市公司价值。计算公式如下：

非上市公司价值＝相似上市公司的价值
×非上市公司的自由资金
÷类似上市公司的自有资金

其中，自有资金的账面价值指企业净资产。自有资金与股价之比会因业务类型的不同而变化，并且上市公司和非上市公司之间还有其他差别，这都可能对核算方法产生影响。欧洲账户体系(ESA 95)建议分不同业务类型来核算非上市股权。

与上市公司核算相比，非上市公司的核算需要根据流动性、控制权等因素进行调整。某些因素会对非上市股权的核算产生重大影响。联合国和欧洲央行对非上市公司价值的调整做了进一步说明：

① 非上市股权的典型特征是比上市股票流动性低。流动性低可能会对价值产生不利影响。

② 非上市股权通常所有人很少，甚至只有一个。如果某个投资者在公司获得控股权，那么该投资者需要支付控制权溢价。

③ 核算方法可能导致核算结果出现负值，这不符合股权定义的有限责任。例如，因为收益的不稳定，有时会出现负收益，市场价值与账面价值比率法可能会导致核算结果为负。BPM 6允许国际投资头寸中外商直接投资权益为负，但是各国实践可能有差别。

（三）我国资产评估实务对股权核算的基本方法

目前，在我国资产评估实务中，对上市公司股权估值预采用市场价格法，对非上市公司股权核算主要有收益法、市场比较法和成本法三种方法。

1. 收益法

收益法的思路是用资产预期产生的收益的现值来评估资产的价值。收益法具体包括两种形式：未来收益贴现法和剩余收益法。

所谓未来收益贴现法，简单地说，就是将企业未来的现金流量按一定的折现率核算现值。这是股权价值评估最为基本的方法，其基本计算公式如下：

$$P = \sum_{t=1}^{n} \frac{\mathrm{CF}_t}{(1+r)^t}$$

其中，P 是企业价值，CF_t 为 t 期的现金流量，r 是能够反映各期现金流量风险的折现率。

企业现金流(CF_t)＝总产出－运营成本－生产资本的使用成本

运营成本＝货物和服务的投入＋雇员报酬＋生产税净额

生产资产的使用成本＝固定资本消耗(折旧)＋生产资产的回报

剩余收益法就是用企业的无形资产价值加营运资本和固定资产价值核算企业价值。其中，企业无形资产的价值用资本化的未来超额收益估计。这种方法通常在其他方法不可行时被用于估计小企业的价值。

2．市场比较法

市场比较法通过直接比较非上市公司和类似上市公司来估计非上市公司股权的市场价值。比较因素包括行业类型、发展阶段、规模、经营形式和经营状况等。最常见的形式是可比上市公司法。

采用可比上市公司法，首先通过挑选与非上市公司同行业可比或可参照的上市公司，以同类公司的股价与财务数据为依据，计算出主要财务比率，然后用这些比率作为市场价格乘数来推断目标公司的价值，比如 P/E 法(市盈率，价格/利润)、P/S 法(价格/销售额)。

P/E 法是比较常见的核算方法。市盈率有历史市盈率(trailing P/E)和预测市盈率(forward P/E)两种。历史市盈率等于当前市值除以公司上一个财务年度的利润(或前12个月的利润)。预测市盈率等于当前市值除以公司当前财务年度的利润(或未来12个月的利润)。现实中，大多情况是采用预测市盈率核算，公式为：

公司价值＝预测市盈率×公司未来12个月利润

对于有收入但是没有利润的公司，比如很多初创公司不能实现正的预测利润，那么 P/E 就没有意义，此时可以用 P/S 法来进行核算，具体操作方法跟 P/E 法类似。市场比较法的主要优点是其依赖的数据来自真实的市场交易，相比其他方法在概念上更优，而且存在大量潜在的可比公司，可以获得许多定性的、财务的和交易的信息。使用该方法的主要挑战是找到可比公司。

3. 成本法

依据成本法,企业所有权的价值是资产的公允价值与负债的公允价值之差。首先,要分别对企业各项资产和各项负债进行公允核算;然后,用各项资产核算扣减各项负债核算,得到企业价值。其中,资产主要包括货币资金、应收票据、应收账款、预付账款、其他应收款、应收利息、存货、其他流动资产、长期股权投资、固定资产、在建工程、土地使用权、无形资产、其他非流动资产、递延所得税资产等。成本法较适用于资源类和金融类公司,以及只有极少无形价值或处于最初阶段的小型公司。

4. 核算的折价和溢价

非上市公司股权的核算经常涉及控制权和流通性调整。非上市公司的一个典型特点是其流动性低于上市公司,较低的流动性通常会对公司股权有负面影响,即流动性折价。此外,非上市公司的股东很少,管理层拥有对公司的控制权,此时对股权权益的核算就要考虑控制权溢价。

总之,应根据非上市公司的具体特点选择合适的核算方法。其中,公司经营的性质和所处的发展阶段是重要的考虑因素。在公司发展的最早期,收益法不是一个好方法,因为能否持续经营下去存在不确定性,很难预测未来现金流。当公司进入高速增长的阶段,可以用收益法中的自由现金流法核算。对于稳定和成熟的公司则适合采用根据市场方法进行核算。

(四)中国资产负债表中股权核算方法研究

资产负债表中的股权包括上市公司股权和非上市公司股权。上市公司股权主要指在资本市场交易的公司股权。我国资本市场由场内市场和场外市场两部分构成。场内市场有主板、中小板、创业板(俗称二板),场外市场包括全国中小企业股份转让系统(俗称"新三板")、区域性股权交易市场(四板)。非上市公司股权通常是指在私募发行、未上市的股权等,主要包括非上市公司的所有者权益和国外市场发行的存托凭证等。

1. 上市公司股权核算

主板、中小板和创业板的上市公司在上交所和深交所交易,采用集合竞价和连续竞价的方式交易。上市公司股权价值可以根据市场交易价格按年末股票市值计值,然后利用中国证券登记结算公司资料,分别计入投资者的资产方、融资者(发行者)的负债方。

与上交所和深交所不同,全国中小企业股份转让系统采用做市商交易和协议交易,区域性股权交易市场更不活跃,交易价格属于市场议价,不是市场竞价,交易价格未经过充分博弈,波动非常大。就是说,中小企业股份转让系统和区域性股权交易市场的股票交易价格不能反映企业的核算。因此,股权核算不应采用交易价格,应采用非上市公司股权方法进行核算。

2. 非上市公司股权核算

如前文所述,对非上市公司股权核算方法很多,相当复杂。考虑到我国非上市公司股权核算工作仍在起步阶段,从审慎性原则和基础资料的可获得性出发,收益法和市场比较法不太适合我国国情,建议采用核算成分相对少、对基础资料要求相对少、透明度高的自有资金账面价值法对我国非上市公司股权进行核算。从我国企业会计看,自有资金账面价值等于实收资本、资本公积、盈余公积、未分配利润等会计项目之和,而实收资本、公积金、未分配利润等会计项目之和,即为企业所有者权益(净资产)。核算时,首先核算股权价值总量,即将非金融企业部门与金融机构部门发行的股权价值之和作为股权价值总量,分别记录在非金融企业部门和金融机构部门的负债方;然后,根据各机构部门持有的股权价值记录到各机构部门的资产方。股权负债方的价值总量应和股权资产方的价值总量相等。具体核算方法如下。

(1) 负债方

非金融企业部门和金融机构部门发行的股权价值分别记录在非金融企业部门和金融机构部门的负债方。政府部门和住户部门在负债方没有数据。非金融企业部门和金融机构部门的股权价值核算方法如下:

$$\text{非金融企业部门非上市公司股权} = \sum_i i\text{行业资产总计} \times (1 - i\text{行业资产负债率}) - \text{上市非金融公司净资产}$$

$$\text{金融机构部门非上市公司股权} = \sum \text{金融行业资产总计} \times (1 - \text{金融行业资产负债率}) - \text{上市金融公司净资产}$$

国内合计非上市股权(负债方) ＝ 非金融企业部门非上市公司股权
　　　　　　　　　　　　　＋金融机构部门非上市公司股权

(2) 资产方

非金融企业部门、金融机构部门、政府部门、住户部门持有的股权分别记录在各机构部门的资产方。各机构部门股权价值基本核算方法如下：

国外非上市股权 ＝ 国外持有的常住公司股权
　　　　　　　　－国外持有的常住上市公司股权
　　　　　　　＝ 国外来华直接股权投资
　　　　　　　　＋国外来华其他股权投资
　　　　　　　　－国外持有的常住上市公司净资产

政府部门非上市股权 ＝(政府部门持有的非金融公司净资产
　　　　　　　　　　－政府部门持有的非金融上市公司净资产)
　　　　　　　　　　＋(政府部门持有的金融公司净资产
　　　　　　　　　　－政府部门持有的金融上市公司净资产)

金融机构部门非上市股权 ＝ 金融部门持有的长期股权投资

住户部门非上市股权 ＝ $\sum [i$ 行业资产总计 $\times (1 - i$ 行业资产负债率$)$
　　　　　　　　　　$\times$ 个人资本 $\div$ 实收资本$]$

国内合计非上市股权(资产方) ＝ 国内合计非上市股权(负债方)

非金融企业部门非上市股权 ＝ 国内合计非上市股权(资产方)
　　　　　　　　　　　　　－国外非上市股权－政府部门非上市股权
　　　　　　　　　　　　　－金融部门非上市股权－住户部门非上市股权

股权核算的基础资料主要来源于联网直报企业的法人单位财务状况表、上市公司财务状况表、国际投资头寸表、中国证券登记结算信息、分行业全国国有企业资产负债表等。

(作者：徐雄飞)

十三、资产负债表中的土地和矿产资源核算方法研究

自然资源是指自然界天然存在、未经人类加工的资源。自然资源有多种，大体区分为土地资源、矿产资源、非培育性生物资源、水资源等。资产负债表中仅记录所有权已经确立并且得到有效实施的自然资源。由于自然资源资产估价困难，国际上对自然资源资产的核算仍处于探索阶段，目前只有少数国家在资产负债表中核算了部分自然资源。本文以下结合中国国情，选择土地资源和矿产资源两类主要自然资源研究其核算方法。

(一) 2008 年 SNA 关于土地和矿产资源的核算方法

1. 土地

（1）资产范围

土地是指地面本身，包括覆盖的土层和附属的地表水，所有者通过持有或使用它们可以对其行使所有权，并获取经济利益。

并非所有的土地都纳入资产负债表的资产范围。首先，只有那些所有权已经确立并已得到有效实施的土地才有资格作为经济资产，并计入资产负债表。所谓所有权确定，不一定必须为单个单位所拥有，也可以由多个单位共同拥有或由政府代表整个社会拥有。其次，在给定技术下，土地还应该能够为其所有者带来经济利益。因此，偏远地带、人迹罕至等不具有商业开发价值的土地不包括在 SNA 的资产负债表中。

以下内容不包括在土地资产范围内：一是坐落在该土地上或途经该土地的实体，如房屋或其他构筑物，培育的农作物、树木和动物，非培育性生物资源和地下水资源。特别需要指出的是，记录在资产负债表中的土地价值原则上不包括土地之上建筑物的价值（建筑物价值应在固定资产项下单列），但实际操作中，土地经常与其上的房屋或其他构筑物及种植园等一起被购买或出售，如何区分土地价格以及其上建筑物的价格是土地估价的难点之一。二是经付款可从中提取使用（包括灌溉）的水体，水体本身属于水资源。三是土地改良价值，即能够极大改良土地的数量、质量或生产率，或者防止土地退化的行为所体现

的价值,如土地清理、土地修筑、修筑水井和灌溉水渠等,土地改良价值属于固定资产。

(2) 资产分类

2008 年 SNA 没有明确规定土地的具体分类,如果需要对土地进行细分,建议采用 SEEA 所使用的分类。SEEA 中的土地利用分类按地表主要类型分为陆地和内陆水域。对陆地而言,按土地的主要用途分为七类:农业用地、林业用地、水产养殖用地、房屋及相关土地、环境功能的维护和恢复用地、未另分类的其他用途的土地以及未用土地。对内陆水域而言,分为四种主要类别:用于水产养殖及其设施的内陆水域;用于环境功能维护和恢复的内陆水域;未另分类的其他用途的内地水域;未用的内陆水域。

(3) 资产估价

按照资产负债估价的一般原则,土地资产应当采用可观测的市场价格估价。如果近期内资产在市场上没有买卖,无法观测到市场价格,就按照一个假定价格估算。这个假定价格是年末获得该资产时的估计价格。对于其上有建筑物的土地,有时市场可以提供土地价值数据。但最常见的情况是无法直接获得土地价值数据,较通用的方法是,根据价值评估报告计算土地价值与建筑物价值的比率,然后利用建筑物的重置成本或土地和建筑物的合并市场价值,推算出土地的价值。如果土地价值不能与其上的建筑物、构筑物、种植园、葡萄园等分开,该复合资产应当划入价值较大的那一类资产中去。如果土地改良价值(包括为建筑物施工或农作物种植而进行的场地清理和准备)无法与土地价值分开,该复合资产要根据价值较大部分而归入相应类别的资产。

2. 矿产资源

(1) 资产范围

矿产资源是指位于地球表面以上或以下的,在现有技术水平和经济价格下具有经济可开采性的矿物和能源储备。资产负债表中仅记录那些已经确立了所有权的矿产资源。通常,矿产资源的所有权与其所附属土地的所有权是分开的,但在有些情况下,如法律规定,矿产资源所有权也可能会与其所在土地的所有权不可分割。原则上说,应将二者区分开来加以核算。

(2) 资产分类

2008 年 SNA 没有明确矿产资源的具体分类。如果需要对矿产资源进行细分,建议采用 SEEA 所使用的分类。矿产资源有多种类型,如石油资源、天然气资源、煤和泥炭资源、非金属矿物和金属矿物。矿产资源常常要经过勘探才能发现,其储量在不同程度上具有不确定性。《2009 年联合国化石能源和矿业储量资源框架分类》将矿产和能源资源矿床划分为三个等级:A 级,具有商业开采价值的资源;B 级,可能具有开采价值的资源;C 级,非商业或其他已知矿床。2012 年 SEEA 对矿产资源实物核算的界限已扩大到了所有已知矿床,但受制于预期开采收益的不确定性,在价值量层面仍然建议仅对 A 级矿床进行核算。

(3) 资产估价

受自身性质影响,估价矿产资源的资产价值面临很大困难,主要有以下两种方法。

第一是市场观测价值。按照资产负债估价的一般原则,资产负债表中的矿产资源应当采用可观测的市场价格估价。在市场上,如果资产能够正规、活跃、自由地交易,若交易的资产是同质的,并有较大成交量,即可定期列出市场价格。以此类市场交易的价格数据,乘以数量指标,就可以计算出矿产资源的市场价值。需要注意的是,对矿产资源估价是要估计资产的就地价值,即就地开采的价格而不是经过转移后的价值。

第二是未来收益现值法。如果矿产资源在近期内没有在市场上买卖,难以观测到市场价格,可以按照年末市场上获得该资产时的可能价格进行估算。对那些其收益分布在很长时期内的矿产资源价值,通常的估算方法是采用资产商业开发的预计净收益的现值。

(二) 中国土地资源核算方法改进研究

1. 分类和核算范围

国家质量监督检验检疫总局发布的《土地利用现状分类》(GB/T 21010—2007)把土地分为耕地、园地、林地、草地、城镇村及工矿用地、交通运输用地、水域及水利设施用地、其他土地等八类。但是纳入资产负债表中的土地资源,范围仅是部分土地资源:一是要满足经济资产的要求,二是从审慎性原则考虑,纳入资产负债表中的土地资源要遵循可确认、可计量、可交易、可核实的原则。根据以上两条要求,建议中国资产负债表中仅核算已经发生了交易的,或已经以货币价值计入企业、事业、行政等单位会计资产中的土地。

2. 价值量核算

土地估价方法分为两类:直接估价法和间接估价法。其中,间接估价法又分为剩余法、土地建筑物比率法、市场比较法、成本法等。

(1) 直接估价法

直接估价法是将土地面积与其对应价格相乘得到土地价值。如果能够获得可靠的土地市场价格和面积数据,可以使用直接估价法对土地进行估价。

土地的市场价值因为位置和用途不同而有明显区别,为了提高直接估价法的准确性,需要识别每一块土地的位置和用途或土地的地域范围,在较基层的区域级别层面分类型对土地价值进行估算。直接估价法公式表示如下:

$$V_j = \sum_i P_{ij} \times A_{ij}$$

其中,V_j 是区域 j 的土地价值,P_{ij} 是区域 j 内 i 类土地的平均单价,A_{ij} 是区域 j 内 i 类土地的面积。将区域土地价值逐级相加得到全国土地总价值。

(2) 间接估价方法

如果无法获得不同类型土地的市场价格,则可考虑采用间接估价法估算土地价值。大多数间接估价方法的起点都是计算包括土地价值和其上建筑物价值的综合价值(也称"房地产价值"),然后选择适当的方法从综合价值中分离出土地价值。

① 剩余法

剩余法是从土地和其上建筑物或构筑物的综合价值中减除折旧建筑物或构筑物的价值得到土地价值。剩余法公式如下:

$$LV_i = CV_i - C_i, \quad LV = \sum_i LV_i$$

其中,LV_i 是第 i 类建筑(住宅、非住宅建筑、其他构筑物等)下的土地价值,CV_i 是此类不动产的综合价值(包含建筑物和土地),C_i 是建筑物的估算价值;将所有类型建筑物下的土地价值 LV_i 加总得到全国范围内所有建筑物或构筑物下的土地价值。

② 土地建筑物比率法

土地建筑物比率法通过将建筑物的折旧价值乘以土地建筑物比率来间接计算土地价值。土地价值计算如下:

$$土地价值 = 建筑物价值 \times 土地建筑物比率$$

其中,土地建筑物比率通过计算样本地产的土地价值与其上建筑物价值的比率估算得到。通过考察某一区域房地产样本的土地价值及其上建筑物价值,可以得到样本的土地建筑物比率。由于土地建筑物比率受房地产特征(如类型、位置、区域等)影响较大,因此,在越细化的水平上应用此公式,通过此方法得到的土地价值就越精确。

③ 市场比较法

市场比较法是将待估土地与具有替代性的且在近期市场上交易的类似土地进行比较,并对类似土地的成交价格作适当修正,以此估算待估土地客观合理价。该方法适用于有大量交易案例的地区,且交易案例与待估案例有较强的相关性和替代性。

④ 成本法

成本法以开发土地所耗费的各项客观费用之和为主要依据,再加上一定的利润、利息、应缴纳的税金和土地增值收益来确定土地价格。该方法适用于新开发土地、工业用地、既无收益又无比较实例的公建以及公益用地的估价。

实际核算中,土地的市场价值会因为其位置不同以及用途不同而有明显区别,因此,需要识别每一块土地的位置和用途或土地的地域范围,然后予以估价。根据不同土地类型选择适用的土地估价方法分类核算土地价值。

(三) 中国矿产资源核算方法改进研究

1. 分类和核算范围

目前,中国查明资源储量的矿产资源划分为四大类:一是能源矿产10种,包括煤炭、石油、天然气等;二是金属矿产54种,包括铁矿、铜矿、铝矿等;三是非金属矿产93种,包括金刚石、石墨等;四是水气矿产3种,包括矿泉水、地下水、二氧化碳气。以上四类都在核算范围内,但考虑其确定性以及可开采程度的等级,目前纳入资产负债核算范围的矿产资源仅包括以上四大类中经过科学勘探、论证并获得开采许可证的资源储量。

2. 价值量核算

如果可以获得矿产资源的就地交易市场价格,就直接用矿产资源数量乘以单价进行价值量核算。但现实中,矿产资源很少发生交易,为此可以选择拨付法或净现值法计算矿产资源的存量价值。

所谓拨付法,是指通过开采企业向政府缴纳的费用、税金和特许使用费等支出对矿产资源进行估价。

净现值法(NPV)则比较复杂,其思路是将矿产资源的当前价值视为当前矿产资源存量在未来所带来收益的现值。将当前矿产资源存量的未来收益用资源租金表示,那么矿产资源的当前价值就是未来每年的资源租金贴现之和,用公式表示:

$$\text{NPV} = \sum_{t=1}^{T} \text{RR}_t \div (1+r)^t$$

其中,RR_t 表示第 t 年的年资源租金,T 表示资产寿命或资源可供开采的年份,由剩余资源量和资源的年开采量来决定,r 表示贴现率。资源租金 RR、资源寿命 T 以及贴现率的确定如下。

资源租金(RR):根据 2012 年 SEEA 定义,资源租金是指扣除全部成本和正常回报后、属于资产开采者或使用者的剩余价值。每年的资源租金就是资源在一年中所带来的收入与成本之差。收入用总产出表示,成本包括运营成本和生产资产使用成本。其中,运营成本属于非资本性支出,具体包括中间消耗、雇员报酬、生产税净额等;生产资产使用成本属于资本性支出,具体包括生产资产的固定资本消耗(折旧)和生产资产的正常回报。资源租金计算公式为:

$$\text{RR} = \text{TR} - C - (r_1 K + \delta K)$$

其中,TR 表示资源开采的年收入,C 表示年非资本性支出,K 表示生产资产存量(资本存量),r_1 表示资本回报率,δ 表示生产资产的折旧率。其中,资本存量 K 的采用永续盘存法(PIM)测算,资本回报率参考同期限的政府债券利率或本行业资本回报率确定。

资产寿命(T):指预计资产可用于生产的时间,或预计自然资源可进行开采的时间。估计资产寿命必须考虑资产的实物存量,并假定开采和生长率。一般情况下,资产寿命可以利用现有实物存量除以预计年开采量与预计年生长量之差计算。计算公式为:

$$T = \frac{S}{Q-\Delta}$$

其中，S 表示资源初期存量，Q 表示年开采量，Δ 表示年资源增加量。

贴现率：指将未来资产折算成现值的利率。通常用当时的无风险利率来当作贴现率。贴现率的确定也可参考同期限的政府债券利率或本行业资本回报率。由于企业只有在回报率与其得到收入的时间和风险偏好相匹配时才会投资。因此，如果一个企业的所有资产都被准确识别和测度，并且它处于完全竞争条件下，则贴现率与资本回报率相等。

矿产资源价值量核算相当复杂，统计部门要会同有关自然资源管理部门，根据中国实际情况开展有关核算工作。核算步骤上，首先应先进行矿产资源实物量核算，然后开展价值量研究和试算工作，待条件成熟后，再逐步纳入资产负债表中进行核算。

（作者：徐雄飞）

十四、投入产出核算方法研究

美国经济学家里昂惕夫（Leontief）在 1936 年前后提出和创立了投入产出技术，并利用美国的统计资料编制了美国的 1919 年和 1929 年投入产出表。1941 年，哈佛大学出版社出版了里昂惕夫的著作《美国经济结构，1919—1929》。里昂惕夫在该书中系统论述了投入产出技术的原理和方法，同时指出投入产出技术的经济理论来自瓦尔拉斯一般均衡理论，因此投入产出技术的理论根源与经济活动中商品生产、流通和消费的相关理论有着密切联系。

SNA 作为核算经济活动的国际规范，很早就将投入产出表纳入自身体系之中。自 1968 年 SNA 发布以来，投入产出表及相关内容一直就是它的重要组成部分。但不同版本的 SNA 对于投入产出表或供给使用表的关注点是有差异的，中国的核算实践与 SNA 的也有所不同。为显示区别，下文中出现"供给使用核算"表示以编制供给使用表为主，推算投入产出表；出现"投入产出核算"表示以编制投入产出表和供给表为主，推算使用表。

(一) 投入产出核算的国际标准

作为国民经济核算的国际标准,SNA 也在随着社会和经济发展不断修订。投入产出表及其相关内容(供给使用表)在 SNA 中的重要性一直不变,但不同时期的 SNA 对投入产出核算的关注点则有所差异。

1968 年 SNA 在第三章介绍了投入产出表的有关内容,包括行业投入产出表和产品投入产出表,以及投入产出表中各部分的估值或计算方法,还有进口矩阵和投资矩阵的编制等。1968 年 SNA 中没有涉及供给使用表的内容。

在 1993 年 SNA 中,投入产出核算的相关内容得到了更多的扩展。第十四章介绍了投入产出表和供给使用表的编制及估价等方面的内容,建议以供给使用表作为国民经济核算的框架,来协调 GDP 核算的数据。同时在第二十章,还引入了社会核算矩阵,作为投入产出核算的扩展,用于政策的模拟测算和经济影响的分析。

在 2008 年 SNA 中,相关核算方面的重心转移到供给使用表。第十四章介绍了供给使用表的相关内容,包括如何利用基本单位的统计资料直接编制供给表和使用表,如何对供给使用表的各部分进行估算等,还特别提出和强调应该发挥供给使用表的国民经济核算框架作用。同时在第二十八章,把投入产出表和社会核算矩阵的内容整合在一起,更多地关注其经济分析功能。

综上所述,国民经济核算国际标准对投入产出及相关内容的关注点,逐步从投入产出表转移到供给使用表。在最新的国际标准 2008 年 SNA 中,建议在基层单位(establishment)的基础上,收集和整理统计资料,直接编制供给使用表,发挥供给使用表的国民经济核算框架作用。而投入产出表可以在供给使用表的基础上,通过一定的经济假设推算出来,更多地作为分析工具来使用。

(二) 部分国家的供给使用核算

1. 美国的情况

美国的供给使用核算经历多次改革和发展,目前美国供给使用核算包括两个层面:年度账户和基准年账户。

年度账户已经追溯编制到 1947 年。目前,美国经济分析局网站上发布了从 1947 年到 2014 年的制造矩阵和使用表,以及从 1997 年到 2014 年的供给表和使用表。在不同时期,这些表的分类规模从40到70多个部门不等。

基准年(逢2和7年份)账户与美国五年一次的经济普查周期一致。基准年账户主要利用经济普查数据编制基准年的制造矩阵和使用表。最新的基准年[①](2007年)制造矩阵和使用表数据按照详细程度分为部门表(sector,15个行业分组)、概要表(summary,71个行业分组)和详细表(detail,389个行业分组)。

美国基准表的数据主要来自美国普查局每5年一次的经济普查资料,还有普查局的其他年度调查资料,包括制造业和服务业的年度调查,以及来自其他联邦机构的数据,包括美国农业部、教育部、能源部的信息。

2. 部分欧洲国家的情况

大多数欧洲国家都编制投入产出表或供给使用表。随着2010年ESA(欧洲账户体系)在2013年6月的发布,欧盟国家的核算数据要依照新账户体系来计算和发布。因此欧盟统计局在2014年年初针对欧盟成员国和其他一些欧洲国家进行了问卷调查,询问这些国家编制国民经济核算的情况,其中包括投入产出表或供给使用表的编制情况和未来的打算。根据各国在2014年三季度的反馈情况[②],有25个国家编制供给使用表,其中有23个国家同时编制供给使用表和投入产出表。

编制供给使用表的国家采用的统计基础单位差异较大,包括基层单位(establishment)、活动类型单位(kind-of activity unit,KAU)、机构单位(institutional unit)、企业(enterprise)和同质性生产单位(unit of homogeneous production)。有些国家根据自身的统计工作实际,采用了多种形式的统计基本单位。例如爱尔兰等六个国家都有两种类型的统计基本单位,荷兰则是有四种类型的统计基本单位。

关于编表的规模,2010年ESA建议不少于64×64的规模。实际上,许多国家在分类上远超出这个规模,特别是在产品分类上。例如丹麦的产品分类超过2 300种,紧随其后的还有匈牙利(820种)、芬兰(776种)和荷兰(630种)等。

关于编表的频率,多数国家按年度编制供给使用表和投入产出表,部分国家在编制年度供给使用表的同时,每五年编制一次投入产出表。

---

① 美国2007年基准表数据是在2013年12月发布的。
② Eurostat (2015). "Compilation of National Accounts Supply, Use and Input-output Tables".

3. 部分亚洲国家的情况

2009年以来,亚洲开发银行(ADB)在亚洲地区开展了两轮援助项目,支持亚洲的发展中经济体开展供给使用表和投入产出表的编制工作。一是2009—2011年的"部分发展中经济体采纳1993年SNA供给使用核算框架援助项目"(项目代码 RETA 6483);二是2015年4月启动的"更新和编制亚洲部分发展中经济体供给使用表项目"(项目代码 R-CDTA 8838),帮助参与的经济体更新或编制符合2008年SNA的供给使用表,为政策制定提供数据基础。

这两轮项目促进了亚洲发展中经济体,特别是一些欠发达经济体投入产出核算(主要是供给使用表)的建立和发展。亚洲的发展中经济体以前很少编制供给使用表,而编制投入产出表已经有相当长的历史了。

马来西亚自1978年到2010年编制了七张投入产出表。马来西亚在2010年进行了经济普查,根据最细的分类数据,编制 1176×1200(产品行业,以下相同)的供给使用表。马来西亚还利用2010年的供给使用表对2010年GDP数据进行了修订。修订后GDP的总量上升了1%,但是分行业的数据升降不一,变化幅度相对较大。

印度尼西亚自20世纪70年代开始,每五年编制和出版购买者价格和生产者价格投入产出表。在2015年亚洲开发银行启动的项目中,编制了2010年的 244×81 供给使用表,并将其作为该国GDP核算和投入产出表的新基准。2010年供给使用表的GDP比之前的数据高了6.47%,其中2.42%是由于采用了2008年SNA(包括方法和范围)的结果,还有4.05%是由于物量和价格的修正结果。

印度最近出版的投入产出表是2007/2008年的。[①] 在2015年亚洲开发银行启动的项目中,将编制2011/2012年的 104×66 供给使用表。印度未来打算编制年度的供给使用表。

泰国从1975年起每五年编制一张投入产出表(1998年特殊情况加编了一张),目前最新的是2010年的投入产出表。泰国从2007年起开始编制供给使用表,在亚洲开发银行2015年启动的项目中,泰国将编制2012年的 308×580 供给使用表。

---

① 印度编制的是财政年度的投入产出表/供给使用表。

(三) 中国投入产出核算现状和存在的问题

1. 基本情况

从1987年起,中国国家统计局每五年开展一次投入产出调查并编制投入产出基本表,逢0逢5年份编制投入产出延长表。迄今为止,国家统计局共编制出版了1987年、1992年、1997年、2002年、2007年和2012年投入产出基本表,以及1990年、1995年、2000年、2005年和2010年投入产出延长表。

中国投入产出核算不仅编制对称型投入产出表,还编制制造矩阵和使用表。由于统计单位差异和产品分类问题,中国的投入产出表并不是按SNA标准要求的产品表或行业表,中国编制的是"产品部门"的投入产出表。供给使用表也不是产品和行业交叉分类,而是以"产品部门"和"产业部门"交叉分类的中国制造矩阵和使用表。

2. 现行编表方法

中国以编制投入产出表为主,同时编制制造矩阵,利用投入产出表和制造矩阵推算得到使用表。

中国现行的统计单位是法人企业(单位),常规的统计调查数据无法完全满足编制投入产出表的资料需求。因此需要通过开展投入产出调查,在法人单位基础上,调查其内部不同类型生产活动的产出和消耗情况,来获取编制投入产出表需要的信息。目前规模以上工业的投入产出调查采用了这种方式,规模以下工业和其他行业的调查还是采用生产活动的同质性假设,以法人单位为基础进行调查。

除投入产出调查收集的消耗结构基础数据外,编制投入产出表的基础数据还包括国家统计局的其他调查数据,如住户收支调查、投资和存货调查等;另外国内生产总值核算数据以及政府其他部门的数据如财政支出、货物和服务的进出口等,共同用于编制投入产出表。

3. 存在的问题

中国最初开展投入产出核算的目的,主要是发挥投入产出表的分析作用,因此在投入产出表的数据收集和编制方法上下了更多的功夫。随着投入产出核算研究的不断深入,国际上更加重视供给使用表的编制,侧重于发挥其核算框架功能。中国投入产出核算要实现从投入产出表到供给使用表转型,发挥供给使用表的国民经济核算框架作用,需要研究解决以下几个方面的问题。

(1) 基本统计单位的问题。目前,中国以法人单位作为基本统计单位,各类不同性质的生产活动混在一起,生产过程的中间投入难以区分,既无法满足编制投入产出表的同质性需要,又难以满足直接编制供给使用表,特别是使用表所需要的同质性要求。现行的投入产出调查尽管对规模以上工业企业的生产和投入情况做了一定处理,但建筑和服务业企业的混业经营情况也相当普遍,目前采用的同质性假设不仅无法真实反映建筑业、服务业部门的产出和投入消耗,也为供给使用表编制或分析增加了难度。

(2) 产品价值量统计问题。供给表和使用表是以行业和产品交叉分类的数据反映经济联系的,包括各行业生产的不同产品的情况、各种产品在不同行业的中间使用情况等。从目前统计数据看,按国民经济行业分类的数据虽有瑕疵,但相对丰富和完善。而按产品分类的统计数据,特别是产品价值量统计数据,因统计制度不完善,缺失严重。另外,产品分类和统计不够完善,居民消费支出调查、政府消费支出调查和固定资本形成调查的产品分类没有形成良好衔接,对供给使用表的编制造成困难。

(3) 国民经济核算工作内部协调问题。世界上绝大多数编制供给使用表的国家,都利用供给使用表来协调 GDP 的数据,这也是 SNA 的建议。由于历史和现实的原因,中国实际做法和国际标准不一致。为此,有必要重新考虑核算业务内部的分工和流程,使得年度 GDP 核算(生产法、收入法和支出法)、季度 GDP 核算和供给使用表编制等各项工作能够协调一致。

(4) 其他问题。除了上述的主要问题,中国目前的投入产出核算还存在部分数据详细程度不够或覆盖面不足(服务进出口、存货数据等),影响了编表精度的问题。对于中国这样的世界第二大经济体而言,中国投入产出表(供给使用表)的行业和产品分类相对偏少。另外还有发布期相对滞后等问题。

(四) 中国投入产出核算方法改进研究

从国际标准的建议和多数国家的通行做法来看,编制供给使用表是大势所趋。因此,中国应该通过改进基础数据收集方式完善编制方法,研究开展直接编制供给使用表工作,发挥供给使用表作为中国国民经济核算框架的功能。

鉴于投入产出表具有反映经济技术联系的独特作用,在编制供给使用表后,可以通过一定的经济假设推算投入产出表。在推算得到投入产出表后,还要对推算出的投入产出表进行判断和调整。这个调整步骤相当于修正原来推算时使用的经济假设中不合理的部分。

不论是编制供给使用表还是投入产出表,都需要在以下几个方面采取改进的措施。

1. 采取多元化的基本统计单位

为了编制供给使用表,2008年SNA建议以基层单位作为基本统计单位,并在此基础上收集产品产出、工资、存货和中间消耗等信息。从事相同或类似活动的基层单位的集合就构成了行业(industry),从而保证了供给使用表中行业所体现数据的同质性。

从目前中国的统计实践看,不可能对所有法人单位(企业)再细分直到基层单位,并取得这些同质生产单位的产出和投入等数据。从世界各国的经验来看,也没有其他国家完全做到了以基层单位为基础调查生产活动的投入和产出情况。中国可以考虑参考欧洲许多国家的做法,对不同的法人单位进行分门别类的处理,采用多元化的基本统计单位。对于部分统计基础较好的法人企业,可以直接要求以基层单位作为基本统计单位;也可以在假设条件下,将法人企业分解成不同的同质生产单位作为基层单位;对于其他规模较小的法人单位,按生产同质性假定直接认可为基层单位。

中国现行的投入产出调查,对规模以上工业企业采取了类似的处理办法,但是这种同质性分解的做法并没有成为其他统计调查的规范。将来要在更多的企业类型和更大的行业范围内进一步推广这种做法。需要注意的是,在编制供给使用表或投入产出表时,如果采用了多元化基本统计单位,进行同质性分解的单位在经济总量上应该占多数比例,否则无法保障供给使用表或投入产出表数据的合理性。

2. 重视产品统计和产品分类

在供给表和使用表中,行业和产品的数据同等重要,特别是产品的产出数据,是供给使用表的总控制数。同时,产品的消费、投资和存货变动的信息也是使用表的重要构成部分。为了编制高质量的供给使用表,中国统计部门必须下大力气做好有关产品的统计,特别是产品的价值量统计。

与行业分类比较,中国统计的产品分类出台较晚,投入的力量也不足。许多国家有自身特定的产品分类,也有部分国家采用区域性的共同分类(如欧盟国家和北美国家),还有的国家直接就采用联合国的《主要产品分类》(CPC)。目前,中国最新的产品分类是《统计用产品分类目录(2010)》,但是该目录的维护和利用并不令人满意,因此可以考虑直接采用国际上的 CPC 标准分类,既节省了人力物力也便于国际可比。

3. 细化中国投入产出核算工作

(1) 细化中国投入产出核算的分类。目前,中国的投入产出表和供给使用表对国民经济活动最细的划分是 130 多个部门。由于中国的经济总量愈来愈大,在这种分类下,某些部门的产出和增加值达到非常大的规模,不利于细致地研究产业结构状况。从国际上看,发达国家的分类规模在 400 个部门左右或更多。因此,在基础资料(特别是服务业的详细资料)可获得的前提下,中国的投入产出表或供给使用表分类的详细程度还有很大的提升空间。对中国的基准年供给使用表来说,200 多个行业分类和 300 多个产品分类可能是比较合适的基本规模。

(2) 编制并公布非竞争型投入产出表。考虑到实际应用的需要,以及对外贸易在中国经济发展中的重要作用,中国的投入产出表必须向非竞争型投入产出表,或者非竞争型使用表发展。编表工作的主要困难是对进口产品去向的判断和区分。通过和海关总署联合开展进口货物去向调查,可以解决大宗进口货物去向的问题。同时加强服务贸易统计,充分利用外汇管理局的行政记录来解决服务贸易数据相对薄弱的问题。通过与海关总署和外汇管理局的合作,将来编制并公布非竞争型表应成为常态。

4. 扩展数据收集渠道

投入产出表(供给使用表)展现了经济活动中生产和使用的相互联系,以及不同的行业对产品的供应和消耗的情况,因此编制投入产出表(供给使用表)需要非常全面详细的信息。

编制投入产出表或供给使用表,需要对已有数据收集方式(特别是投入产出调查)做好优化,包括减少重复信息的收集、细化调查表的分类、根据编表的需要有针对性地收集特定的资料等。同时,还要扩展数据收集渠道,特别是利用部门统计已有统计数据,将其整合到投入产出表或供给使用表的编制和表的平衡过程中。

总而言之,从国际上的发展趋势和中国国民经济核算的要求来看,中国投入产出核算的转型是必然的过程。将来应加大对供给使用表的基础数据需求和编表方法研究,充分吸收投入产出调查和编制投入产出表的经验和教训,将之运用到供给使用核算的工作中。在各种条件成熟后,中国也应该向编制年度简表的方向去努力,既提高投入产出核算时效性,又得到时间序列表,可以更好地应用于国民经济核算工作以及经济研究和分析工作。要考虑积极创造条件,夯实供给使用表的数据基础,改革国民经济核算的有关工作,发挥供给使用表在国民经济核算中的框架作用。

(作者:陈杰)

十五、国际收支核算方法研究

中国在1980年恢复国际货币基金组织的正式席位后,开始启动国际收支统计工作。随着中国国内经济的发展和涉外经济规模的扩大,以及国际收支统计国际标准的更新,中国国际收支统计制度也在不断地变革和发展。

(一) 国际收支统计的国际标准

1. 核算内容

广义而言,国际收支统计包括流量统计和存量统计,即国际收支平衡表和国际投资头寸表,二者构成一个经济体完整的国际账户体系。

(1) 国际收支平衡表反映一定时期内一国居民与非居民[①]之间发生的一切经济交易,包括经常账户、资本和金融账户(含储备资产)、净误差与遗漏。

经常账户包括货物、服务、初次收入和二次收入。货物反映在居民和非居民之间进行交换并发生经济所有权变更的实物;服务反映改善消费条件、促进产品或金融资产交换的生产活动的成果;初次收入反映居民与非居民之间因提供劳务、金融资产和出租自然资源而获得的回报;二次收入账户反映居民与非

---

① 居民和非居民在国民经济核算中对应的概念是常住单位和非常住单位,两者的概念是一样的,只是叫法上的不同,国际收支核算考虑到用户的使用习惯使用了居民和非居民。

居民之间的经常转移。二次收入用于实现经济体间收入的再分配,并直接影响相关国家国民可支配总收入。

资本和金融账户包括资本账户和金融账户。资本账户反映居民与非居民之间的资本转移,以及非生产非金融资产的取得和处置。金融账户反映居民和非居民之间发生的涉及金融资产和负债的交易,包括非储备性质的金融账户和储备资产。

净误差与遗漏主要反映由于资料不完整,多种数据来源在统计时间、统计口径、计价标准存在不一致,以及货币折算等原因造成的统计误差。

(2) 国际投资头寸表反映特定时点上一国居民对外金融资产和负债的存量状况,以及在一定时期内由交易、价格、汇率变化和其他调整引起的存量变化。

(3) 国际收支平衡表与国际投资头寸表的关系包括以下几点:国际收支平衡表中的金融交易是引起国际投资头寸变化的主要因素,它会影响国际投资头寸表资产或负债变动,这是国际收支平衡表与国际投资头寸表的主要联系,二者核算原则是一致的,体现了流量与存量的统一。国际投资头寸表中的对外资产负债会产生投资收益的收入与支出,记录在国际收支平衡表的经常账户中。

2. 基本原则

(1) 居民原则,又称常住单位原则。国际收支以居民为基础进行统计,与国籍没有必然的联系。所谓居民,指在经济体内具有经济利益中心(如拥有住所或生产场所等)的机构和个人。除居民外均为非居民。

(2) 会计原则。国际收支统计采用四式记账法。四式记账是以对称的概念和对称报告的方式来处理交易双方的交易,也就是一国采用复式记账法记录一笔交易时,其对手国也遵循对应的记录方法。交易双方的一项交易会在两国国际账户上分别发生两笔记录,也就是共计四笔记录,且这四笔交易最终应该能够互相轧差为零。四式记账法既适用于国民账户统计,也适用于国际账户统计,其目的是保证双边数据和全球数据的一致性。

(3) 记录时间。国际收支交易采用权责发生制确定记录时间,即以所有权变更确定记录时间。货物的交易是在所有权转移时进行记录,服务是在提供时进行记录。

(4) 计价原则。国际收支交易主要采用市场价格计价。交易的市场价格是指在双方自愿的前提下,买方为获取某物而向卖方支付的货币数额。

(5) 记账单位。可以用本币编制,也可用其他货币编制。按本币编制数据有利于在经济分析中把不同宏观经济统计联系起来使用。而用外币编制数据,有助于编表国家进行国际流动性管理,避免高通货膨胀、汇率大幅波动和多重汇率等问题带来的影响。

3.《国际收支手册》(第六版)的变化

《国际收支手册》(以下简称《手册》)为一国或经济体与世界其他地方之间的交易和头寸统计提供标准框架。为适应全球化以及金融和技术创新带来的经济形势的变化,进一步强调国际投资头寸和资产负债表统计,加强国际账户统计和其他宏观经济统计之间的内在联系,国际货币基金组织于2009年发布《手册》(第六版),对国际收支统计提出了更高要求。《手册》(第六版)的基本框架较第五版没有变化。主要变化体现在以下几个方面。

一是突出了国际投资头寸统计的重要性。手册的名称由前几版的《国际收支手册》修改为《国际收支和国际投资头寸手册》,并对国际投资头寸问题提供了更多的指导,进一步增加了关于资产负债表的内容。

二是协调了与国民账户体系等其他国际统计标准的相关概念和统计分类。将"收益"和"经常转移"项目名称修改为"初次收入"和"二次收入",调整了中央银行、金融和非金融机构等部门分类,使国际收支的部门分类与《国民账户体系》中的部门分类完全一致。

三是定义并解释了近年来发展较快的金融资产和负债工具。对金融衍生工具、股权、证券、债务工具、保险等金融工具进行了详细说明。

四是调整了部分主要账户的项目分类。如将加工贸易由货物贸易调整至服务贸易,转手买卖由服务贸易调整至货物贸易且只记录差额增值部分,货物修理由货物贸易调整至服务贸易等。

五是引入直接投资关系框架的概念,并按照资产/负债原则统计直接投资数据。

六是调整了国际收支平衡表金融账户的记录方法。金融资产和负债除按原来的借贷法记录外,也可记录为"金融资产的净获得"和"负债的净产生"。

(二) 中国国际收支统计状况

1. 中国国际收支统计框架

中国国际收支统计以《国际收支统计申报办法》确立的申报制度为基础,以间接申报和直接申报为主,辅之以抽样调查、其他相关部门统计及国际组织统计等。

(1) 间接申报统计制度。境内居民通过银行进行的各类涉外收付款交易,均须在办理涉外收付款业务时由银行向外汇管理部门进行逐笔申报,银行负责监督和协助客户进行申报,并对申报主体所填信息进行审核。申报内容包括国别、币别、交易性质、原币种金额等项目。

(2) 对外金融资产负债和交易统计制度。又称直接申报统计制度,是指境内各类金融机构及一些重要交易主体应当直接向外汇管理部门申报其对外交易,以及其对外资产负债的交易和存量情况。

(3) 贸易信贷调查制度。贸易信贷调查主要采集境内居民与非居民之间因货物交易买卖方之间的直接商业信用产生的资产和负债,即由于涉及货物的资金支付时间与货物所有权发生转移的时间不同而形成的债权和债务。

(4) 其他部门及国际组织统计。除上述由国际收支统计部门直接采集的数据外,还辅以其他相关部门统计数据,如海关的货物进出口统计、人民银行的中央银行资产负债统计、商务部的非金融部门对外直接投资数据、国家旅游局提供的旅游收入数据,以及证监会提供的证券发行数据等。对外资产使用国际清算银行(BIS)的相关统计数据。

2. 中国国际收支统计报表的编制和公布

国家外汇管理局负责编制和公布中国的国际收支平衡表和国际投资头寸表。1982—1995年,根据《国际收支手册》(第四版)按年编制和公布国际收支平衡表。1996—2014年,根据《国际收支手册》(第五版)按年编制和公布国际收支平衡表。2006年5月,首次发布2004年和2005年国际投资头寸表,标志着中国对外部门统计信息的完整发布。2010年起,按季度公布国际收支平衡表。2011年起,按季度公布国际投资头寸表。2015年,正式实施《国际收支和国际投资头寸手册》(第六版)。

(三) 中国国际收支统计存在的问题

与国际标准《国际收支和国际投资头寸手册》(第六版)相比,中国国际收支统计主要存在以下问题。

(1) 对外资产的统计存在缺失。随着中国与世界的交往不断加强,中国居民所持有的境外资产存量越来越大,但中国对外资产统计还不够全面。统计只能捕捉到金融机构(主要是银行)的境外资产,对于其他机构和个人的境外资产基本上还没有统计。虽然国际清算银行数据可以一定程度上解决这个问题,但数据的时效性难以满足国际收支平衡表和头寸表编制需要。

(2) 资产负债的流量与存量数据不匹配,流量统计薄弱。中国资产负债统计以存量为基础,没有建立流量统计,其流量数据采用期末期初存量数据相减得到,这会受到非交易因素(汇率变动、价格变动等)的影响,误差较大。同时,编制国际投资头寸表只能反映期初和期末存量,无法按照国际标准要求区分数量变化、汇率变化以及其他价格变化。

(3) 缺少金融衍生产品、雇员股票期权等重要项目统计。目前,国际标准将金融衍生工具单列,与直接投资、证券投资等并列成为金融账户的一级细目,新增了投资基金份额、雇员股票期权以及保险、养老金和标准化担保计划等项目,由于中国没有建立相应的重要项目统计,国际收支平衡表和国际收支头寸表都难以单独反映这些重要项目。

(4) 间接申报的统计原则与国际标准存在差异。国际收支间接申报是中国国际收支统计的基础,虽然间接申报覆盖了所有的跨境交易以及境内的非居民交易,且能很好地进行国别、币种等细分,但是间接申报统计原则本身与国际标准要求不一致,如间接申报是按收付实现制进行交易统计,而国际标准要求按权责发生制进行统计;间接申报不可避免地会存在轧差交易问题,而国际标准要求经常项目进行全额统计等。

(5) 计价原则不完全符合市场价值。国际标准要求国际收支交易采用交易时的市场价格计价,国际投资头寸按期末市场价格对对外金融资产和负债定值。但在中国国际收支统计中,很多项目难以达到市场价格计价的要求,如中国在境外发行的股票存量是按照交易价值累计得到,未按照期末价值进行市值重估,导致中国股本证券负债数据存在低估的情况。

（6）中国国际收支表式的某些项目设置及分类与国际标准不一致。尽管中国国际收支表式根据国际标准进行了改进，但某些项目设置及分类与国际标准还不完全一致，如在国际收支平衡表服务项目下，未单列个人、文化和娱乐服务，其他商业服务未进行进一步细分。

（7）直接投资统计不符合国际标准要求。国际标准要求采用"直接投资关系框架"确定直接投资关系，将直接投资分为三类，即直接投资者对直接投资企业的投资、逆向投资和联属企业之间的投资，并引入了过境资金和返程投资的概念，但中国直接投资统计难以满足国际标准需求。

（四）近期中国国际收支统计方法的改进措施

《国际收支和国际投资头寸手册》（第六版）发布后，中国开始着手研究工作，对国际标准的新变化以及中国存在的差距进行了梳理，确定了改进计划并开始逐步实施。2015年，中国正式开始按照国际标准编制和发布国际收支平衡表及国际投资头寸表。

1. 修订国际收支申报办法

根据中国国际收支新形势、新问题和新的国际标准，中国国际收支申报办法主要作了以下几点调整：一是明确了国际投资头寸的重要性，扩展了对外金融资产、负债的统计范围，即从部分机构扩展为中国居民；二是申报主体由中国居民扩大至在中国境内发生经济交易的非中国居民；三是增加对提供登记结算、托管等服务的机构的申报要求，以便利数据采集和节约社会成本；四是增加对拥有对外金融资产、负债的中国居民个人的申报义务。申报办法的修订为制定新调查制度、扩展申报主体等奠定了基础。

2. 修订涉外收支分类代码及相关统计制度

根据国际标准，中国修订并发布《涉外收支交易分类与代码》（2014版）和相关统计制度，其主要变化包括以下三方面：一是调整交易项目分类和名称，如按所有权变动原则，将转口贸易从服务贸易调至货物贸易项下，将来料、出料加工贸易工缴费收支从货物贸易调至服务贸易项下，调整服务贸易下分类等；二是兼顾数据使用和监管需求，如按是否纳入海关统计对货物贸易资金流进行分类等；三是修订并发布《通过银行进行国际收支统计申报业务实施细则》，对涉外收付款人通过银行进行国际交易报告的流程进行优化，提高免申报限额，鼓励采用电子方式完成申报。

3. 发布《对外金融资产负债及交易统计制度》

2013年，中国发布《对外金融资产负债及交易统计制度》，在申报主体、申报内容和申报频度等方面作了大幅改进：一是申报主体涵盖境内银行业、证券业、保险业和其他从事金融中介业务的机构法人、境外金融机构境内主报告分支机构和其他指定机构；二是申报内容从以往仅涵盖对外金融资产和负债存量，扩展为全面涵盖对外金融资产和负债存量及流量，并涵盖其他相关国际收支交易；三是申报频度从季度提高至月度。《对外金融资产负债及交易统计制度》的实施，不仅有助于改进国际收支统计，也可满足国际清算银行的国际银行业统计(IBS)和国际货币基金组织协调证券投资调查(CPIS)的需要。

4. 修订贸易信贷调查制度

2016年，中国修订发布《贸易信贷调查制度》，主要变化包括四方面：一是提高调查频率，新制度将调查频率由季度改为月度，采取月度调查和年度调查相结合的方式；二是调整调查方法，考虑到贸易信贷主要发生在大企业之间，且进出口贸易集中度较高，因此由原分层随机抽样的方法调整为规模以上企业重点调查的方法；三是简化调查内容，为方便调查对象填写申报表，减轻填报负担，新制度对指标进行大幅简化，相关口径也更贴合企业财务处理情况。

5. 改进国际收支统计及编制方法

为协调编制国际收支平衡表和国际投资头寸表，从数据来源看，一方面沿用了部分原数据源，如海关、商务部、人民银行、旅游局、IMF等外部数据、国际收支间接申报数据以及其他数据，另一方面，也吸纳了前期工作成果，开始使用新制度采集的间接申报数据和对外金融资产负债统计数据，最大限度地解决了中国国际收支统计与国际标准的差距问题。同时，研究改进重点项目编制方法，如研究如何调整使用海关进出口数据编制平衡表，确定加工贸易、转手买卖的记录方法；如何通过使用银行卡境外消费数据改进旅游支出统计；研究改进来华直接投资与对外直接投资关于SPV(特殊目的公司)存量记录不匹配的问题；如何根据海关逐笔报关单数据重新估算货物运费和保费费率等。

6. 全面调整公布表格式和项目名称

根据国际标准，国际收支平衡表表式主要进行了以下调整(国际投资头寸表相应调整)。

（1）储备资产并入金融账户。在中国以前公布的平衡表中，储备资产作为一级项目与经常账户、资本和金融账户并列。按照国际标准，将储备资产列于金融账户。同时，为兼顾公众的阅读习惯，在金融账户下设"非储备性质的金融账户"和"储备资产"两个大项。

（2）调整项目归属及分类。将来料加工由原来按照进口和出口分别记录在货物贸易，调整为按照工缴费净额记录在服务贸易，将转手买卖由服务贸易调整至货物贸易。另外，将金融账户中"金融衍生工具和雇员股票期权"从证券投资中单列出来，与直接投资、证券投资和其他投资并列为一个大类。

（3）规范项目名称。名称变化分为两种：一种是项目英文名称不变，规范中文翻译，使中文翻译更准确，如"经常项目"修改为"经常账户"，"资本和金融项目"修改为"资本和金融账户"，"旅游"修改为"旅行"（包括商务旅行和私人旅行）；另一种是项目英文名称变化，主要目的是与国民账户体系等国际标准的相关概念协调一致，如经常账户下的"收益"修改为"初次收入"、"经常转移"修改为"二次收入"等。

（4）采用一列方式列示数据，同时借方记负值。根据国际标准，国际收支平衡表由原来贷方、借方、差额三列列示数据，改为采用一列列示数据，这样有助于进行时间序列分析。同时，以负值来表示借方数据，金融账户按差额列示。

另外，国家标准给出了金融账户新的记录方法，即通过数值的正负代表资产负债的增加/减少，但中国仍沿用了以往的方法，主要是考虑方便与以往标准的衔接。

（五）下一步改进计划

根据中国目前的实际情况，以及国际上对中国国际收支统计数据的需求，下一步我们将做好以下几个方面的工作。

（1）进一步详细梳理与国际标准的差异，研究 G20 数据缺口动议和 SDDS 的最新进展和要求，力争提前做好准备，包括研究编制 IIP 改进数据、CPIS 鼓励报表，以及发布更为详细的 BOP 和 IIP 报表等，研究分国别平衡表经常账户和分国别分币种头寸表的编制问题等。

（2）进一步研究改进统计方法。进一步研究完善旅游支出或相关数据采集和使用，特别是调查现钞花费的占比、银行卡线上境外购物数据的采集等；研究建立运输收入重点调查,通过大企业调查获取国际物运和客运收入数据,替代目前国际交易报告和估算数据;研究保险服务、二次收入和金融账户保险准备金数据的估算方法,通过对新采集的金融机构保险业务(对外提供的直接保险和分入分出保险)报表和业务进行分析,确定保险服务及相关项目收入和支出的估算方法;研究间接测算的金融中介服务(FISIM)的测算方法。

(3) 加强国际合作,提高数据质量。随着制度框架的完善和数据的丰富,开展与主要伙伴国之间的双边数据比较和合作,提高数据质量,也增强外界对中国数据的信心。

(作者:周济)

十六、旅游产业核算方法研究

随着人民生活水平的不断提高,中国旅游业近年来持续快速发展,为经济转型升级提供了有力支撑,也成为世界旅游不可或缺的力量。为了更好地衡量旅游业在中国国民经济中的作用和在世界旅游业中的地位,中国国民经济核算体系修订有必要将旅游产业核算纳入扩展核算中。

旅游产业核算有较成熟的国际标准。2008年SNA将旅游产业核算以卫星账户形式在第29章"卫星账户和其他扩展"加以说明。联合国世界旅游组织出版的《2008年旅游附属账户:建议的方法框架》(以下简称2008年TSA)和《2008年国际旅游统计建议》,对旅游产业核算进行了详细阐述。由于中国刚刚开展旅游产业核算,本文仅围绕旅游产业核算的基本概念和旅游及相关产业增加值核算进行研究。

(一)旅游产业核算国际标准

旅游产业核算国际标准包括2008年SNA、2008年TSA和《2008年国际旅游统计建议》,它们分别从不同侧面对旅游产业核算进行了阐述。2008年SNA中旅游产业核算以卫星账户形式描述,侧重于说明旅游卫星账户与中心体系的关系;2008年TSA对旅游卫星账户的框架、概念、范围、方法等都做了详细介绍,是各国开展旅游产业核算的指导性文本;《2008年国际旅游统计建议》侧重于旅游统计方法,为各国开展旅游产业核算提供一致性的基础统计资料。

1. 基本概念

与旅游产业核算相关的基本概念分成两部分,一是旅游与旅游产业的概念,二是旅游产业增加值的有关概念。理解旅游、旅游产业两个基本概念是理解旅游产业增加值概念的基础。

(1) 旅游与旅游产业

旅游指游客的活动。游客指出于任何主要目的(商务、休闲或其他个人目的,而非在被访问国家或地区受聘于某个常住实体),在持续时间不足一年的期间内,出行到其惯常环境之外某个主要目的地的旅行者。① 其中,惯常环境指一个人日常生活的地方,包括其所属住户的惯常居住地、其自身的工作或学习地以及其定期和经常光顾的任何其他地方,居住或频繁光顾的生活、工作、学习的宅邸、居所或场所。②

从旅游的定义看,旅游既包括通常所说的去某个地方游览观光、休闲娱乐、宗教朝拜等,也包括因公务、商务等目的的"出差"活动。但是,旅游不包括按照短期工作合同在其居住国家(或地区)以外的其他国家(或地区)就业的旅行者,也就是说到外地短期"打工"不属于旅游活动。此外,外交人员和军事人员,因定期(或经常)跨越国境(或行政)边界,在其惯常居住地所在国(或地区)以外的其他国家(或地区)工作,这部分人员的活动也不属于旅游。

旅游产业由提供旅游产品的基层单位组成。从供给角度看,基层单位按照其主要活动分类,主要活动由增加值份额最大的活动决定。③ 基层单位是指位于一个地点,仅从事一种生产活动或其主要生产活动的增加值占最大比重的企业或企业的一部分。④

从旅游产业的定义看,一方面,并非所有旅游特定产品的生产都发生在旅游产业内,另一方面,旅游产业的产出也含有不属于旅游特定产品的产出。例如,住宿业属于旅游产业,因为它的主要活动是提供游客住宿,虽然住宿业中也有一部分提供给当地常住单位办公和经营之用,但并不影响整个住宿业作为旅

---

① 见《2008 年国际旅游统计建议》第 2.9 段。
② 见《2008 年国际旅游统计建议》第 2.21 段和第 2.25 段。
③ 见 2008 年 TSA 第 3.11 段。
④ 见 2008 年 SNA 第 5.14 段。

游产业的事实。

(2) 与旅游相关的增加值指标

根据2008年TSA,与旅游相关的增加值指标有三个:旅游产业增加值、旅游直接增加值和旅游直接国内生产总值,三个指标从不同角度衡量旅游业总量。

旅游产业增加值是指旅游产业所有单位实现的总增加值,无论其产出是否全部提供给游客。例如,假如住宿业有10%的增加值(或产出)没有提供给游客,但这10%的增加值也要连同90%提供给游客的增加值一起作为旅游产业增加值。

旅游直接增加值是指所有产业为游客在旅游活动中提供商品和服务实现的总增加值,无论这些产业是否是旅游产业。按照定义,上述例子中的住宿业只有90%的增加值属于旅游直接增加值,同时,还要加上那些不属于旅游产业但也为游客提供产品或服务的那部分增加值,例如游客在出行前购买旅游保险,保险业虽然不是旅游产业,但提供旅游保险服务活动产生的增加值也属于旅游直接增加值。

旅游直接国内生产总值与旅游直接增加值的含义相同,只是为与国内生产总值口径一致,进行了价格调整,即在旅游直接增加值基础上,加上产品税净额和进口税净额。按照2008年SNA,生产者的总增加值按基本价格核算,不包括产品税和进口税,而消费支出按购买者价格估价,包括所有产品税和进口税,为了保证二者的一致性,在计算国内生产总值时,要将生产者的总增加值(按基本价格计量)加上产品税净额和进口税净额,即旅游直接国内生产总值等于旅游直接增加值(按基本价格计量)加上与之对应的产品税净额和进口税净额。

三个指标在描述旅游总规模时侧重点不同。旅游产业增加值侧重从旅游产业的角度衡量,无论旅游产业的活动是否全部提供给游客,其实现的增加值都作为旅游产业增加值。由于各国旅游消费各有特点,旅游产业的活动并不完全提供给游客,非旅游产业也可能有部分活动提供给游客,因此旅游产业增加值并不能完全反映旅游的总规模,不便于进行国际比较。旅游直接增加值侧重反映直接服务于游客的所有产业产生的总增加值,不仅包括旅游产业为游客服务产生的增加值,也包括非旅游产业为游客服务产生的增加值,是反映旅游总规模的重要指标。旅游直接国内生产总值是在旅游直接增加值基础上,侧重与国内生产总值口径保持一致,以便计算旅游在经济总体中的份额,即旅游直接国内生产总值占 GDP 比重。为便于国际比较,各国普遍使用"旅游直接国内生产总值"指标。

2. 分类标准

《2008 年国际旅游统计建议》对旅游产业进行了分类,其分类原则是该产业的主要活动需直接服务于游客,且属于旅游特色活动[①],如果没有游客的活动,该产业几乎将不复存在。

在《2008 年国际旅游统计建议》中,旅游产业包括 12 大类[②]:① 游客膳宿;② 餐饮招待服务;③ 铁路客运;④ 公路客运;⑤ 水上客运;⑥ 空中客运;⑦ 运输设备出租;⑧ 旅行社和其他预定服务活动;⑨ 文化活动;⑩ 体育和休闲活动;⑪ 国家旅游特色货物的零售贸易;⑫ 其他国家旅游特色活动。其中,前十类为各国通用的旅游产业的核心部分,与《国际标准产业分类》(ISIC)中的小类行业对应,便于进行国际比较;后两类是针对具体国家的、具有本国旅游特色的贸易和服务活动。

3. 核算方法

2008 年 TSA 对旅游卫星账户的编制方法提出建议。基本方法是以投入产出核算为基础,将投入产出核算中的产品和产业分类按旅游或游客的特点进行重新分类,按照国民经济核算的原理,编制旅游卫星账户。

2008 年 TSA 方法的核心包括 10 个部分,即编制 10 张表,分别是① 按产品和游客类别分列的入境旅游支出;② 按游客类别和旅行类型分列的国内旅游支出;③ 按产品和游客类别分列的出境旅游支出;④ 按产品分列的境内旅游支出;⑤ 旅游产业和其他产业的生产账户(按基本价格计算);⑥ 国内供给和境内旅游消费(按购买者价格计算);⑦ 旅游产业的就业情况;⑧ 旅游产业和其他产业的旅游业固定资本形成总额;⑨ 按产品和政府级别分列的旅游业公共消费;⑩ 非货币指标。

---

① 见《2008 年国际旅游统计建议》第 6.16 段。
② 见《2008 年国际旅游统计建议》附件三。

(二) 主要国家旅游产业核算实践

1. 主要国家旅游产业核算情况

目前有 80 多个国家采用国际标准推荐的方法编制本国旅游卫星账户,核算与旅游相关的一些总量和结构数据。这些国家在编制时也结合本国旅游特点和宏观管理需要,通常选择性地编制上述 10 张表中的部分核算表,绝大多数国家都编制旅游产业和其他产业的生产账户以及国内供给和境内旅游消费两部分。通过编制这两部分,可以计算旅游国内生产总值,并与本国 GDP 相比较,反映旅游对经济的直接贡献。

2. 美国旅游产业核算

美国商务部经济分析局从 1995 年开始研究编制旅行及旅游卫星账户 (Travel and Tourism Satellite Accounts, TTSA),1998 年首次公布了 1992 年美国旅游卫星账户。美国 TTSA 基本采用了世界旅游组织 TSA 的基本概念、原则和方法,同时吸取了其他国家编制的实际经验。

(1) 美国旅游产业分类

美国旅游及相关产业分类与世界旅游组织 TSA 中的旅游及相关产业分类大体一致,共有 26 个小类。与住宿有关的有 2 类,分别是旅客住宿、度假屋出租;与餐饮有关的有 1 类,餐饮服务和饮酒场所;与交通有关的有 15 类,分别是航空运输、铁路运输、水上运输、城际巴士、城际包车、城市公交和其他运输、出租车、名胜风景区观光运输、汽车设备租赁、汽车修理、停车场和车库、收费公路、石油精炼、石油精炼业以外的生产非耐用消费品业、加油站;与休闲娱乐有关的有 6 类,分别是旅行安排和预订服务、电影和表演艺术、观赏性体育、参与性体育、赌博、其他休闲娱乐业;与贸易活动有关的有 2 类,分别是批发贸易、加油站加油服务以外的零售贸易服务。

(2) 美国 TTSA 的具体内容

与 2008 年 TSA 不同,美国 TTSA 编制 5 张核算表,分别是旅游产业生产表、旅游商品供应和消费表、按商品类别和按访问者类别分列的旅游需求表、旅游产业和其他产业的旅游增加值表以及旅游就业和雇员报酬表。2008 年 TSA 中的旅游产业投资情况以及入境、出境旅游支出情况等其余 5 张表正在进一步研究,尚未纳入 TTSA。

(3) 美国旅游国内生产总值核算方法

美国旅游国内生产总值利用各旅游产业中直接服务于游客的增加值与其他产业直接服务于游客的增加值,再进行价格调整得到。

美国 TTSA 的"旅游产业和其他产业的旅游增加值表"详细列示了各旅游产业和其他产业总产出、增加值和旅游增加值。"旅游产业和其他产业的旅游增加值表"通过旅游产业生产表、旅游商品供应和消费表、旅游需求表计算得到。编制旅游产业生产表、旅游商品供应和消费表的主要方法是基于投入产出核算原理,通过对投入产出表中选定的产出和投入重新编排,将产业和商品重新分组,将消费支出按旅游消费特征重新分组,并辅之以旅游消费支出调查等基础资料。

(三) 中国旅游产业核算方法

中国旅游产业核算起步较晚,目前只试编了 2008 年 TSA 中的供给和消费核算表。《中国国民经济核算体系(2016)》首次在扩展核算中纳入旅游核算内容,旅游核算即编制旅游生产核算表,并以旅游及相关产业增加值为核心指标开展核算。

1. 核算框架

旅游核算即编制旅游生产核算表。旅游生产核算表反映旅游产业和其他产业生产和消费旅游产品的情况。主栏为按产品类别分列的旅游产品,宾栏为按产业类别分列的旅游产业和其他产业。行向看,反映旅游产品由哪些产业部门提供,各提供多少,行合计反映了某一种旅游产品的国内产出合计;列向看,不仅反映各产业的产出情况,而且体现各产业产出中用于旅游消费的部分。

2. 核算行业分类

中国旅游及相关产业是指在国民经济活动中为游客直接提供行、住、吃、游、购、娱等旅游服务,以及为旅游提供相关服务的产业。

按照《国家旅游及相关产业统计分类》,中国旅游及相关产业分为旅游业和旅游相关产业两大部分。旅游业是指直接为游客提供出行、住宿、餐饮、游览、购物、娱乐等服务活动的集合,包括旅游出行、旅游住宿、旅游餐饮、旅游游览、旅游购物、旅游娱乐和旅游综合服务;旅游相关产业是指为游客出行提供旅游辅助服务和政府旅游管理服务等活动的集合,包括旅游辅助服务和政府旅游管理服务。

中国在《国家旅游及相关产业统计分类》基础上核算旅游及相关产业增加值。旅游及相关产业增加值核算采用两级核算分类。第一级分类按照活动特点分为旅游农业和渔业、旅游零售业、旅游交通运输业、旅游住宿和餐饮业、旅游金融业和其他旅游服务业六大类。第二级分类是在第一级分类的基础上,按照国民经济行业分类进行重新组合,包括85个行业小类(中类),其中旅游农业和渔业包括5个行业小类(中类),旅游零售业包括5个行业小类(中类),旅游交通运输业包括16个行业小类(中类),旅游住宿和餐饮业包括8个行业小类,旅游金融业包括5个行业小类,其他旅游服务业包括46个行业小类(中类)。在85个行业小类(中类)中,20个行业小类(中类)的全部活动属于旅游及相关产业活动,65个行业小类(中类)的部分活动属于旅游及相关产业活动。

3. 旅游产业增加值核算方法

中国旅游及相关产业增加值是从旅游及相关产业角度沿用国内生产总值核算概念而形成的,反映中国旅游及相关产业在当期生产活动中创造的与游客旅游需求有直接联系的那部分最终产品价值,包括新增价值和固定资产转移价值。旅游及相关产业增加值核算范围包括从事旅游及相关产业生产活动的企业法人单位、非企业法人单位和个体经营户。旅游及相关产业增加值核算分三个步骤。

一是按照旅游及相关产业增加值核算分类,根据基础资料的不同,首先采用生产法或收入法核算85个国民经济行业小类(中类)全行业增加值。

二是根据旅游及相关产业消费结构一次性调查资料、相关普查和核算资料计算的各行业旅游及相关产业增加值核算系数,核算行业小类(中类)增加值中属于旅游及相关产业的部分,得到旅游及相关产业行业小类(中类)增加值。计算方法如下:

旅游及相关产业行业小类(中类)增加值＝该行业小类(中类)增加值×该行业小类(中类)旅游及相关产业活动的核算系数

三是将旅游及相关产业行业小类(中类)增加值加总,得到旅游及相关产业增加值。计算方法如下:

$$旅游及相关产业增加值 = \sum 旅游及相关产业行业小类(中类)增加值$$

(四) 中国旅游产业增加值核算与 2008 年 TSA 的比较

中国旅游产业核算遵循了 2008 年 TSA 的定义和原则,但中国尚未编制完整的旅游卫星账户,只是设置了与旅游产业活动密切相关的生产核算表。对于 TSA 中与旅游有关的增加值,中国只设置了旅游及相关产业增加值指标。

由于旅游直接国内生产总值可以反映一国旅游对经济的直接贡献,所以 TSA 推荐各国使用旅游直接国内生产总值进行国际比较。中国旅游及相关产业增加值与 TSA 推荐的旅游直接国内生产总值的主要异同表现在以下几个方面:

(1) 范围口径

中国旅游及相关产业增加值与 TSA 的旅游直接国内生产总值范围口径基本一致,二者都强调国民经济各行业为满足游客旅游需求而进行生产活动新创造的价值。

(2) 核算分类

中国旅游及相关产业增加值核算分类建立在中国旅游及相关产业分类基础上,覆盖 85 个国民经济小类(中类)行业;而旅游直接国内生产总值核算涵盖了所有国民经济行业中与旅游活动有关的产业活动。从表面看,二者的核算分类存在差异,但实际上,中国在制定旅游及相关产业行业分类时已经充分考虑了行业与旅游的相关性,几乎将所有与旅游有直接联系的行业都归入了中国旅游及相关产业行业分类中,所以中国旅游及相关产业核算分类与旅游直接国内生产总值核算分类差异不大。

(3) 核算方法

从核算方法看,在 2008 年 TSA 中,旅游直接国内生产总值是通过编制旅游卫星账户核算的。中国因尚未编制完整旅游卫星账户,旅游及相关产业增加值按照生产法和收入法核算。二者虽然核算方法有所不同,但对于中国的旅游及相关产业增加值核算,因有详细的分行业增加值核算资料,开展了旅游及相关产业消费结构调查,制定了《旅游及相关产业增加值核算方法》,所以核算结果能够客观反映中国旅游产业发展的总体规模,可以进行国际比较。

(五) 中国旅游产业核算方法改进研究

随着人民生活水平的提高,中国旅游业发展迅猛,为了全方位反映旅游发展成果,旅游产业核算有许多需要改进和完善的地方。

1. 参照国际标准,改进旅游产业分类

参照 2008 年 TSA 标准,把旅游产业特征明显、游客消费占该行业总产出比重非常大的行业小类归集在一起,既有利于开展核算,也有利于进行国际比较。

2. 根据旅游产业特点,改进核算方法

旅游产业是从消费角度定义的产业,在核算增加值时,不仅可以从生产角度核算,而且可以从消费角度进行核算,这样从旅游产品和服务的生产方和消费方等多角度核算,以提高核算数据质量。

3. 建立中国旅游卫星账户,全面反映旅游活动的成果

2008 年 TSA 为各国建立旅游卫星账户提供了国际标准,该框架以旅游经济活动为核心,对旅游的消费和供给以及相关产业的生产和资本形成在同一核算准则下实行综合测量。中国应着手研究建立完整的旅游卫星账户,从生产、消费、投资等多方面描述旅游活动和旅游对经济的贡献。

(作者:金红)

参 考 文 献

[1] ABS 2008a, Australian Bureau of Statistics, Research and Experimental Development, Businesses, 2006-07.

[2] ABS 2008b, Australian Bureau of Statistics, Research and Experimental Development, Government and Private Non-profit Organizations, 2004-05.

[3] ABS 2008c, Australian Bureau of Statistics, Research and Experimental Development, Higher Education Organizations, 2006.

[4] ABS 2004, National Accounts Research Section, Australian Bureau of Statistics Capitalizing Research and Development in the National Accounts, Fourth Meeting, 17—19 March 2004, Washington D. C., USA. Canberra II Group on the Measurement of Non-financial Assets.

[5] Adriaan M. Bloem, CorGorter and Lisbeth Rivas. Output of Central Banks[DB/OL]. Paper presented at Fourth Meeting of the Advisory Expert Group on National Accounts, 30 January-8 February 2006, Frankfurt.

[6] Australian Bureau of Statistics. Australian System of National Accounts Concepts: Sources and Methods [M]. Australia: Commonwealth of Australia, 2012.

[7] BEA. Preview of the 2013 Comprehensive Revision of the National Income and Product Accounts: Changes in Definitions and Presentations, Survey of Current Business, March 2013.

[8] Benjamin J. Hobbs. U. S. Travel and Tourism Satellite Accounts for 1998—2014, BEA, 2015.

[9] Brent Moulton. SNA 2008 in the US National Income and Product Accounts. Luxembourg: The Accounts of Society, 2014.

[10] Carol E. Moylan. Employee Stock Options and the National Economic Accounts [J]. Washington D. C.: Survey of Current Business, 2008 (2).

[11] Edvardsson, B., Gustafsson, A., M. D. Johnson and Sandén, B. New Service De-

velopment and Innovation in the New Economy [DB/OL]. Lund: Studentliteratur, 2000.

[12] European Central Bank. Handbook on Quarterly Financial Accounts for the Euro Area: Sources and Methods.

[13] European Commission, International Monetary Fund, Organisation for Economic Co-operation and Development, United Nations, World Bank. System of National Accounts (SNA), 2008. New York, 2009.

[14] European Commission. The European Observatory for SMEs Sixth Report [DB/OL]. Luxembourg: Office for Official Publications of the European Communities, 2000.

[15] Eurostat. ESA 2010 Shifts Level of EU and Euro Area GDP upward, Growth Rates almost Unaffected. http://ec.europa.eu/eurostat, October 17, 2014.

[16] Eurostat, European Commission. European System of Accounts-ESA 2010. Luxembourg: Publications Office of the European Union, 2013.

[17] Eurostat. Manual on Measuring Research and Development in ESA 2010. Luxembourg: Publications Office of the European Union, 2014.

[18] Eurostat. Manual on Sources and Methods for the Compilation of ESA 95 Financial Accounts, 2009 Edition.

[19] Eurostat. Manual on the Changes between ESA 95 and ESA 2010. Luxembourg: Publications Office of the European Union, 2014.

[20] Federal Statistical Office of Germany. 2014 Major Revision of National Accounts: Results and Background. https://www.destatis.de/EN/, 2014.

[21] Federal Statistical Office of Germany. Methodological Enhancement of National Accounts-the 2014 revision. https://www.destatis.de/EN/, 2013.

[22] Joachim R. Frick, Markus M. Grabka, Timothy M. Smeeding, Panos Tsakloglou. Distributional Effects of Imputed Rents in Five European Countries[J]. Journal of Housing Economics, 2010(9).

[23] Howells, J. Innovation & Services: New Conceptual Frameworks [DB/OL]. University of Manchester, CRIC Discussion Paper no. 38, 2000.

[24] IMF. Balance of Payments and International Investment Position Manual, 6th ed. [M]. Washington, D.C.: International Monetary Fund, 2009.

[25] IMF. Monetary and Financial Statistics: Compilation Guide[DB/OL]. IMF, 2008.

[26] Information Paper: Introduction of Revised International Statistical Standards in ABS Economic Statistics in 2009, 2007.

[27] Information Paper: Product Changes to Australian System of National Accounts Fol-

lowing Revisions to International Standards, 2009.

[28] Information Paper: Product Changes to National Income, Expenditure and Product Following Revisions to International Standards, 2009.

[29] Jeroen P. J. de Jong, et al. Organizing Successful New Service Development: a Literature Review [DB/OL]. EIM and SCALES, 2003.

[30] Kyle K. Hood. Measuring the Services of Commercial Banks in the National Income and Products Accounts: Changes in Concepts and Methods in the 2013 Comprehensive Revision, Survey of Current Business, February 2013.

[31] Nicole Mayerhauser, Marshall Reinsdorf. Housing Services in the National Economic Accounts. BEA, 2007.

[32] Nicole M. Mayerhauser and Sarah J. Pack. Preview of the 2013 Comprehensive Revision of the National Income and Product Accounts: Statistical Changes, Survey of Current Business, May 2014.

[33] OECD. Draft OECD Handbook on Deriving Capital Measures of Intellectual Property Products. October 2008.

[34] OECD. Handbook on Deriving Capital Measures of Intellectual Property Products [M]. Paris: OECD Publishing, 2010.

[35] Office for National Statistics of UK. Impact of ESA10 Changes on Current Price GDP Estimates. http://www.ons.gov.uk/, June 10, 2014.

[36] Office for National Statistics of UK. Impact of Upcoming Improvements on Estimates of Real and Nominal Annual and Quarterly GDP: 1997 to 2012. http://www.ons.gov.uk/, September 03, 2014.

[37] Peter van de Ven. New Standards for Compiling National Accounts: What's the Impact on GDP and other Macro-economic Indicators? [R]. OECD Statistics Brief, 2015(20).

[38] Population and Social Conditions Collection: Methodologies & Working Papers European Union. The Distributional Impact of Imputed Rent in EU-SILC 2007—2010 Theme, 2013.

[39] Revisions Analysis-Canadian System of National Accounts 2012, http://www.statcan.gc.ca/pub/13-605-x/2012002/article/11718-eng.htm.

[40] Rosen S. Hedonic Prices and Implicit Markets [J]. Journal of Political Economy, 1974(1).

[41] The United Nations, IMF, et al. System of National Accounts 2008 [M]. The United Nations, 2009.

[42] Toru Ohmori. Measurement and Allocation of Central Bank Service Output-insight into Current Issues and Problems for the 1993 SNA rev. 1 [DB/OL],2004.

[43] United Nations,European Central Bank. Handbook on Financial Production,Flows and Stocks in the System of National Accounts. New York,2015.

[44] United Nations. Financial Production,Flows and Stocks in the System of National Accounts. New York,2014.

[45] United Nations. International Recommendations for Tourism Statistics,2008. New York,2009.

[46] United Nations,World Tourism Organization,Commission of the European Communities,Organization for Economic Co-operation and Development. Tourism Satellite Account Recommended Methodological Framework 2008. Luxembourg,Madrid,New York,Paris,2010.

[47] UNSD and European Central Bank's Directorate-General Statistics,Financial Production,Flows and Stocks in the System of National Accounts(Draft)[DB/OL]. http://unstats.un.org.

[48] U.S. Bureau of Economic Analysis. Concepts and Methods of the U.S. National Income and Product Accounts. 2015.

[49] Verbrugge R. The Puzzling Divergence of Rents and User Costs,1980—2004[J]. Review of Income and Wealth,2008(2).

[50] 巴曙松,牛播坤等.2010年全球金融衍生品市场发展报告[M].北京:北京大学出版社,2010.

[51] 财政部.企业会计准则第11号——股份支付[S].2006.

[52] 财政部.企业会计准则第22号——金融工具确认和计量[S].2006.

[53] 财政部.全国部门决算资料,国家公共财政收支资料,2007—2014年统计资料.

[54] 曹小艳.中央银行产出和分配核算问题探析[J].统计教育,2008(7).

[55] 陈梦根.2008 SNA对金融核算的发展及尚存议题分析[J].财贸经济,2011(11).

[56] 高春亮.生产者服务业概念、特征与区位[J].上海经济研究,2005(11).

[57] 高敏雪.SNA-08版的新面貌及延伸讨论[J].统计研究,2013(5).

[58] 高敏雪等.国民经济核算理论与中国实践(第三版)[M].北京:中国人民大学出版社,2013.

[59] 高敏雪.2001年美国国民核算体系及其卫星账户应用[M].北京:经济科学出版社,2001.

[60] 高培勇.经济建设领域的新理念新思想新战略[EB/OL].人民网,http://opinion.

china.com.cn/opinion_68_166668.html

[61] 国际货币基金组织. 国际收支编制指南(2014).

[62] 国际货币基金组织. 国际收支和国际投资头寸手册(第六版)(BPM 6). 2009.

[63] 国家统计局. 城乡住户调查一体化改革总体方案[EB/OL]. http://www.cztj.gov.cn/Article/ShowArticle.asp? ArticleID=23430

[64] 国家统计局独家详解:核算体系改革正在进行——国家统计局副局长许宪春答记者问[EB/OL]. http://news.xinhuanet.com/fortune/2013-11/18/c_125719525.htm

[65] 国家统计局国民经济核算司. 经济普查年度支出法国内生产总值核算方案. 2013.

[66] 国家统计局国民经济核算司1993年SNA修订问题研究小组. 1993年SNA修订问题综述——1993年SNA修订问题研究系列之一[J]. 统计研究, 2006(3).

[67] 国家统计局国民经济核算司. 2015年国家旅游及相关产业增加值核算方法.

[68] 国家统计局国民经济核算司. 中国第二次经济普查年度国内生产总值核算方法. 2011.

[69] 国家统计局国民经济核算司. 中国第三次经济普查年度国内生产总值核算方法. 2015.

[70] 国家统计局国民经济核算司. 中国经济普查年度资金流量表编制方法[M]. 北京: 中国统计出版社, 2007.

[71] 国家统计局. 中国国民经济核算体系(2016). 2017.

[72] 国家统计局. 中国国民经济核算体系(2002)[M]. 北京: 中国统计出版社, 2003.

[73] 国家统计局住户调查办公室. 住户收支与生活状况调查调查员手册(2013)(内部资料).

[74] 国家外汇管理局. 对外金融资产负债及交易统计制度. 2016.

[75] 国家外汇管理局国际收支分析小组. 2015年中国国际收支报告[R]. 2016.

[76] 国家外汇管理局国际收支司. 诠释国际收支统计新标准[M]. 北京: 中国经济出版社, 2015(1).

[77] 国家质量监督检验检疫总局等. 城镇土地分等定级规程. 2014.

[78] 国家质量监督检验检疫总局等. 城镇土地估价规程. 2014.

[79] 国家质量监督检验检疫总局等. 土地利用现状分类. 2007.

[80] 国民经济核算司1993年SNA修订问题研究小组. 关于雇员股票期权的核算——1993年SNA修订问题研究系列之三[J]. 统计研究, 2006(5).

[81] Jerald E. Pinto等. 股权资产估值[M]. 刘醒云译. 北京: 机械工业出版社, 2012.

[82] 汲凤翔、许剑毅做客新华网解读企业一套表改革试点工作[EB/OL]. http://money.163.com/11/0822/16/7C2TPS8F00253B0H.html

[83] 蒋萍.核算制度缺陷、统计方法偏颇与经济总量失实[M].北京:中国统计出版社,2011.

[84] 蒋萍,贾小爱.FISIM核算方法的演进与研究进展[J].统计研究,2012(8).

[85] 蒋萍,刘丹丹,王勇.SNA研究的最新进展:中心框架、卫星账户和扩展研究[J].统计研究,2013(3).

[86] 经济合作与发展组织.弗拉斯卡蒂手册(第6版)[M].北京:科学技术文献出版社,2010.

[87] 李海东.国民核算体系下非营利部门的单独设置研究[J].统计与信息论坛,2004(9).

[88] 联合国等.国民经济核算体系(1993)[M].国家统计局国民经济核算司译.北京:中国统计出版社,1995.

[89] 联合国等.国民账户体系(2008)[M].国家统计局国民经济核算司、中国人民大学国民经济核算研究所译.北京:中国统计出版社,2012.

[90] 联合国等.环境经济核算体系2012.

[91] 联合国等.2008年国民账户体系[M].北京:中国统计出版社,2012

[92] 联合国统计司.国民账户体系——非营利机构手册.2005.

[93] 龙喜娟.保险服务产出研究——基于1993 SNA与2008 SNA比较研究的视角[DB/OL].万方数据库,2012.

[94] 潘海岚.中国现代服务业发展研究[M].北京:中国财政经济出版社,2008.

[95] SNA的修订与中国国民经济核算体系改革课题组.SNA关于雇员股票期权核算方法的研究及其对中国国民经济核算的影响[J].统计研究,2012(7).

[96] SNA的修订与中国国民经济核算体系改革课题组.SNA的修订及对中国国民经济核算体系改革的启示[J].统计研究,2012(6).

[97] SNA的修订与中国国民经济核算体系改革课题组.SNA关于非寿险服务产出测算方法的修订及中国有关核算的改革研究[J].统计研究,2013(2).

[98] SNA的修订与中国国民经济核算体系改革课题组.SNA关于机构部门分类的修订与中国机构部门的调整研究[J].统计研究,2012(7).

[99] SNA的修订与中国国民经济核算体系改革课题组.SNA关于社会保险核算的处理及中国有关核算的改革研究[J].统计研究,2013(4).

[100] 世界银行数据库网站各国国民核算资料.

[101] 汪洋.中国人民银行再贷款—功能演变与前景探讨[J].广东金融学院学报,2009(1).

[102] 王元京.新型服务业的判定标准[J].经济研究参考,2003(10).

[103] 吴汉嵩.中国新兴服务业发展的战略对策服务经济的战略对策[J].产业经济,2008(5).

[104] 香伶.养老社会保险与收入再分配[DB/OL].万方数据库,2006.

[105] 许宪春等.SNA关于供给使用核算的修订与中国投入产出核算方法的改革研究[J].统计研究,2013(11).

[106] 许宪春.国际标准的修订与中国国民经济核算体系改革研究[M].北京:北京大学出版社,2014.

[107] 许宪春.论中国国民经济核算体系2015年的修订[J].中国社会科学,2016(1).

[108] 许宪春.中国GDP核算与现行SNA的GDP核算之间的若干差异[J].经济研究,2001(11).

[109] 许宪春.中国服务业核算及其存在的问题研究[J].统计研究,2004(7).

[110] 许宪春.中国国民经济核算的新发展和SNA修订的挑战[J].统计与信息论坛,2007(1).

[111] 许宪春.中国国民经济核算体系的修订与经济发展方式转变和民生改善[J].金融评论,2015(1).

[112] 许宪春.中国国民经济核算体系改革与发展[M].北京:经济科学出版社,1999.

[113] 许宪春.中国国民经济核算与统计问题研究[M].北京:北京大学出版社,2010.

[114] 杨灿,曹小艳.非人寿保险核算问题研究[J].统计研究,2009(9).

[115] 于凤芹.场外金融衍生品的风险及其管控研究[M].成都:西南财经大学出版社,2015.

[116] 张丹.股票市场流动性价值——理论与实证研究[D].上海交通大学,2010.

[117] 张家平.巨灾风险对非寿险产出核算影响的研究[J].统计研究,2009(2).

[118] 中共中央办公厅,国务院办公厅.关于引导农村土地经营权有序流转发展农业适度规模经营的意见[EB/OL].新华网,2014.11.20.

[119] 中国旅游卫星账户项目课题组.2010年中国旅游卫星账户编制与研究[M].北京:中国统计出版社,2010.

[120] 中国人民银行货币政策分析小组.中国货币政策执行报告[R].2016.

[121] 中国证券监督管理委员会.中国证券期货统计年鉴[M].北京:中国统计出版社,2015.